本书获得国家社会科学基金项目资助，
谨致谢忱！

北京大学藏
西汉竹书
老子研究

谭宝刚 著

图书在版编目(CIP)数据

北京大学藏西汉竹书《老子》研究 / 谭宝刚著. —
上海：上海古籍出版社，2023.11
ISBN 978-7-5732-0683-1

Ⅰ.①北… Ⅱ.①谭… Ⅲ.①竹简文－研究－中国－
西汉时代②《老子》－研究 Ⅳ.①K877.54②B223.15

中国国家版本馆 CIP 数据核字(2023)第 063523 号

北京大学藏西汉竹书《老子》研究
谭宝刚 著
上海古籍出版社出版发行
(上海市闵行区号景路 159 弄 1-5 号 A 座 5F 邮政编码 201101)
(1)网址：www.guji.com.cn
(2)E-mail：guji1@guji.com.cn
(3)易文网网址：www.ewen.co
商务印书馆上海印刷有限公司印刷
开本 787×1092 1/16 印张 18.5 插页 2 字数 247,000
2023 年 11 月第 1 版 2023 年 11 月第 1 次印刷
ISBN 978-7-5732-0683-1
B·1318 定价：98.00 元
如有质量问题，请与承印公司联系

目　　录

导论：学术史回顾及本书研究旨趣 ·· 001

第一章　历史视域下的汉简本《老子》所处两汉黄老学背景 ············ 012
　　第一节　汉代黄老学述略
　　　　　　——兼及曹魏时期 ·· 012
　　第二节　先秦两汉儒道关系考 ·· 031

第二章　周秦两汉时期《老子》的传播、版本系统划分及汉简本
　　　　《老子》的版本归属 ·· 048
　　第一节　周秦两汉时期《老子》的成书及其流传 ···················· 048
　　第二节　汉简本《老子》的抄写时代和抄写（者）地域考察 ······ 071
　　第三节　从汉简本《老子》称"经"看《老子》的经典化和老子的
　　　　　　神化 ·· 082
　　第四节　《老子》版本系统的划分和汉简本《老子》的版本系统
　　　　　　归属
　　　　　　——以先秦至王弼时代为考察范围 ···················· 106

第三章　汉简本《老子》相关章段划分的考察 ···················· 165
　　第一节　汉简本《老子》"方而不割"四句章段归属考 ············ 165

第二节　汉简本《老子》"大制无畔"章段归属考 …………… 182

**第四章　从汉简本看《老子》不同版本的异文所反映的历史文化
　　　　　现象** …………………………………………………… 200
　　第一节　从汉简本看《老子》"天大，地大"和"道大"先后顺序
　　　　　　的演变及其原因 ……………………………………… 200
　　第二节　汉简本《老子》"夫礼忠信之浅而乱之首也"解 ………… 226

附录　汉代老学者补考 ……………………………………………… 257

参考文献 …………………………………………………………… 272

导论：学术史回顾及本书研究旨趣

一、汉简本《老子》发现前《老子》一书研究述略

《老子》一书，应是最受学者关注和研究的中国传统文化典籍之一。

元杜道坚《道德玄经原旨》张与材序云："道德八十一章，注者三千余家。"此说于战国以至元代《老子》研究之事或为夸大之辞，而于战国至于当今，且囊括海内外之相关研究著作，则无疑已是事实，甚或有过之而无不及。

然老子其人其书，两千年来都是一个未解的谜，以致孔子叹其"犹龙"，子长云其为"隐君子"。①

---

① 《史记·老子韩非列传》云："孔子适周，将问礼于老子。老子曰：'子所言者，其人与骨皆已朽矣，独其言在耳。且君子得其时则驾，不得其时则蓬累而行。吾闻之，良贾深藏若虚，君子盛德，容貌若愚。去子之骄气与多欲，态色与淫志，是皆无益于子之身。吾所以告子，若是而已。'孔子去，谓弟子曰：'鸟，吾知其能飞；鱼，吾知其能游；兽，吾知其能走。走者可以为罔，游者可以为纶，飞者可以为矰。至于龙，吾不能知其乘风云而上天。吾今日见老子，其犹龙邪！'老子修道德，其学以自隐无名为务。居周久之，见周之衰，乃遂去。至关，关令尹喜曰：'子将隐矣，强为我著书。'于是老子乃著书上下篇，言道德之意五千余言而去，莫知其所终。或曰：老莱子亦楚人也，著书十五篇，言道家之用，与孔子同时云。盖老子百有六十余岁，或言二百余岁，以其修道而养寿也。自孔子死之后百二十九年，而史记周太史儋见秦献公曰：'始秦与周合，合五百岁而离，离七十岁而霸王者出焉。'或曰儋即老子，或曰非也，世莫知其然否。老子，隐君子也。"

老子是谁？西汉中期之司马迁去古未远犹不能定，故其在《老子列传》里述说了三个"老子"：老聃、老莱子和太史儋。

而于《老子》一书真伪之辨识，有论者以为始于崔浩。北宋学者王十朋在其《梅溪前集》卷十三《问策》云："至于疑五千言非老子所作，有如崔浩。"①其实，在司马迁之前，就有人辨识过《老子》一书的真伪。汉初陆贾《新语·术事》云："校修五经之本末，《道德》之真伪，既□其意，而不见其人。"②

---

① 王十朋：《梅溪集》，《四库全书》第 1151 册，上海：上海古籍出版社，1987 年版，第 227 页。
② 论者或以为这一谜案始于西汉中期司马迁《史记·老子列传》的记载。实际上，从传世典籍看，这一谜案始于汉初。陆贾《新语·术事》云："善言古者合之于今，能述远者考之于近。故说事者上陈五帝之功而思之于身，下列桀、纣之败而戒之于己，则德可以配日月，行可以合神灵。登高及远，达幽洞冥，听之无声，视之无形，世人莫睹其兆，莫知其情，校修五经之本末，《道德》之真伪，既□其意，而不见其人。世俗以为自古而传之者为重，以今之作者为轻，淡于所见，甘于所闻，惑于外貌，失于中情。"笔者以为其中"道德"二字不为伦理意义上之"道德"，应为典籍之"《道德》"，即《老子》一书。理由如下。其一，动词"校修"应是针对书籍而言，伦理学之词与"校修"不相对应；更何况文中与儒家典籍"五经"与之对言。与此类似的有稍后《淮南子·泰族训》云"观六艺之广崇，穷《道德》之渊深"，在这里，与儒家典籍"六艺"相对的《道德》显然是道家之典籍《道德经》了。其后，更有学者明确地将老子著作甚至直言《老子》，与儒家典籍进行对比。扬雄《法言·寡见》篇云："或问：'司马子长有言，曰五经不如《老子》之约也，当年不能极其变，终身不能究其业。'"（扬雄撰：《法言》，诸子集成第七册，上海：上海书店出版社，1996 年版，第 19 页）《汉书·扬雄传》记载桓谭语："昔老聃著虚无之言两篇，薄仁义，非礼学，然后好之者尚以为过于五经，自汉文、景之君及司马迁皆有是言。"（班固撰：《汉书》，长沙：岳麓书社，1993 年版，第 1551 页）《汉书·司马迁传》，班固指责司马迁"是非颇谬于圣人，论大道则先黄老而后六经"（班固撰：《汉书》，长沙：岳麓书社，1993 年版，第 1183 页）。《三国志·魏书十一·袁张凉国田王邴管传第十一》云："正始二年，太仆陶丘一、永宁卫尉孟观、侍中孙邕、中书侍郎王基荐宁曰：'伏见太中大夫管宁，应二仪之中和，总九德之纯懿，含章素质，冰絜渊清，玄虚澹泊，与道逍遥；娱心黄老，游志六艺，升堂入室，究其阃奥，韬古今于胸怀，包道德之机要。'"（陈寿撰，裴松之注：《三国志》，北京：团结出版社，1996 年版，第 226 页）其二，"既□其意，而不见其人"，所缺之字盖与"明""知""晓"等字同义，乃是云虽知古书之意，但不见作者之人，下文"世俗以为自古而传之者为重，以今之作者为轻"也是其内证。其三，出土的马王堆帛书《老子》乙本，明确题为"德"篇和"道"篇，其抄写时间与陆贾同时代，此为陆贾称《老子》书为《道德》之旁证。虽然帛书《老子》乙本上下篇的顺序与传世典籍称之为"《道德》"不同，但正如高亨所说，乃是出于不同的需要而安排不同的顺序。高亨考证认为，帛书《老子》乙本抄写于刘邦称帝之后，刘盈、刘恒为帝之前，此时间正（转下页）

自战国至于当今，学人对于老子其人其书的研究时时有大家，代代有名作。而近百年（公元1919年—公元2019年）之间，由于种种契机，学术界掀起了一次又一次老学研究的高潮。

近百年间的第一次老学研究高潮出现在二十世纪二三十年代，主要是发生在古史辨派之间的两次论争。争论的内容有：老子是谁？老聃，老莱子，还是太史儋？老子与孔子孰先孰后？孔子是否问礼于老子？《老子》的作者是谁？《老子》成书于何时？等等。这两次论争取得了丰硕的研究成果，都被收入《古史辨》第四册和第六册之中。罗根泽先生还对其之前历代有关老子其人其书的研究成果作了总结，文见罗氏编著《古史辨六》自序。①

自汉初陆贾疑老子其人其书至1993年郭店楚简道家文献出土前，学界有关老子其人和《老子》其书的探讨主要体现在以下六个方面。

其一，疑老子其人和《老子》其书不能对应；其二，认为老、孔不同时，孔子问礼于老子之事妄诞；其三，老子年寿极长，答孔子问礼之老子即著《道德经》之老子；其四，老、孔同时而老稍长，老子为《道德经》的作者；其五，老子在孔子之后，《老子》学说复杂，成书经历了大约三百年的历史；其六，否认老子其人的存在，认为《老子》一书是庄子后学所造。②

1973年，湖南长沙马王堆三号汉墓出土了帛书《老子》甲、乙两种版本。"根据同时出土的一件有纪年的木牍，可以确定该墓的年代是汉文帝前元十二年（公元前168年）。"帛书整理者根据《老子》甲本"字在篆隶间……不避汉高帝刘邦、高后吕雉讳，字体接近秦篆"，断定其"抄写年代

（接上页）是《新语》撰作时间。《新语》撰成在高帝时，高帝卒于公元前195年，则《新语》成书时间下限在此年。司马迁开始撰写《史记》在其为汉太史令时，元封元年（公元前110年），其父司马谈卒，三年后（公元前107年）司马迁继任为太史令。以此时间相较，则关于老子其人《老子》其书的谜案，在早于司马迁记载的近90年之前就已存在。详见谭宝刚：《老子及其遗著研究》，成都：巴蜀书社，2009年版，第2页。

① 罗根泽著：《古史辨六·自序》，上海：上海古籍出版社，1982年版，第1～26页。

② 谭宝刚著：《老子及其遗著研究》，成都：巴蜀书社，2009年版，第10～21页。

可能在高帝时期,即公元前206至195年间";根据《老子》乙本"隶体……避邦字讳,不避汉惠帝刘盈、文帝刘恒讳",断定其"抄写年代可能在文帝时期,即公元前179至169年间"。① 我们认为,根据古代避讳制度,帛书《老子》甲本字在篆隶间而接近秦篆(即小篆,为李斯所创。既然接近秦篆,则当时在"书同文"之后),有多个"邦"字,也有"正(政)"字,还有"楚"字,这表明它既不避刘邦讳,也不避秦始皇嬴政讳,也不避秦庄襄王子楚讳,那么甲本的抄写时间应该是在刘邦称帝之前的秦二世在位期间和刘项争帝期间,即公元前210年至公元前202年之间;帛书乙本,则应抄写于刘邦称帝之后,刘盈、刘恒称帝之前,即公元前202年至公元前195年之间。

帛书《老子》甲、乙本皆分上下两篇,且都是《德》在前,《道》在后,在每篇内都是接连抄写,不似后世通行本那样有章节的划分。不过,甲本《德》开篇有一个圆点,文内有十八个圆点,《道》只有开篇一个圆点。乙本《德》和《道》开篇都有一个方块,而文内皆无方块或圆点。以通行本篇章划分来看,甲、乙本《德》《道》开篇之前的圆点或方块,应是分篇符号;而甲本正文内部的圆点都起着分章的作用。

帛书《老子》的出土,以实物的形式确证《老子》不是汉代才出现的作品,至迟在战国后期就已经是定型的著作,且流传已久。

帛书《老子》的出土,在学术界掀起了近百年间的第二次《老子》研究高潮。这一期间,老学研究的内容,主要集中在帛书《老子》文字的释读,《老子》帛书甲乙本与通行本异文的对勘,和对《老子》古本分篇篇序、分章章序的讨论。

此一阶段,有关帛书《老子》文本研究的代表性著作有张舜徽《老子疏证》、张松如《老子说解》、陈鼓应《老子注释及评价》、许抗生《帛书老子注

---

① 国家文物局古文献研究室编:《马王堆汉墓帛书(壹)》出版说明,北京:文物出版社,1980年版,第1页。

译与研究》、黄钊《帛书老子校注析》等,而尤以高明《帛书老子校注》最为突出,此书可以说是帛书《老子》研究在校注方面的集大成之作。

高明《帛书老子校注》以王弼注本为勘校帛书《老子》之主校本,另取敦煌本、道观碑本、历代刊本计三十三种作为参校本,博稽群书,征引众家,考订详审,提出了许多独到的见解。

《老子》一书的分篇篇序、分章章序问题,自古以来是学界讨论的焦点。北宋学者晁说之云:"弼题是书曰《道德经》,不析乎道德而上下之,犹近于古欤?"①

帛书《老子》出土后,《老子》古本的篇名含义以及分篇篇序和分章章序的问题再次成为学界讨论的重点。帛书《老子》甲乙本都是《德》前《道》后,与通行本的篇序《道》前《德》后不同,从而引发了学界关于《老子》古本篇序问题的讨论。关于这一问题,学界主要有三种观点:

第一种观点认为,帛书本《德》前《道》后的篇序是《老子》古本原型,持有这种观点的有徐复观、张松如、尹振环等。徐复观说:"由先秦以至西汉,皆《德经》在前,《道经》在后。这种情形或因老子本人多言德而少言形而上之道,由此次序以保持其思想发展之迹。或者只反映出《德经》集结于先,《道经》集结于后,另无其他深意。但《老子》本书言及'道德'时,皆道先德后,所以在西汉末甚或迟至东汉,有人按道先德后的语义,而把全书上下的次序倒转过来,并把儒生章句之学应用到《老子》上,分为八十一章。"②

第二种观点认为,《道》前《德》后的通行本篇序是《老子》古本的原型,饶宗颐、张学芳等持此观点。饶宗颐说:"按《老子》本书……无不先道而

---

① 王弼注:《老子道德经》,诸子集成第三册,上海:上海书店出版社,1996年版,第48页。
② 徐复观著:《帛书〈老子〉所反映出的若干问题》,见徐复观著:《中国思想史论集》,上海:上海书店出版社,2004年版,第201页。原载《明报月刊》,1975年6月,总第114期。

后德。韩非《解老》，非论列全经，其先解《德经》首章，自是随手摘举，不足援之以证《老子》全书之必先德而后道也。……故知马王堆《老子》本之先德后道，殆写经者偶然之例，若持此以论法家本旨，弥见其龃龉而已。"①

第三种观点认为，帛书本《德》前《道》后篇序和通行本《道》上《德》下篇序并行不悖，是不同学派的传本，高亨、邱德修持此观点。高亨认为，《老子》传本在战国期间，可能就已有两种：一种是《道经》在前，《德经》在后，这当是道家传本；另一种是《德经》在前，《道经》在后，这当是法家传本。大概源于道、法两家对《老子》书各有偏重。② 邱德修认为，道家北派传的是通行本的篇序，南派传的帛书本的篇序。③

古本《老子》是否分章是学界颇为关注的又一个问题。帛书《老子》出土之前，就有学者认为古本《老子》不分章。帛书《老子》出土之后，由于甲本只有少数类似分章符号的圆点，而乙本却完全没有任何符号表示分章，所以有学者据此再次探讨古本《老子》是否分章以及如何分章的问题。

高亨、张松如、郑良树、严灵峰等赞同《老子》原本不分章的观点，古棣、韩禄伯、尹振环、刘殿爵等持古本《老子》分章的观点。尹振环、刘殿爵还试图探讨古本《老子》分章的原貌，前者认为帛书《老子》由112个章组成，后者更把《老子》划分成196个单元。

帛书《老子》的出土，为研究《老子》一书及道家学派的思想提供了新的资料，因此，诸多学者对帛书《老子》的意义予以很高的评价。张松如认为用帛书《老子》校读传世本《老子》，很多疑难问题将迎刃而解，可致"千年迷雾，一旦澄清"的效果。徐梵澄认为："帛本一字之殊，固宜珍若琳者也。"尹振环则认为帛书《老子》胜于、真于今本《老子》："帛书《老子》迟早

---

① 饶宗颐著：《书马王堆〈老子〉写本后》，陈鼓应主编：《道家文化研究》第3辑"马王堆帛书"专号，上海：上海古籍出版社，1993年版，第297～298页。
② 高亨、池曦朝著：《试谈马王堆汉墓中的帛书〈老子〉》，《文物》，1974年第11期，第1～7页。
③ 邱德修著：《楚帛书〈老子〉"德"先"道"后问题蠡测》，《中华文化复兴月刊》，1977年第11期。

将取今本《老子》而代之。"

1993年冬，湖北省荆门市沙洋县郭店村一号楚墓出土了一批战国楚简。关于郭店一号楚墓的下葬时间，学者多认为在公元前四世纪末期。①则竹简的抄写时间当早于此时，而这些著作的撰作时间当更早。这批竹简抄写的主要是先秦儒道著作，其中有道家著作两种四篇，包括郭店楚简《老子》甲、乙、丙三组和一篇被命名为《太一生水》的道家佚文。

郭店《老子》三组在字数上只有今本《老子》的三分之一②，篇章次序与今本有较大差异，文字也有颇多出入，并且有多处文字与今本《老子》在思想上有很大的反差。整理者根据竹简形制的不同，将三组简文分别称为《老子》甲、乙、丙。《老子》甲包括今本《老子》的第十九章、第六十六章、第四十六章中段和下段、第三十章上段和中段、第十五章、第六十四章下段、第三十七章、第六十三章、第二章、第三十二章、第二十五章、第五章中段、第十六章上段、第六十四章上段、第五十六章、第五十七章、第五十五章、第四十四章、第四十章、第九章。《老子》乙包括今本的第五十九章、第四十八章上段、第二十章上段、第十三章、第四十一章、第五十二章中段、第四十五章、第五十四章。《老子》丙包括今本的第十七章、第十八章、三十五章、第三十一章中段和下段、第六十四章下段。③

郭店楚简《老子》的出土，掀起了近百年间第三次老学研究高潮。它的面世，把《老子》一书的撰作时间至少提前到战国中期，或许还要更早，甚至有学者据此认为《老子》一书在春秋末期就已经出现，如张岱年先生、王中江先生等。

---

① 王博著：《美国达慕思大学郭店〈老子〉国际学术讨论会纪要》，见陈鼓应主编：《道家文化研究》第17辑"郭店楚简"专号，北京：生活·读书·新知三联书店，1999年版，第1～12页。

② 裘锡圭著：《郭店〈老子〉简初探》，见陈鼓应主编：《道家文化研究》第17辑"郭店楚简"专号，北京：生活·读书·新知三联书店1999年版，第26页。

③ 荆门市博物馆整理：《郭店楚墓竹简》，北京：文物出版社，2005年版，第111页。

楚简《老子》与帛书《老子》及传世本《老子》有很大的差异，主要表现为：一是文字上，楚简《老子》只有帛书《老子》及传世本《老子》的三分之一；二是分篇篇次和分章章序，楚简《老子》完全不同于帛书《老子》及传世本《老子》；三是楚简《老子》没有帛书《老子》及传世本《老子》所表现出来的激烈的反儒倾向；四是楚简《老子》存在很多不同于帛书《老子》及传世本《老子》的异文。因此，学界对郭店《老子》的研究也主要针对以上四个方面加以探讨。①

二、汉简本《老子》概况及其研究现状

2009年初，北京大学入藏了一批西汉竹书，其中有"篇章结构最为完整的出土《老子》古本"。关于该批竹书的抄写时间和墓主人的情况，整理者说：

> 西汉竹书中未见汉武帝以后的年号，仅在一枚数术类竹简上发现有"孝景元年"纪年。各篇竹书的书法与字体特征虽不尽相同，抄写年代当略有早晚，但大体上可以认为已近于成熟的汉隶，与西汉早期的张家山二四七号墓及马王堆汉墓出土的简帛中近于秦隶的书体有明显的区别，与下葬于武帝早期的银雀山汉墓出土的竹简书体相比亦显稍晚。但即使是其中最接近成熟汉隶的书体，与宣帝时期的定州八角廊汉墓出土的竹简文字相比，仍略显古朴。由书体特征并结合对全部竹书内容的分析，我们推测这批竹书的抄写年代应主要在汉武帝后期，下限不晚于宣帝。

> 综合多种因素分析，北大西汉竹书的原主人应与阜阳双古堆汉简、定州八角廊汉简的墓主人身份接近，有可能属于汉代的王侯一级。这批竹书的内容，反映出西汉中期社会上层所具备的知识结构和思想意趣。②

---

① 谭宝刚著：《老子及其遗著研究》，成都：巴蜀书社，2009年版，第22～30页。
② 北京大学出土文献研究所编：《北京大学藏西汉竹书（贰）》前言，上海：上海古籍出版社，2012年版，第2页。

在另一处,整理者又补充说:"(西汉竹书)《老子》的字体在这批竹书的各种文献中属于相对较早的一种,但仍然明显晚于银雀山汉简,估计其抄写年代有可能到武帝前期,但不太可能早到景帝。"①

汉简本《老子》的收藏和公布,引起了学界的极大关注,有关学术会议相继召开,国内外学者纷纷撰文阐发自己的观点。

(一) 汉简本《老子》的抄写年代和抄写地域

在汉简本《老子》抄写年代问题上,韩巍先生认为,北大竹书的抄写年代可能主要在汉武帝时期,《老子》应该也不出此范围。② 王中江先生认为北大汉简也有可能抄写于惠帝和文帝之前。③ 池田知久先生以北大简第十六章所见"积正"这个词语为线索,推测北大简《老子》的抄写年代应为西汉晚期。④

在汉简本《老子》流传地域或抄写者地域问题上,韩巍先生认为,汉简本用字也有不同于帛书本和传世本的独特之处。这种用字差异值得重视和思考,如果确实是地域性特点,或能为汉简本抄写者所出地域的推测提供线索。⑤ 韩巍这一论说很有见地,惜乎未予详考。廖名春先生则认为,以"殹"代"也"是秦地、楚地的习惯,由此看来,北大汉简本很可能为楚人所书。⑥

---

① 北京大学出土文献研究所编:《北京大学藏西汉竹书(贰)》附录三《西汉竹书〈老子〉的文本特征和学术价值》,上海:上海古籍出版社,2012年版,第209页。
② 韩巍著:《北京大学藏西汉竹书本〈老子〉的文献学价值》,《中国哲学史》,2010年第4期,第16~22页。
③ 王中江著:《北大藏汉简〈老子〉的某些特征》,《哲学研究》,2013年第5期,第33~40、72页。
④ 池田知久著:《老子的形而上学与"自然"思想——以北大简为中心》,《文史哲》,2014年第3期,第94~103页。
⑤ 韩巍著:《北京大学藏西汉竹书本〈老子〉的文献学价值》,《中国哲学史》,2010年第4期,第16~22页。
⑥ 廖名春著:《〈老子〉首章新释》,《哲学研究》,2011年第9期,第35~42、127页。

（二）汉简本《老子》与其他主要《老子》版本的关系

王中江先生认为，北大简《老子》与郭店简《老子》差异最大，同帛书《老子》和传世本《老子》比较接近。① 韩巍先生认为，从整体上看，汉简本《老子》是介于帛书本和今本（王弼、河上公本）之间的一个版本；它的有些特征接近于帛书本，另一些特征则接近于今本。② 王博先生认为，帛书本与汉简本与严遵本之间存在很多地方的相合，在很大程度上提升了严遵本的价值，同时也促进了关于严遵本的研究。③ 韩巍先生认为，汉简本与严遵本之间的确存在一些文本上的联系，反过来也证明现存严本保存了一些西汉古本的原始面貌，其在《老子》文本校勘方面的价值应受到更多重视。但这并不是说，汉简本与严本属于同一版本系统，因为二者之间的差异比共同点还是要多得多。④ 丁四新先生认为："汉简本《老子》很可能即是景帝立经本的复抄本。"⑤

以上学者虽然考察了汉简本《老子》与其他主要《老子》版本的关系，但是忽略了历代《老子》版本的系统划分，更没有考察汉简本《老子》的系统归属。

（三）汉简本《老子》引发的《老子》"经典化"或称"经"时间问题

韩巍先生认为，《老子》的"经典化"及其文本的相对固定，很可能在战国晚期已经完成，两汉时期的变化很有限。⑥ 王中江先生认为，在先秦还未看到《老

---

① 王中江著：《北大藏汉简〈老子〉的某些特征》，《哲学研究》，2013年第5期，第33～40、72页。
② 韩巍著：《北京大学藏西汉竹书本〈老子〉的文献学价值》，《中国哲学史》，2010年第4期，第16～22页。
③ 王博著：《西汉竹书〈老子〉与严遵〈老子指归〉》，《中国哲学史》，2013年第3期，第5～12、43页。
④ 韩巍著：《北京大学藏西汉竹书本〈老子〉的文献学价值》，《中国哲学史》，2010年第4期，第16～22页。
⑤ 丁四新著：《早期〈老子〉文本的演变、成型与定型——以出土简帛本为依据》，《中州学刊》，2014年第10期，第103～115页。
⑥ 韩巍著：《北京大学藏西汉竹书本〈老子〉的文献学价值》，《中国哲学史》，2010年第4期，第16～22页。

子》被称为"经"的记载。① 郭梨华先生认为,《老子》一书在韩非之前已成型。② 谷中信一先生认为:"不能说《老子》经典化在北大汉简成书时便已完成。"③

三、目前学界相关研究存在的问题及本书研究旨趣

综上可知,学界虽然在汉简本《老子》研究方面取得了一定的成果,但是到目前为止,学界尚无人结合汉简本《老子》考察历代主要《老子》版本的系统划分,分析汉简本《老子》的系统归属,探讨《老子》一书的经典化过程,比较汉简本《老子》与其他版本的优劣,等等问题。

《老子》是道家的开山之作和经典著作,在中国思想史、学术史和哲学史上占有极其重要的地位。但是,到目前为止《老子》一书还有诸多无法破解的谜案。而新近出土的汉简本《老子》为我们进一步探讨《老子》的相关问题提供了珍贵的原始资料。

本课题选择汉简本《老子》为研究对象,结合出土的《老子》郭店楚简本、马王堆帛书本,以及传世的河上公本、严遵本、王弼本和傅奕本等,考察汉简本《老子》的抄写时间、流传地域,以及先秦两汉时期主要《老子》版本篇章分合、文字变化之优劣,梳理先秦两汉时期《老子》一书存在的主要版本之系统,以及这些版本系统之间的亲缘关系及其演变线索,寻求主要《老子》版本之间文句演变所反映出来的社会历史背景和思想文化的变化,对我们探讨先秦两汉道家思想的发展和老子思想传播的地域性变迁,都有重要的理论价值和实际意义。

---

① 王中江著:《北大藏汉简〈老子〉的某些特征》,《哲学研究》,2013年第5期,第33~40、72页。
② 郭梨华著:《从简帛〈老子〉概述战国道家佚籍之"道-法"论》,北京大学出土文献研究所编:《古简新知——西汉竹书〈老子〉与道家思想研究》,上海:上海古籍出版社,2017年版,第346~359页。
③ 谷中信一著:《〈老子〉经典化过程的研究——从郭店〈老子〉到北大简〈老子〉》,北京大学出土文献研究所编:《古简新知——西汉竹书〈老子〉与道家思想研究》,上海:上海古籍出版社,2017年版,第217~261页。

第一章　历史视域下的汉简本《老子》所处两汉黄老学背景

第一节　汉代黄老学述略
——兼及曹魏时期

两汉是中国哲学史上黄老思想发展的重要阶段,黄老思想在西汉前期一度跃居全国官学地位,迎来其发展的鼎盛时期。

学界有关汉代黄老学的研究成果颇为丰硕。然学者论汉代黄老学,各有所偏。

言汉初黄老兴盛之起因,则重历史背景之长期战乱之后民心向往清静休息、社会经济凋敝和君臣俱欲无为,而不及黄老治国方针实施主体之地域来源与学术渊源。[①]

说黄老学发展之概况,则言老学传注之情形,而不及黄老地域之传播。[②]

[①] 顾颉刚说:"人民捱受了二百五十年的苦难和牺牲,到这时天下初平,着实应该休息了。"见顾颉刚著:《秦汉的方士与儒生》,上海:上海古籍出版社,2005年版,第31页。钱穆说:"汉兴而后,动力大疲,民心知倦……汉高君臣起于卑微,其朴实之本色,平民化之精神。"见钱穆著:《秦汉史》,北京:九州出版社,2011年版,第40页。田昌五、安作璋说:"刘邦起自民间,深知百姓疾苦,目睹民心向背,了解百姓的需求。"见田昌五、安作璋:《秦汉史》,北京:人民出版社,2008年版,第110~111页。

[②] 熊铁基、马良怀、刘韶军著:《中国老学史》,福州:福建人民出版社,2005年版,第134~193页。

述历史发展之阶段,则重汉初黄老之鼎盛,而轻汉武之后至于汉末黄老学发展之状态。①

语儒道之关系,则或直言儒道之互绌②,或言说战国至于两汉儒道不相容,直到魏晋之时方有儒道之融合③;而不知自战国中期至于魏晋,儒道相绌是小范围存在的插曲,儒道融合才是普遍现象与主流。④

谈黄老学者之团体,则虽有涉世家学《老子》者,然无此类总结之论说。⑤

故而,我们要问,黄老思想为什么会成为西汉前期的治国指导思想?它又是如何成为西汉前期的指导思想的?自西汉前期至东汉后期,黄老学的发展状况如何?汉武帝"罢黜百家,表彰六经"后,儒家思想取代了黄老学说的官学地位,那么,此后的黄老学说是否完全沉寂?黄老道家人物是否完全处于被排斥的境地?司马迁说的"儒道互绌"是否为儒道关系的历史真相?学习黄老学者又有何新的气象?这些都是我们需要考察的问题。

一、部分地方黄老学派由隐而显,先后进入西汉朝廷,开创了黄老由民间学说飞跃而为官方统治思想的局面

学界探讨汉初黄老学成为官学的原因,或论说历史时代的呼唤如丁原明先生,或主张高祖刘邦个人"不好儒"如侯富芳先生,而忽略了问题的关键,即黄老学不同地域流派之代表人物进入了最高统治者行列,并且汇聚于国家政治中心长安。

---

① 王晓毅著:《国学举要(道卷)》,武汉:湖北教育出版社,2002年版,第85~101页。
② 司马迁撰:《史记》,北京:中华书局影印,1998年版,第750页。
③ 王葆玹著:《黄老与老庄》,北京:中国人民大学出版社,2012年版,第15~17页。
④ 详细情况见下节"先秦两汉儒道关系考"。
⑤ 杨树达著:《周易古义·老子古义》,上海:上海古籍出版社,2007年版,第104~112页。

丁原明先生认为,黄老学在西汉兴盛,首先与当时人们要求社会安定的心理有关系;其次与当时封建经济受到战争的破坏有密切关系;再其次与当时思想界的状况有关系,即法家因崇尚严刑酷罚而声名扫地,儒家因始皇"焚书坑儒"受到严重打击,而黄老主清静无为,因循自然,兼容并包,满足当时社会的客观需要。①

侯富芳先生认为,汉初行"黄老政治"的原因,除了其社会历史大背景方面的宏观原因外,尚有汉王朝的建立者刘邦及其功臣个人方面的原因。他们对反儒或抑儒的秦政策从心底里不敢进行反思,而只是一味地依靠不好儒的惯性来对儒家进行歧视、排斥,从而选择了黄老。②

以上二说固然有其合理性,但是,我们认为,从历史事实的角度看,黄老学派的代表人物走上最高统治者的行列才是黄老学得以成为汉初治国指导方略的关键因素。

刘汉建立之初,正值多年战乱之后,各地生产遭受很大的破坏,社会经济凋敝,人口稀少,物资极度匮乏。这时,政府面临战后重建家园的重任。但是高祖在位的几年,急切的任务还是平定各地叛乱,以巩固刚刚建立起来的政权。高祖去世后,惠帝即位。这时,政权基本稳定,重建家园的重任已经提上了日程。

刘邦、萧何和曹参等都是嬴秦的地方基层小吏出身,对百姓遭受暴秦严酷法令之苦深有体会。他们又亲自参加过反秦的斗争,目睹战争带来的巨大破坏性后果。面对满目疮痍的社会破败景象,他们希望寻求新的有效的治国方略,以恢复凋敝的社会经济,稳定混乱的社会秩序。

《史记·曹相国世家》云:

> 高帝与萧何定天下,法令既明。③

---

① 丁原明著:《黄老学论纲》,济南:山东大学出版社,1997年版,第73~74页。
② 侯富芳著:《汉初行"黄老政治"原因再探》,《青海师范大学学报(哲学社会科学版)》,2003年第5期,第68~72页。
③ 司马迁撰:《史记》,北京:中华书局,1998年版,第703页。

《汉书·食货志》云：

> 上于是约法省禁，轻田租。①

虽然西汉建立之初，黄老学说还未正式成为治国的指导思想，但这一趋势已经萌芽。刘邦、萧何和曹参等都是沛人，沛是先秦老子故地，历来具有浓郁的黄老道家思想，至秦汉犹然，他们耳闻目染，自然受其影响颇深。

黄老学说真正成为刘汉治国的指导方略始于曹参。《史记·曹相国世家》云：

> 孝惠帝元年，除诸侯相国法，更以参为齐丞相。参之相齐，齐七十城。天下初定，悼惠王富于春秋，参尽召长老诸生，问所以安集百姓，如齐故俗。诸儒以百数，言人人殊，参未知所定。闻胶西有盖公，善治黄老言，使人厚币请之。既见盖公，盖公为言治道贵清静而民自定，推此类具言之。参于是避正堂，舍盖公焉。其治要用黄老术，故相齐九年，齐国安集，大称贤相。②

曹参以黄老术相齐，颇有成效。惠帝二年，萧何卒，曹参入朝为相，黄老学又借此由齐国地方诸侯学飞跃而成为西汉全国官学。

萧、曹二人心相得而志相同："参代何为汉相国，举事无所变更，一遵萧何约束。"③"萧、曹为相，填以无为，从民之欲而不扰乱，是以衣食滋殖，刑罚用稀。"④二人为汉初复兴打下了坚实的基础。百姓歌颂曰："萧何为法，顜若画一。曹参代之，守而勿失。载其清净，民以宁一。"⑤"萧规曹随"一时成为美谈，而曹参与民休息，行无为之政，为天下所称道。高后称

---

① 班固撰：《汉书》，长沙：岳麓书社，1993年版，第511页。
② 司马迁撰：《史记》，北京：中华书局，1998年版，第703页。
③ 司马迁撰：《史记》，北京：中华书局，1998年版，第703页。
④ 班固撰：《汉书》，长沙：岳麓书社，1993年版，第499页。
⑤ 司马迁撰：《史记》，北京：中华书局，1998年版，第703页。

制时,依然推行休养生息政策。《史记·吕太后本纪》云:

> 孝惠皇帝、高后之时,黎民得离战国之苦,君臣俱欲休息乎无为,故惠帝垂拱,高后女主称制,政不出房户,天下晏然。刑罚罕用,罪人是希。民务稼穑,衣食滋殖。①

如前所述,曹参为沛人,受地方文化思潮之影响,初有黄老道家思想。相齐时,曹参又师盖公,其学上溯至燕之乐氏家族、安期生、河上丈人,本属战国时期齐之地方隐于民间的黄老一系②,或与稷下学宫有官方渊源的黄老一系有关。《盐铁论·论儒》载稷下黄老学者因齐湣王"矜功不休,百姓不堪,诸儒谏不从,各分散"③,由官方流向民间而堙没。河上丈人一系黄老学传至盖公、曹参,因曹参先入汉之齐国后入汉之朝廷而得到彰显,完成了由民间学说向官方统治思想的飞跃。

萧、曹之外,随高祖取天下而学黄老者尚有张良、陈平。张良,其先韩人,唐司马贞《史记索隐》引顾胤按语云:"《后汉书》云:张良出于城父,城父县属颍川也。"④陈丞相平者,阳武户牖人也。南朝宋裴骃《史记集解》引徐广之语曰:"阳武属魏地。户牖,今为东昏县,属陈留。"《史记索隐》亦引徐广之语曰:"阳武属魏,而《地理志》属河南郡,盖后阳武分属梁国耳。"⑤则张良、陈平分属先秦韩、魏之地,所学黄老当属老子三晋之学。张良出奇计助高祖败项羽取天下,陈平于高后故后平诸吕,安刘氏,皆在西汉前期发挥了重要作用。

黄老思想在西京取得鼎盛状态是在汉文帝、窦后时期。高后八年公元前180年,陈平、周勃平定诸吕之乱,迎代王刘恒入京为帝。汉文、窦后

---

① 司马迁撰:《史记》,北京:中华书局,1998年版,第160页。
② 司马迁撰:《史记》,北京:中华书局,1998年版,第859页。
③ 桓宽撰:《盐铁论》,诸子集成第八册,上海:上海书店出版社,1986年版,第13页。
④ 司马迁撰:《史记》,北京:中华书局,1998年版,第705页。
⑤ 司马迁撰:《史记》,北京:中华书局,1998年版,第713页。

素好黄老,典籍多有明载:

《史记·礼书》云:

　　孝文即位,有司议欲定仪礼,孝文好道家之学,以为繁礼饰貌,无益于治。①

《风俗通义·正失篇》云:

　　然文帝本修黄老之言,不甚好儒术,其治尚清净无为。②

《汉书·扬雄传赞》记载桓谭语:

　　昔老聃著虚无之言两篇,薄仁义,非礼学,然后世好之者尚以为过于五经,自汉文、景之君及司马迁皆有是言。③

《史记·孝武本纪》云:

　　会窦太后治黄老言,不好儒术,使人微得赵绾等奸利事,召案绾、臧,绾、臧自杀,诸所兴为者皆废。④

《史记·外戚世家》云:

　　窦太后好黄帝、老子言,帝及太子诸窦不得不读黄帝、老子,尊其术。⑤

《史记·魏其武安侯列传》云:

　　太后好黄老之言,而魏其、武安、赵绾、王臧等务隆推儒术,贬道家言,是以窦太后滋不说魏其等。⑥

---

① 司马迁撰:《史记》,北京:中华书局,1998年版,第405页。
② 应劭撰:《风俗通义》,百子全书第四册,长沙:岳麓书社,1993年版,第3598~3599页。
③ 班固撰:《汉书》,长沙:岳麓书社,1993年版,第1551页。
④ 司马迁撰:《史记》,北京:中华书局,1998年版,第177页。
⑤ 司马迁撰:《史记》,北京:中华书局,1998年版,第679页。
⑥ 司马迁撰:《史记》,北京:中华书局,1998年版,第1014页。

《史记·儒林列传》云：

> 及至孝景，不任儒者，而窦太后又好黄老之术，故诸博士具官待问，未有进者。……太皇窦太后好老子言，不说儒术，得赵绾、王臧之过以让上，上因废明堂事，尽下赵绾、王臧吏，后皆自杀。①

刘恒生于西汉建立的前一年即公元前203年，高祖十一年（公元前196年）刘恒被立为代王，都中都，时年八岁。高后八年（公元前180年）刘恒被迎立为帝，时年23岁。

汉文、窦后所学，其师为谁？其所读之书版本来源何处？典籍无载，盖师不出名，书亦不彰。至若《老子道德经序诀》记河上公授文帝《老子道德经章句》二卷②，实是葛玄伪托，借此以重道教，断不可信。然据上引《史记·礼书》文字来看，汉文、窦后学黄老其时在刘恒入京为帝之前，其地当在代国，故我们可称汉文、窦后黄老学为代地之学。代国都中都，唐张守节《史记正义》引《括地志》云："中都，故城在汾州平遥县西南十二里，秦属太原郡也。"③为故三晋之地，则又可谓老子三晋学之一支系。

至汉文、窦后时，在长安，在西汉的最高统治者中，先后汇聚了来自不同地方的黄老学派：以萧何为首的徐沛一系（老子西楚之学），以盖公为首的齐之胶西、高密一系（老子齐学），曹参则齐、徐兼而有之，以张良为首的城父一系，以陈平为首的陈留一系，以汉文、窦后为首的代地一系，后三者皆属于老子三晋之学。长安一时成为黄老学派的集聚中心。

黄老学说在汉文、窦后时期达到鼎盛状态当然是二人凭借其特殊地位大力推行所致。

汉文好黄老，倡导以孝治天下，崇尚生活俭朴，轻徭薄赋，废除肉刑，抚爱诸侯四夷等，以九五之尊身体力行之，实属不易，故为当时和后世所称颂。

---

① 司马迁撰：《史记》，北京：中华书局，1998年版，第1113～1115页。
② 王卡点校：《老子道德经河上公章句》，北京：中华书局，1993年版，第314页。
③ 司马迁撰：《史记》，北京：中华书局，1998年版，第163页。

而窦后好黄老则有似狂热，她不但在政治上倡导黄老，而且在著作研读和学术志趣上也干涉他人。在其逼迫之下，"帝及太子、诸窦不得不读黄帝、老子，尊其术"，①而欲按儒家思想推行政治的朝中大臣赵绾、王臧畏惧自杀。②窦后甚至欲假借恶豕之口咬杀指斥《老子》书为"家人言"的辕固生，若不是景帝英明在侧，辕固生几不可逃脱此难。③窦后非恶辕固生而实爱黄老学，辕固生也真率性耿直、不曲学阿世之士人也。

据上所述可知，西汉建立在长期战乱之后，社会秩序急需整顿，社会经济急需恢复和发展，人口需要增殖，如此的社会状况使推行休养生息成为必要。黄老思想"治道贵清静而民自定"和"尚清净无为"的宗旨正适应时代的需要，这是黄老学说成为治国指导方略的内在原因。而一批来自不同地域的具有不同渊源的信奉和学习黄老者进入最高统治者行列，则是黄老学说上升为国家官学的关键。在这种情况下，萧何、盖公、曹参、张良、陈平等引之在前，汉文、窦后推之在后，黄老之学何得不昌盛乎？何得不成为汉初治国理民政策的指导思想乎？

二、两汉时期黄老学者或集聚于王公卿相门下，或授徒讲学著书立说，形成了若干地方黄老学中心

述说汉代黄老学发展之概况，学者着墨较多者在于其思想理论之探讨，而在老学传播地域方面考察甚少。④

先秦时期，黄老学的传播一方面是小众的个体之间的传授，另一方面是众多黄老学者的汇集，他们或聚于齐之稷下学宫这样的官方学术机构，或集于王公卿相如吕不韦等私人门下。

---

① 司马迁撰：《史记》，北京：中华书局，1998年版，第679页。
② 司马迁撰：《史记》，北京：中华书局，1998年版，第177页。
③ 司马迁撰：《史记》，北京：中华书局，1998年版，第1115页。
④ 张运华著：《先秦两汉道家思想研究》，长春：吉林教育出版社，1998年版，第165~364页。陈广忠、梁宗华著：《道家与中国哲学（汉代卷）》，北京：人民出版社，2004年版。

两汉时期,黄老学传播诚然也存在个体之间的小众传授和黄老学者于王公卿相门下的汇集两个方面,但更出现了新气象,那就是一些老学大家大规模地授徒讲学,著书立说,并且成绩斐然。

西汉早中期,黄老学者汇集于地方王公卿相门下,形成了两个盛极一时的黄老学地方文化中心:

其一,在长沙,黄老学者汇集于长沙王丞相兼轪侯利苍、利豨父子门下,传习《黄帝四经》和帛书《老子》甲、乙本,为《老子》湘楚之学。时在惠帝二年至文帝十五年之间,历经惠帝、高后、文帝三朝。

其二,在寿春,黄老学者汇集于淮南王刘安门下,合作撰有《淮南子》一书,为《老子》淮楚之学。时在文帝前元十六年至武帝元狩元年之间,历经文帝、景帝、武帝三朝。

大规模授徒讲学《老子》的情况主要出现于蜀郡和京兆一带,时间在西汉中后期至东汉中后期。

考查典籍,明言授徒讲学《老子》著书立说者,始于严遵。

《汉书·王贡两龚鲍传》云:"蜀有严君平。……君平卜筮于成都市……裁日阅数人,得百钱足自养,则闭肆下帘而授《老子》。博览亡不通,依老子、严周之指著书十余万言。"①

《蜀志·秦宓传》云:"严君平见黄、老作《指归》,扬雄见《易》作《太玄》,见《论语》作《法言》,司马相如为武帝制封禅之文,于今天下所共闻也。"②陆德明《经典释文·叙录》载:"严遵《注》二卷。"③又自注:"字君平,蜀都人,汉征士,又作《老子指归》十四卷"。④《隋书·经籍志》于"《老子道德经》二卷"条下自注云:"汉征士严遵注《老子》二卷。"于"《老子指归》

---

① 班固撰:《汉书》,长沙:岳麓书社,1993年版,第1320页。
② 陈寿撰,裴松之注:《三国志》,北京:团结出版社,1996年版,第604～605页。
③ 指《老子注》。
④ 陆德明撰:《经典释文》,北京:中华书局,1983年版,第16页。

十一卷"下自注云:"严遵注。"①

严遵乃西汉一老学大家,于《老子》深有研究,成果丰硕。既有《老子注》二卷,又有《老子指归》十四卷(或作"十一卷")。当时及后世蜀人,皆敬爱严君平。《三国志·蜀书·许糜孙简伊秦传》裴注:《益州耆旧传》曰:"商字文表,广汉人,以才学称,声问著于州里。……又与严君平、李弘立祠作铭,以旌先贤。"②

扬雄少时从严遵游学,仕宦京师后数称美严遵。③ 扬雄撰《太玄》等,发明老子之"道",以"玄"为最高范畴,探索自然宇宙,考察社会人事,是严遵道家思想的继承和发展者,也是儒道并重的又一西南大儒,对后世影响甚巨。严遵、扬雄一系可以说是西汉中后期老子蜀郡成都学。

与严遵同时,京兆长陵人安丘望之④少治《老子经》,著有《老子章句》⑤、《老子注》二卷⑥、《老子指趣》三卷⑦,人称《老子》安丘之学。扶风耿况、王伋等皆师事之,从受《老子》。安丘、耿况和王伋一系为《老子》京兆学。⑧

两汉之际,有代郡人范升也以《老子》教授后生⑨,然规模之大小不可考知。

东汉中后期,蜀郡又有一老学大家。《后汉书·苏杨郎襄列传》:

> 杨厚字仲桓,广汉新都人也。……时大将军梁冀威权倾朝,遣弟侍中不疑以车马、珍玩致遗于厚,欲与相见。厚不答,固称病求

---

① 魏征等撰:《隋书》,北京:中华书局,1973年版,第1000页。
② 陈寿撰,裴松之注:《三国志》,北京:团结出版社,1996年版,第599页。
③ 班固撰:《汉书》,长沙:岳麓书社,1993年版,第1320页。
④ 《隋书》作毋丘望之。
⑤ 皇甫谧撰:《高士传》,四部备要第四六册,北京:中华书局,1989年版,第15页。
⑥ 魏征等撰:《隋书》,北京:中华书局,1973年版,第1000页。
⑦ 魏征等撰:《隋书》,北京:中华书局,1973年版,第1000页。
⑧ 范晔、司马彪撰:《后汉书》,长沙:岳麓书社,1994年版,第299页。
⑨ 范晔、司马彪撰:《后汉书》,长沙:岳麓书社,1994年版,第525页。

退。帝许之,赐车马钱帛。归家,修《黄》《老》,教授门生,上名录者三千余人。①

冯颢,曾师从杨厚。《华阳国志》卷十云:

> 冯颢字叔宰,郪人也。少师事杨仲桓及蜀郡张光超。……为梁冀所不善,冀风州追迫之,隐居。作《易章句》及《刺奢说》,修黄老,恬然终日。②

杨厚以《黄》《老》教授门生,上名录者竟多达三千余人,其规模之大,前后无之。杨厚、冯颢一系可谓老子蜀郡广汉学。

如此,由于老学大家的传授,自西汉中后期至东汉中后期,出现三个地方黄老学中心或学派:以严遵、扬雄为首的老子蜀郡成都学,以安丘望之、耿况和王伋为首的老子京兆杜陵学,以杨厚、冯颢为首的老子蜀郡广汉学。这些黄老学师徒前后辉映,发扬光大了老学。

三、汉武之时"罢黜百家,表彰六经"虽为黄老学发展的转折点,但仅仅限于政治意识形态,在其他方面黄老学仍然有很大的发展

有学者认为,自汉武帝"罢黜百家,独尊儒术"之后,黄老学的发展受到极大的打击:

> 自汉武帝罢黜百家、独尊儒术后,学术空气为之一变。士人们为利禄所驱使,转而投机儒学,读经成为时尚。在官学化的儒学的压抑下,道家思想的地位一落千丈。如《汉书·艺文志》共著录道家著作三十七家,但明言为武帝后的著作仅有刘向的《说老子》四篇,可见西汉中后期道家的式微。在新形势下,道家学说作为在野之学,主要以

---

① 范晔、司马彪撰:《后汉书》,长沙:岳麓书社,1994年版,第445~447页。
② 常璩撰:《华阳国志》,丛书集成初编本,长沙:商务印书馆,1939年版,第141页。

学术暗流的形式在民间和部分有独立思想的士人中间流传。如司马迁的思想就有浓厚的道家倾向，而杨王孙、邓章、刘德也是当时修黄老之术的著名人物。①

实际上，汉武之后，虽然道家思想相比汉初有所衰落，但是，仍然有很大的发展：一是道家著作继续大量涌现，二是一些黄老道家继续在仕宦上发挥以黄老治理地方的作用。

秦时儒家受到严厉打击，诗书被焚，儒生罹刑。刘汉代秦，儒生始得重修经艺，讲习礼仪。叔孙通"采古礼与秦仪杂"，为高祖制《汉礼仪》，致其知"皇帝之贵"。然汉初叛乱频仍，高祖忙于征战，无暇复兴学校教育及与之相关的朝廷选官制度。惠帝、高后所用，皆征战功臣。文帝时稍用儒士。因窦后好黄老而不悦儒术，景帝时"不任儒者……故诸博士具官待问"②。

窦后以己之所好，强迫汉景帝及当时太子（即后来的汉武帝）读《老子》，并未收到良好的效果，反而引起了后者的抵抗情绪。

虽《汉书·扬雄传》载桓谭语："昔老聃著虚无之言两篇，薄仁义，非礼学，然后世好之者尚以为过于五经，自汉文、景之君及司马迁皆有是言。"③但汉景帝在窦后和辕固生之间就《老子》书的评价发生分歧，导致不愉快时，还是暗中支持儒家辕固生，甚至后来还对辕固生加以重用。汉景帝在儒道之间，似乎倾向于儒学。不过，汉景帝还未从政治上加以改变。

汉武帝则更进一步，采取了多项尚儒措施。建元元年"举贤良方正直言极谏之士"，丞相卫绾还奏请"所举贤良，或治申、商、韩非、苏秦、张仪之

---

① 王克奇著：《汉代的道家和异端思想》，《文史哲》，1998年第5期，第79~85页。
② 司马迁撰：《史记》，北京：中华书局，1998年版，第1113页。
③ 班固撰：《汉书》，长沙：岳麓书社，1993年版，第1551页。

言,乱国政,请皆罢"①。此则贬斥黄老、刑名和纵横等学派。"上乡儒术,招贤良,赵绾、王臧等以文学为公卿,欲议古立明堂城南,以朝诸侯。草巡狩封禅改历服色事未就。"②并于建元五年春"置五经博士"③。

对于武帝、赵绾、王臧等在选官和政治意识形态上的尚儒措施,窦后虽一度予以反击,但毕竟为时间所败。"后六年,窦太后崩。其明年,上征文学之士公孙弘等。"④自此以后,儒家大兴,讲习六经成为士人进入仕途博取利禄的捷径。

按上所述可知,武帝时"罢黜百家,表彰六经"的确为黄老学发展的转折点,自此,儒家日进,黄老日退。

不过,这一变化仅限于政治意识形态。武帝并不像窦太后那样企图从学术导向⑤或个人观点⑥上去强迫他人就范。所以在汉武帝时期,不管是仕宦为吏,还是在野为民,仍然有很多黄老学者,为吏则继续以黄老术处理所辖范围内的政事,为隐逸之民则继续按照黄老道方式去过自己向往的生活,为学则继续在自己的研究领域授徒讲学,著书立说。

有些黄老学仕宦者还深得汉武帝赏识,如刘向之父阳城侯刘德、濮阳人汲黯、陈人郑当时,后二者皆在武帝时位列九卿。

《汉书·楚元王传》云:

> 德⑦字路叔,修黄、老术,有智略。少时数言事,召见甘泉宫,武帝谓之"千里驹"。⑧

《史记·汲郑列传》云:

---

① 班固撰:《汉书》,长沙:岳麓书社,1993年版,第57~58页。
② 司马迁撰:《史记》,北京:中华书局,1998年版,第177页。
③ 班固撰:《汉书》,长沙:岳麓书社,1993年版,第59页。
④ 司马迁撰:《史记》,北京:中华书局,1998年版,第177页。
⑤ 如窦太后强迫刘启、刘彻和诸窦学《老子》。
⑥ 如窦太后发难辕固生。
⑦ 此刘德为楚元王刘交后裔,封阳城侯,刘向之父。
⑧ 班固撰:《汉书》,长沙:岳麓书社,1993年版,第850页。

黯学黄老之言，治官理民，好清静，择丞史而任之。其治，责大指而已，不苛小。黯多病，卧闺阁内不出。岁余，东海大治，称之。上闻，召以为主爵都尉，列于九卿。治务在无为而已，弘大体，不拘文法。①

汲黯以黄老术主政东海，成绩卓著，为武帝赏识，召入朝廷，位列九卿。"黯为人性倨，少礼，面折，不能容人之过。合己者善待之，不合己者不能忍见，士亦以此不附焉。然好学，游侠，任气节，内行修絜，好直谏"，故为时人所敬惮，甚至汉武帝对其"不冠不见"，而大将军卫青亦"愈贤黯"。②

《史记·汲郑列传》又云：

庄好黄老之言，其慕长者如恐不见。年少官薄，然其游知交皆其大父行，天下有名之士也。武帝立，庄稍迁为鲁中尉、济南太守、江都相，至九卿为右内史。以武安侯、魏其时议，贬秩为詹事，迁为大农令。③

汉武帝对黄老道家郑当时亦颇为欣赏，数年间，郑当时擢至九卿为内史，虽曾被贬，旋又升迁至大农令。

《史记·袁盎晁错列传》云：

邓公，成固人也，多奇计。建元中，上招贤良，公卿言邓公，时邓公免，起家为九卿。一年，复谢病免归。其子章以修黄老言显于诸公间。④

汉武帝时期的邓章，因修黄老而显名于诸公之间，这说明三点：其一，当时修黄老不但不受到黜退，反而受到追捧；其二，邓章是一位黄老学大家，在黄老学方面颇有造诣，在当时上层人士中影响很大；其三，黄老思想或学说在汉武帝时期依然处于其发展的强盛时期。

---

① 司马迁撰：《史记》，北京：中华书局，1998年版，第1109页。
② 司马迁撰：《史记》，北京：中华书局，1998年版，第1109～1110页。
③ 司马迁撰：《史记》，北京：中华书局，1998年版，第1111页。
④ 司马迁撰：《史记》，北京：中华书局，1998年版，第980页。

《汉书·杨胡朱梅云传》云：

> 杨王孙者，孝武时人也。学黄、老之术，家业千余，厚自奉养生，亡所不致。及病且终，先令其子，曰："吾欲裸葬，以反吾真，必亡易吾意。"①

不为仕宦的在野之民杨王孙则"自奉养生"，死求裸葬，亦为其向往的生活愿景也。

汉武帝时，黄老道家著作也大量出现，黄老学得到广泛传播。

《汉书·淮南王传》云：

> 淮南王安为人好书，鼓琴，不喜弋猎狗马驰骋，亦欲以行阴德拊循百姓，流名誉。招致宾客方术之士数千人，作为《内书》二十一篇，《外书》甚众，又有《中篇》八卷，言神仙黄白之术，亦二十余万言。时武帝方好艺文，以安属为诸父，辩博善为文辞，甚尊重之。每为报书及赐，常召司马相如等视草乃遣。初，安入朝，献所作《内篇》，新出，上爱，秘之。使为《离骚传》，旦受诏，日食时上。又献《颂德》及《长安都国颂》。每宴见，谈说得失及方技赋颂，昏莫然后罢。②

身为黄老学者的刘安为汉武帝所尊重，他领衔宾客撰著的、集道家之大成的《淮南子》献于汉武帝后也深得武帝的喜爱，君臣二人宴会时也相谈甚欢，以至日暮方罢。至于后来所传刘安谋反一案，乃是各种因素所致，与刘安学黄老无关。

司马谈、司马迁父子世家学黄老。司马谈初为五大夫，建元、元封年间，汉武帝任命司马谈为太史令。司马谈撰著《论六家要旨》，虽然客观地分析了自春秋战国以来不同流派的学术思想，但是独对黄老道家极为肯定，实际上是欲以弘扬黄老学。司马谈去世后，汉武帝命司马迁继任父职

---

① 班固撰：《汉书》，长沙：岳麓书社，1993年版，第1252～1253页。
② 班固撰：《汉书》，长沙：岳麓书社，1993年版，第946页。

为太史令。司马迁虽曾师从孔安国和董仲舒两位大儒，但是他更受家学影响，具有深厚的黄老思想学养。汉武帝在窦太后去世后，依然任命以黄老为世家之学的司马谈父子为太史令，说明"罢黜百家，表彰六经"仅限于政治意识形态。

而此时《老子》一书也得到广泛传播和深入研究。

2009 年，北京大学入藏了一批竹书，其中有道家著作《老子》。竹书《老子》"抄写年代有可能到武帝前期，但不太可能早到景帝"①。抄写《老子》并以其殉葬不但说明墓主本人生前深爱并传播《老子》，而且表明在当时的上层社会中，学黄老依然是一种风尚。

《汉书·景十三王传》云：

> 河间献王德②……修学好古，实事求是。从民得善书，必为好写与之，留其真，加金帛赐以招之。繇是四方道术之人不远千里，或有先祖旧书，多奉以奏献王者，故得书多，与汉朝等。……献王所得书皆古文先秦旧书，《周官》《尚书》《礼》《礼记》《孟子》《老子》之属，皆经传说记，七十子之徒所论。……山东诸儒多从而游。武帝时，献王来朝……其对推道术而言，得事之中，文约指明。③

河间献王刘德修学好古，多方求得"古文先秦旧书"，以致"得书多，与汉朝等"，那么他所得包括《老子》在内的各种典籍应有不同版本。从"山东诸儒多从而游。武帝时，献王来朝……其对推道术而言，得事之中，文约指明"来看，刘德不但对《老子》的传播发挥了一定的作用，而且对《老子》等道家学说深有研究。

《汉书·艺文志》还著录了一些制作于汉武帝时期的道家著作：

---

① 韩巍著：《西汉竹书〈老子〉的文本特征和学术价值》，见北京大学出土文献研究所编：《北京大学藏西汉竹书（贰）》附录三，上海：上海古籍出版社，2012 年版，第 209 页。
② 此刘德为汉景帝子，栗姬所生。
③ 班固撰：《汉书》，长沙：岳麓书社，1993 年版，第 1055 页。

《老子徐氏经说》六篇,(班固自注)字少季,临淮人,传《老子》。

《捷子》二篇。(班固自注)齐人,武帝时说。

《曹羽》二篇。(班固自注)楚人,武帝时说于齐王。

《郎中婴齐》十二篇。(班固自注)武帝时。①

关于临淮郡的设置,《汉书·地理志》云:"临淮郡,武帝元狩六年置。"②则《老子徐氏经说》六篇盖制作于武帝时。其他三部班固已自注标明为汉武帝时期所撰著。

自建元六年窦太后去世,汉武帝推行"罢黜百家,表彰六经",直至东汉后期,汉代就出现了四个地方黄老学中心:淮楚寿春(刘安)③、蜀郡成都(严遵)、京兆杜陵(安丘望之)、蜀郡广汉(杨厚)。另外,景帝二年至武帝元光五年之间的河间献王处,当也有不少学黄老者;两汉之际的范升门下学黄老者当也不在少数。

以上情况表明,汉武帝时期虽然为黄老学发展的转折点,但是仅限于政治意识形态方面,在地方政治、学术研究、授徒讲学和个人生活爱好方面,黄老学仍然有很大的发展。正如汉宣帝所言:"汉家自有制度,本以霸王道杂之,奈何纯任德教,用周政乎?"④

四、汉魏时期崇习老学者中,不但出现了家庭式、家族式的黄老学者团体,而且出现了对黄老学发展起过重要作用的几位女性

杨树达先生注意到了汉代家庭式、家族式学黄老者团体,也涉及了一些女性黄老学者,但是却没有对此现象作一总结,也忽视了女性在黄老学推广中的作用。⑤

---

① 班固撰:《汉书》,长沙:岳麓书社,1993年版,第769页。
② 班固撰:《汉书》,长沙:岳麓书社,1993年版,第712页。
③ 武帝元光、元朔年间犹存,彼时叛乱之事未发。
④ 班固撰:《汉书》,长沙:岳麓书社,1993年版,第105页。
⑤ 杨树达著:《周易古义·老子古义》,上海:上海古籍出版社,2007年版,第104~112页。

家族式学黄老者，在战国后期就已出现，燕之乐氏家族是其滥觞，见于《史记·乐毅列传》。①

汉魏时期，家庭家族式学黄老者时时而有之。西汉早期有汉文帝、窦后、景帝夫妇父子②，中期有司马谈、司马迁父子③，中后期有楚元王刘交后裔刘德、刘向父子④；东汉早期有光武帝之子刘强、刘英兄弟⑤，耿况、耿弇父子⑥，任光、任隗父子⑦；东汉早期的向长及其后人东汉后期的向栩⑧；东汉中后期的张道陵、张鲁祖孙⑨；汉末三国之交有钟繇、钟会母、钟

---

① 司马迁撰：《史记》，北京：中华书局，1998年版，第859～860页。
② 见前揭材料。
③ 司马迁好《老子》事见前揭材料，司马谈见《史记·太史公自序》："谈为太史公，太史公习《道论》于黄子。"
④ 《汉书·楚元王传》云："德字路叔，修黄、老术，有智略。……德常持《老子》'知足'之计。妻死，大将军光欲以女妻之，德不敢取，畏盛满也。"《汉书·艺文志》载刘向有《说老子》四篇。
⑤ 《后汉书·光武帝纪》云："皇太子见帝勤劳不怠，承间谏曰：'陛下有禹、汤之明，而失黄、老养性之福，愿颐爱精神，优游自宁。'帝曰：'我自乐此，不为疲也。'"《后汉书·楚王英传》云："英少时，好侠游，交通宾客，晚节更喜黄老。"
⑥ 《后汉书·耿弇列传》云："耿弇字伯昭，扶风茂陵人也。……父况，字侠游，以明经为郎，与王莽从弟伋共学《老子》于安丘先生，后为朔调连率。弇少好学，习父业。"（范晔、司马彪撰：《后汉书》，长沙：岳麓书社，1994年版，第299页）耿弇好学，习父业，即是学《老子》也。
⑦ 《后汉书·光武帝纪》云："光……好黄、老言，为人纯厚。"（袁宏撰，周天游校注：《后汉纪校注》，天津：天津古籍出版社，1987年版，第35页）《后汉书·任光列传》云："隗少好黄、老，清静寡欲。"（范晔、司马彪撰：《后汉书》，长沙：岳麓书社，1994年版，第323页）
⑧ 《后汉书·逸民向长传》云："好通《老》《易》。"《后汉书·独行传》云："向栩，向长之后，恒读《老子》。"
⑨ 《后汉书·刘焉袁术吕布列传》："沛人张鲁……鲁字公旗。初，祖父陵，顺帝时客于蜀，学道鹤鸣山中，造作符书，以惑百姓。受其道者辄出米五斗，故谓之'米贼'。陵传子衡，衡传于鲁，鲁遂自号'师君'。"唐玄宗《道德真经疏·外传》与杜光庭《道德真经广圣义·序》均录有《想尔注》二卷，并均注云："三天法师张道陵所注。"敦煌有一遗书末尾题曰"老子道经上想尔"，因而称《老子想尔注》，残缺过半，若依《河上公章句》分章，《道经》部分缺第一、二章和第三章首句；《德经》部分全佚。饶宗颐考证认为，《想尔注》虽称于系师张鲁之手，但始托于张陵。（参见饶宗颐校证：《老子想尔注校证》，上海：上海古籍出版社，1991年版，第131页）

会夫妇父子①,魏晋时期裴徽、裴楷、裴頠家族②……以上所举,皆为世家学黄老者。

在汉魏时期的老学者中,有三位女性不但学黄老,而且对黄老学的发展发挥了重要的作用,她们是项羽妾、窦后和钟会母。

宋代谢守灏《混元圣纪》云:"傅奕考核众本,勘数其字云:'项羽妾本,齐武平五年彭城人开项羽妾冢得之;安丘望之本,魏太和中道士寇谦之得之;河上丈人本,齐处士仇岳得之。'"

这里叙说了历史上《老子》流传的几个版本。项羽妾以《老子》殉葬,则是好《老子》者也。然不知项羽妾本源自何处?如要溯其来源,则或来自安期生乎?《史记·田儋列传》载安期生"尝干项羽,项羽不能用其策"而终亡去。③ 如此说不诬,则项羽妾本亦为《老子河上公章句》一系。因河上丈人即河上公,著《老子章句》,教安期生,若项羽妾所学来自安期生,则是河上丈人一系。而傅奕本是以项羽妾本为底本,结合其他版本校定而来,则傅奕本与河上公本或有渊源关系。

上述古本《老子》之流传,安丘望之本已佚,河上丈人本即今所见《老子河上公章句》,是仇岳所得之本乎?概不可知。唯项羽妾冢本赖傅奕而存,其岂不幸乎?

西汉早期,窦太后好《黄帝》《老子》,"帝及太子诸窦不得不读黄帝、老子,尊其术"。在窦后的影响下,黄老学说达到了鼎盛时期。

---

① 《世说·言语篇》刘孝标注引《魏志》曰:"繇家贫,好学,为《周易》《老子训》。"《三国志·魏书·王毌丘诸葛邓钟传》裴注云:"会时遭所生母丧。为其母传曰:'夫人性矜严,明于教训……雅好书籍,涉历众书,特好《易》《老子》。'"《释文叙录》:"《老子》钟会注二卷。"《隋书·经籍志》:"《老子道德经》二卷钟会注。"

② 《三国志·魏书·方技传》裴注载安平赵孔曜对管辂评论裴徽云:"冀州裴使君才理清明,能释玄虚,每论易及老、庄之道,未尝不注精于严、瞿之徒也。"《晋书》有传,载:"楷字叔则。父徽,魏冀州刺史。楷明悟有识量,弱冠知名,尤精《老》《易》,少与王戎齐名。钟会荐之于文帝,辟相国掾,迁尚书郎。"尚老庄,习《老子》《周易》,著《崇有论》,驳何晏、王弼"贵无论"。

③ 司马迁撰:《史记》,北京:中华书局,1998年版,第940~941页。

还有一位女性黄老学者,就是汉末三国之际的钟繇夫人钟会之母。

《三国志·魏书·王毌丘诸葛邓钟传》裴注云:

> 会时遭所生母丧。为其母传曰:夫人性矜严,明于教训,会虽童稚,勤见规诲。……雅好书籍,涉历众书,特好《易》《老子》。①

项羽妾、窦后和钟会母三位女性都以自己的方式促进了老学的发展,这是黄老学发展史上一道靓丽的风景。

五、结论

据上所述,我们可以作出如下结论:

两汉时期是中国哲学史上黄老思想发展的重要阶段。西汉前期,部分地方黄老学派由隐而显,先后进入西汉朝廷,开创了黄老由民间学说飞跃而为官方统治思想的局面。自西汉前期至东汉后期,有黄老学者或集聚于王公卿相门下,或授徒讲学,著书立说,从而形成了若干地方黄老学中心。汉武之时"罢黜百家,表彰六经"虽为黄老学发展的转折点,但仅限于政治意识形态,在其他方面黄老学仍然有很大的发展。汉魏时期崇习黄老的学者中,不但出现了家庭式、家族式的黄老学者团体,而且出现了对黄老学发展发挥了重要作用的三位女性。

第二节　先秦两汉儒道关系考

一、问题的由来

先秦两汉儒道关系古今学者多有论说。

---

① 陈寿撰,裴松之注:《三国志》,北京:团结出版社,1996年版,第488页。

西汉司马迁云:"世之学老子者则绌儒学,儒学亦绌老子。道不同不相为谋。"①

今有学者王葆玹先生拓展了司马迁的话题,其论云:

> 孔老本是同源而出,在孔老之后,儒道的关系一时呈和谐的样式。……大约在战国中期以后,道家黄老、庄老两派才与儒家相敌对。这种敌对的关系持续了很长时间,直到东汉以后,玄学兴起,儒道融合的局面才再度出现。……
>
> 这种儒道敌对的局面,到东汉以后濒于终结。在曹魏正始时期,王弼兼注《周易》《论语》和《老子》三部书,何晏兼作《老子道德论》和《论语集解》,都表现出融合儒道的倾向。魏末阮籍兼论《易》《老》《庄》,向秀兼注《周易》和《庄子》,西晋郭象兼作《论语体略》和《庄子注》,也都有融合儒道的倾向。……
>
> 综观儒道关系的演变历史,乃是一同产生于春秋晚期,在战国中期分立而敌对,在两汉时期相互排斥,在魏晋隋唐时期又呈融合的局面。②

司马迁未区分具体时间阶段,他笼统地认为儒道之间只有敌对互绌,而无融洽相处之关系。而且,司马迁所述乃是因学术旨趣的不同导致儒道学派之间的互绌关系。

惜乎!《史记》为史学著作,因文体所限,司马迁仅作论断而未给予论证。

王氏对司马迁之论有所修正,区分了不同时间阶段。他认为,孔老之后,儒道关系呈现出一时之和谐,但自战国中期以至两汉,儒道之间一直处于对立状态;直到魏晋时期,有学者兼习、兼注、兼作儒道著作,儒道关

---

① 司马迁撰:《史记》,北京:中华书局,1998年版,第750页。
② 王葆玹著:《黄老与老庄》,北京:中国人民大学出版社,2012年版,第15~17页。

系才又出现融合局面。

王氏所论,实际上涉及了两个方面,一是儒道学派之间的关系,一是儒道学者的学术研究领域或范围,二者之间虽然联系紧密,但不能等同。

自老孔之生以至汉亡,历时八百年,期间儒道之学者不知几何,儒道学者之间发生之事又不知几何,此类事件纷繁复杂又不知几何。那么,司马迁"道不同不相为谋"的"儒道互绌"论断是否可以概其全?典籍所载与儒道有关的史事哪些属于司马迁所言一类?此外,儒道关系尚有哪些类型?王氏所论战国中期至于两汉儒道关系持续敌对,直到魏晋出现兼注、兼作儒道著作儒道才趋融合是否历史之真相?

二、司马迁所论"道不同不相为谋"之"儒道互绌"的确存在

诚如王氏所说,"孔老本是同源而出"。孔老同源,这源头,既包括远古时期的巫史文化,也包括三代以来优秀的传统文化,其中的礼就是儒道所共同尊崇和熟悉的,所以《礼记·曾子问》记载了四次孔子自述受礼学于老子之事,《孔子家语·观周》也有孔子"问礼于老聃"之记载,《史记·老子列传》载孔子对老子的敬仰,发出赞"其犹龙邪"的感叹。可见此时儒道关系之融洽。

然自战国中期至于两汉,尚有司马迁所言"道不同不相为谋"之"儒道互绌"事例存在。

儒道之互绌,始于孟子批判杨朱,见于《孟子·滕文公下》和《尽心上》《尽心下》,而《滕文公下》言辞尤为激烈:

> 世衰道微,邪说暴行有作……杨朱、墨翟之言盈天下。天下之言,不归杨,则归墨。……杨墨之道不息,孔子之道不著,是邪说诬民,充塞仁义也。仁义充塞,则率兽食人,人将相食。吾为此惧,闲先圣之道,距杨墨,放淫辞,邪说者不得作。……能言距杨墨者,圣人之徒也。①

---

① 焦循撰:《孟子正义》,诸子集成第一册,上海:上海书店出版社,1986年版,第266~272页。

《淮南子·氾论训》亦云：

> 全性保真，不以物累形，杨子之所立也，而孟子非之。①

其后，有庄子后学"作《渔父》《盗跖》《胠箧》，以诋訾孔子之徒，以明老子之术。"②

西京之时，又发生了两件与齐诗学者辕固生有关的"儒道互绌"之事。③

一是辕固生就汤、武于桀、纣是"受命"还是"放杀"这一问题，"与黄生争论景帝前"。辕固生认为汤武是受天命革命，而黄生认为汤武是以下犯上放弑君主。二人争持不下，情急的辕固生则以现实中的高帝代秦是否正当反问黄生，弄得在场的景帝尴尬，提示不必再争论。这一争论实际上是学统与政统、历史与现实、理想与现实之间的不可调和统一的问题。

二是辕固生答窦太后问《老子》书之事。辕固生在当时是一位大儒，颇有影响，窦太后好黄老，本想假借辕固生来进一步肯定《老子》一书的价值，这也表明窦太后本有向儒家示好的意图，不料辕固生性格耿直，不假思索地回答："此是家人言耳。"完全是一副不屑一顾的态度，这无疑激怒了窦太后。

诸如此类，是儒道学派在学理上的争论或互绌，属于司马迁所言"道不同不相为谋"的"儒道互绌"。而先秦两汉儒道关系颇为多元，司马迁所言"道不同不相为谋"之"儒道互绌"得其一偏，未能概其全。除此以外，尚有如下类型的儒道关系存在。

三、谋不同而罪及道

西京之时，尚有一类涉及儒道学者之事，如司马迁在《史记》中记载了

---

① 刘安等著，高诱注：《淮南子》，诸子集成第七册，上海：上海书店出版社，1986年版，第218页。
② 司马迁撰：《史记》，北京：中华书局，1998年版，第1115页。
③ 司马迁撰：《史记》，北京：中华书局，1998年版，第1115页。

窦太后与汉武帝集团、汲黯与公孙弘及刘安、郑当时与魏其之间发生的所谓"互绌"事件,这些是不是"道不同不相为谋"的"儒道互绌"呢?

先看窦太后与汉武帝集团之间的"互绌"。

窦太后是一个权力欲望很强的人,她好黄老,欲推行黄老治国,借此干预朝政。① 而武帝即位后,为了便于掌控权力,与赵绾、王臧等欲"招方正贤良文学之士",明儒学行儒政。在此期间,赵绾还一度明确提出摆脱窦太后干预朝政之建议,即"请毋奏事太皇太后"②,引起了窦太后的不满,激起了她的反击。

《史记·孝武本纪》云:

> 会窦太后治黄老言,不好儒术,使人微得赵绾等奸利事,召案绾、臧,绾、臧自杀,诸所兴为者皆废。③

很明显窦太后与汉武帝集团之间的"互绌"是统治阶级内部的权力之争涉及了儒道两家之学者,而非儒道两家之学者学术取向的不同导致了政治权力之争夺。前后因果分明,不可颠倒。

接着看汲黯与公孙弘及刘安之间的事情。

《史记·汲郑列传》有汲黯"常毁儒"的字眼,这似乎是黄老道家汲黯因学术取向的不同而绌儒的铁证。但是,仔细考察可知情况并非如此。

汲黯之为人,平时庄重得让人害怕,清高,不拘礼节,嫉恶如仇,好打抱不平,气节高尚,敢于直言极谏,有节操,即使对皇上他也敢于多次冒犯。④ 有如此高尚品格的汲黯对那些伪诈、投机取巧和贪婪之人自然是要非毁。汲黯非毁的对象主要是公孙弘和张汤,二人对汲黯非常忌惮。

---

① 黄老学说主张之一"君无为而臣有为"。
② 班固撰:《汉书》,长沙:岳麓书社,1993年版,第58页。
③ 司马迁撰:《史记》,北京:中华书局,1998年版,第177页。
④ 《史记·汲郑列传》云:"以庄见惮……性倨,少礼,面折,不能容人之过。合己者善待之,不合己者不能忍见……然好学,游侠,任气节,内行修絜,好直谏,数犯主之颜色。"

还有一人,即淮南王刘安,对汲黯亦很忌惮。我们看看公孙弘、张汤和刘安的学派归属或其学术旨趣,公孙弘固然是儒家学者,但是张汤可是与黄老有渊源关系的法家,而刘安则是与汲黯具有相同学术思想的黄老道家了。按照司马迁的说法,"道不同不相为谋",汲黯应该只非毁公孙弘,而不及张汤和刘安了,可事实并非如此,汲黯对三人一并非毁,三人对汲黯皆很忌惮。这却是为何?我们继续看。

《史记·汲郑列传》云:

> 而黯常毁儒,面触弘等徒怀诈饰智以阿人主取容,而刀笔吏专深文巧诋,陷人于罪,使不得反其真,以胜为功。……
>
> 淮南王谋反,惮黯,曰:"好直谏,守节死义,难惑以非。至如说丞相弘,如发蒙振落耳。"……
>
> 然御史大夫张汤智足以拒谏,诈足以饰非,务巧佞之语,辩数之辞,非肯正为天下言,专阿主意。主意所不欲,因而毁之;主意所欲,因而誉之。好兴事,舞文法,内怀诈以御主心,外挟贼吏以为威重。①

原来公孙弘和张汤虽然学术旨趣不同,但是他们在品德上有一个共同的特点,那就是巧佞怀诈以阿主上,好兴事,陷人于罪。《史记·平津侯主父偃列传》云:"弘为人意忌,外宽内深。诸尝与弘有郤者,虽详(通阳)与善,阴报其祸。杀主父偃,徙董仲舒于胶西,皆弘之力也。"②如此品德与行事当然为汲黯所不容。而刘安对属国内部管束不严而后又意欲谋反,当然也忌惮正直的汲黯。

至于郑当时受武安侯魏其"贬秩为詹事"③,也绝非郑当时好黄老而导致。④ 因为郑当时被贬职后不久就被好儒的汉武帝看中,并升迁为大农令了。

据上所述可知,窦太后与汉武帝集团、汲黯与公孙弘及刘安、郑当时

---

① 司马迁撰:《史记》,北京:中华书局,1998年版,第1110~1111页。
② 司马迁撰:《史记》,北京:中华书局,1998年版,第1053页。
③ 司马迁撰:《史记》,北京:中华书局,1998年版,第1111页。
④ 具体何由,文献阙而难征。

与魏其之间发生的所谓"互绌"事件,与学者所处政治背景、个人品德及人生行事有很大的关系,他们之间的"儒道互绌"就不属于司马迁所言"道不同不相为谋"一类,而是属于"谋不同而罪及道",或者说是政治斗争以及人生行事涉及了不同学派的学者。

四、道不同或相为谋

西汉早中期的几位皇帝,或好道家学说,或好儒家思想,然好道家者亦有颇重于儒家学者,好儒家者亦有颇重于道家学者。帝王于臣下,不以其学术思想之不同而有好恶,而是以是否有利于其统治为取舍之标准。

初起兵时,"沛公不好儒"①,然郦食其于沛公征战天下时善为之游说而攻城略地,以及得天下后叔孙通为之起朝仪让他得知为帝之尊贵,致使刘邦完全改变了对儒家的看法,郦食其、叔孙通亦先后得到刘邦的重用。

汉文帝颇好黄老,不好儒术。《史记·礼书》云:

> 孝文即位,有司议欲定仪礼,孝文好道家之学,以为繁礼饰貌,无益于治。②

《风俗通义·正失篇》云:

> 然文帝本修黄老之言,不甚好儒术,其治尚清净无为。③

汉文虽好道家之学,然亦并非对儒家学者一概排斥。汉文对儒家之洛阳少年贾生颇为欣赏,因吴公之荐而征贾生为博士,因其"每诏令议下,诸老先生未能言,谊尽为之对"的突出表现,而"超迁,一岁中至太中大夫"。④ 又因贾生发"兴礼乐"、更律令、"列侯悉就国"等之说,汉文"议以

---

① 司马迁撰:《史记》,北京:中华书局,1998年版,第957页。
② 司马迁撰:《史记》,北京:中华书局,1998年版,第405页。
③ 应劭撰:《风俗通义》,百子全书第四册,长沙:岳麓书社,1993年版,第3598～3599页。
④ 司马迁撰:《史记》,北京:中华书局,1998年版,第879页。

为贾生任公卿之位"①,后因汉功臣之嫉害而作罢,然汉文犹先后任贾生为长沙王太傅、梁怀王太傅。汉文爱贾生,奈何功臣嫉!然观汉文曾与贾生论道至夜半及评论之语"吾久不见贾生,自以为过之,今不及也"②,谓汉文贾生至为知交亦未不可!

汉景帝,典籍也明载其好《老子》。《汉书·扬雄传赞》记载桓谭语:

> 昔老聃著虚无之言两篇,薄仁义,非礼学,然后世好之者尚以为过于五经,自汉文、景之君及司马迁皆有是言。③

而景帝于儒家辕固生,初则于窦后前袒护之,后又"以固为廉直,拜为清河王太傅"④,足见景帝对儒家辕固生爱护有加。

汉武帝本好儒,然对"学黄老之言"、素以道家"清静""无为"思想"治官理民"的汲黯却非常赏识。在汲黯任东海太守"岁余,东海大治"后,武帝"召以为主爵都尉,列于九卿";在汲黯面斥武帝"内多欲而外施仁义"时,武帝不但不加之罪而且叹其"甚矣,汲黯之戆也";其后,武帝对汲黯还有"古有社稷之臣,至于黯,近之矣"的高度评价。武帝对汲黯接见之敬礼亦尚在大将军卫青和丞相公孙弘之上。

儒道之间,虽学派不同和学术思想不同,亦或有相同之政治价值取向。《史记·儒林列传》云:

> 兰陵王臧……及代赵绾,亦尝受诗申公,绾为御史大夫。绾、臧请天子,欲立明堂以朝诸侯,不能就其事,乃言师申公。于是天子使使束帛加璧安车驷马迎申公,弟子二人乘轺传从。至,见天子。天子问治乱之事,申公时已八十余,老,对曰:"为治者不在多言,顾力行何如耳?"是时天子方好文词,见申公对,默然。然已招致,则以为太中

---

① 司马迁撰:《史记》,北京:中华书局,1998年版,第879页。
② 司马迁撰:《史记》,北京:中华书局,1998年版,第882页。
③ 班固撰:《汉书》,长沙:岳麓书社,1993年版,第1551页。
④ 司马迁撰:《史记》,北京:中华书局,1998年版,第1115页。

大夫,舍鲁邸,议明堂事。①

由于赵绾、王臧对其师的推荐,汉武帝对作为儒家大师的申公抱以热切的期望,他希望申公能给他提供不同于之前道家的治国之术。然观申公所答语,其言辞虽有不同,但其主旨却与汉初黄老学大家盖公为齐相曹参言"治道贵清静而民自定"一致,儒家的申公与道家的盖公在治国方略上竟然持有如此相近的观点!② 申公之答当然让正对儒家颇为支持的武帝大失所望。

以上数例说明,学派不同,或学术思想不同,亦或有共同的治官理民之方略,是为"道不同或相为谋"。

五、道虽同不相为谋

司马迁说"道不同不相为谋",世人或易于接受。然亦有学派相同者,其学术理念或治国安民之术亦或不相同,甚至相为指斥者,是为"道虽同不相为谋"。

杨朱、庄子及其后学,皆为道家,而庄子一派批杨朱为甚。

《庄子·骈拇》云:

> 骈于辩者,累瓦结绳窜句,游心于坚白同异之间,而敝跬誉无用之言,非乎?而杨、墨是已。故此皆多骈旁枝之道,非天下之至正也。

《庄子·胠箧》云:

> 削曾、史之行,钳杨、墨之口,攘弃仁义,而天下之德始玄同矣。……彼曾、史、杨、墨、师旷、工倕、离朱,皆外立其德,而以爚乱天下者也,法之所无用也。

---

① 司马迁撰:《史记》,北京:中华书局,1998年版,第1114~1115页。
② 其中原因应是与他们二人皆年老而经历过秦末之乱刘项之争等长期战乱有关。

汉武帝时,辕固生、公孙弘同应征"贤良",二者虽同为儒家学者,但或由于年齿、人格、治世理念等不同,公孙弘不敢正视辕固生,而辕固生亦直言诫公孙弘:"公孙子,务正学以言,无曲学以阿世!"①

公孙弘、董仲舒皆治春秋公羊学,然公孙弘巧佞奸诈,董仲舒为人廉直。公孙弘虽学问不如董仲舒,然善揣摩主意逢迎汉武,得以"位至公卿"。董仲舒对公孙弘公卿之位非因学术而因谄媚奉承得来颇为不屑。因此,公孙弘嫉恨董仲舒,阴谋上书,使董仲舒出为胶西王相。②

六、学派关系:儒道共谋

从学派之间的关系来看,战国中期至于两汉,有众多的儒道学者不但和平共存融洽相处,而且在同一侯王领导之下为完成共同的事业而撰文集成一书。

战国后期以至西汉中期,魏国信陵君、赵国平原君、齐国孟尝君、楚国春申君、秦国文信侯、西汉淮南王等各有门下食客数千,其中应该都兼有儒道之学者,而尤以吕不韦、刘安门下儒道学者为多,且对当时及后世影响也大。

《吕氏春秋》高诱序云:

> 不韦乃集儒书,使著其所闻,为十二纪、八览、六论,训解各十余万言……名为《吕氏春秋》。……然此书所尚,以道德为标的,以无为为纲纪,以忠义为品式,以公方为检格,与孟轲、孙卿、淮南、扬雄相表里也。③

《淮南子》高诱序云:

---

① 司马迁撰:《史记》,北京:中华书局,1998年版,第1115页。
② 司马迁撰:《史记》,北京:中华书局,1998年版,第1116~1117页。
③ 高诱撰:《吕氏春秋序》,吕不韦等著,高诱注:《吕氏春秋》,诸子集成第六册,上海:上海书店出版社,1986年版,第2页。

天下方术之士，多往归焉。于是遂与苏飞、李尚……等八人，及诸儒大山、小山之徒，共讲论道德，总统仁义，而著此书。其旨近《老子》，淡泊无为，蹈虚守静，出入经道。①

吕不韦为秦相后，依战国四君子之例，广泛招揽门客，"至食客三千人"。西汉早中期，淮南王刘安亦结交宾客至数千人。吕氏、刘氏门客，包括众多学派，而其中最主要的还是道家和儒家学者，这些儒道学者不但和平共存，融洽相处，而且还在吕不韦或刘安的带领下，为完成共同的目标和事业，而撰文集成一书，为当时的治国理民提供了借鉴，也为后世留下了丰富的思想宝库。

七、学术研究：儒道融合

从学术研究领域来看，战国中期至于两汉，兼习、兼注、兼作儒道著作之学者甚多，并非至魏晋时才有融合儒道著作之出现。

王葆玹先生认为，孔老同源，孔老之后，儒道曾呈现出一时之和谐，此固为事实。然他认为战国中期以后，直至东汉，儒道持续敌对，至魏晋时王弼、何晏等人兼注、兼作儒道著作，才出现儒道融合之现象，此则并非历史之真相。

（一）出土文献表明，战国中期以至两汉，学者多是儒道兼习而学有所偏

1973年冬至1974年春，河北定县八角廊四十号汉墓出土了儒家著作《论语》《儒家者言》《哀公问五义》，和道家著作《文子》。从该墓出土文献来看，墓主是儒道兼习而偏儒。

1973年湖南省长沙市马王堆三号汉墓出土了一批帛书，其中包括儒

---

① 高诱撰：《淮南子序》，刘安等著，高诱注：《淮南子》，诸子集成第七册，上海：上海书店出版社，1986年版，第1页。

家典籍《易》和《春秋事语》等,及道家典籍《黄帝四经》和《老子》甲乙本,墓中文献表明墓主利豨儒道兼习。

1993年湖北省荆门市郭店一号楚墓出土了大批竹简,包括道家著作《老子》甲、乙、丙三组和《太一生水》,以及儒家典籍《五行》《缁衣》《鲁穆公问子思》《穷达以时》《唐虞之道》《忠信之道》等。该墓下葬于公元前四世纪晚期。该墓出土文献表明,墓主儒道兼习而偏儒。

1994年上海博物馆收藏了一批战国楚竹书,包括《孔子诗论》《周易》《缁衣》《民之父母》《内礼》等儒家著作,和《恒先》《凡物流形》《彭祖》等道家著作。这批楚竹书表明,墓主儒道兼习而偏儒。

2009年北京大学收藏了一批西汉竹书,这批竹书基本涵盖了《汉书·艺文志》所列六大门类,其中包括《老子》《周驯》等道家文献,这批竹书表明墓主学无不窥,非限于儒道两家。

(二) 传世典籍所载表明,自战国后期开始儒道兼习之学者众多

这些学者,往往兼注或兼作有儒道著作,其时间大多远早于魏晋时期的王弼、何晏、阮籍、向秀、郭象等人。

战国后期之荀子,儒家学派之集大成者,然其学综百家,除儒家学说外,于道家及其他各家亦颇精通。其作《天论》云"老子有见于诎,无见于信",其作《解蔽》所言之"虚壹而静"的思想当来自道家《老子》,非深明于《老子》之学,岂有如此精辟之概括和思想之发展?

西汉三大儒陆贾、贾谊和董仲舒也是儒道兼习。

汉初,萧何、曹参从施政措施上推行黄老,陆贾则从思想上阐发黄老。陆贾著有《新语》,其中的《道基》阐述了道家的宇宙观,《无为》则是对黄老"清静无为"思想的发挥,抒发了对"无为而治"政治的向往。在阐发黄老思想的时候,陆贾还常常称引《诗》《书》《易》《论语》等儒家典籍进行说理。陆贾虽是黄老道家,但是他对儒家典籍烂熟于心并能娴熟运用。

贾谊,洛阳人,为当时"治平为天下第一"的河南守吴公门下,吴公尝

学事李斯，李斯为荀子弟子，则贾谊为荀子后学。贾谊虽为儒家学者，然其道家学养深厚，所撰《鵩鸟赋》阐述了他的道家宇宙观，且多套用《老子》《庄子》语；其《道术》《道德说》《修政语》等反映了他对《老子》之道的深刻理解。

董仲舒，汉武帝时公羊学大师，然而这样一位儒学大家，其思想也深受道家影响。"无为而治"是黄老道的根本原则之一，董仲舒把这一思想有机地融合到他的儒学体系中去，他认为"无为而治"是治国的根本："为人君者居无为之位，行不言之教，寂而无声，静而无形，执一无端，为国源泉。"

韩婴，汉初儒学大家，《诗经》韩氏学创始人，深明于《诗经》和《周易》，然其作《韩诗外传》，非单引《诗》以证事，也引《老子》等道家之言以证事。此则说明韩婴也儒道兼习而偏儒。

《周易》虽为百家所称道，但传统而言归之于儒家。按此而论，则儒道兼习者更多。

司马季主"楚贤大夫，游学长安，通《易经》，术《黄帝》《老子》，博闻远见"[1]。

司马谈、司马迁父子世家学黄老。司马谈《论六家要旨》特重道家，但其学术师承"学天官于唐都，受《易》于杨何，习《道论》于黄子"[2]，儒道兼习而主道。司马迁，从安国学《尚书》，师仲舒习《公羊》，然因有黄老家学渊源，耳闻目染，故其老学素养亦深厚异常。[3]

河间献王刘德，汉景帝之子，经古文学家，儒道并好而重儒。[4]

---

[1] 司马迁撰：《史记》，北京：中华书局，1998年版，第1153页。
[2] 司马迁撰：《史记》，北京：中华书局，1998年版，第1177页。
[3] 司马迁撰《史记》，多次述说老学源流，熟悉古来道家学者，又时时引《老子》语。
[4] 《金楼子·说藩》云："昔藩屏之盛德者，则刘德字君道，造次儒服，卓尔不群，好古文。每就人间求善书，必为好写与之，留其真，加以金帛。士有不远千里而至者，多献其先祖旧书《周官》《尚书》《礼》《礼记》《孟子》《老子》，献王好之。"

刘向,西汉后期大儒,经传诸子百家学无不通,有儒家之作《说苑》等,又著有道家著作《说老子》四篇。

扬雄,西汉末大儒,"博览无所不见……清静亡为,少耆欲"①,其《解难》云:"孔子作《春秋》,几(冀)君子之前睹也。老聃有遗言,贵知我者希,此非其操与?"②为人行事似老子,而又著作引《老子》语,则非学《老子》者何?又依《论语》作《法言》,因《易经》作《太玄》。则扬雄儒道兼习而偏道。③

班嗣"虽修儒学,然贵老、严之术"。联系班嗣报桓生语,则知班嗣亦儒道兼习而好道。④

冯衍,京兆杜陵人,撰《自论》云:"阖门讲习道德,观览乎孔、老之论。"⑤又撰《显志赋》云:"诵古今以散思兮,览圣贤以自镇;嘉孔丘之知命兮,大老聃之贵玄;德与道其孰宝兮?名与身其孰亲?"⑥

东汉初经学家代郡人范升,也是儒道兼习。《后汉书·郑范陈贾张列传》云:

> 范升字辩卿,代郡人也。少孤,依外家居。九岁通《论语》《孝经》,及长,习《梁丘易》《老子》,教授后生。⑦

向长"字子平,河内朝歌人也。隐居不仕,性尚中和,好通《老》《易》"⑧。

马融,扶风茂陵人,"才高博洽,为世通儒……注《孝经》《论语》《诗》

---

① 班固撰:《汉书》,长沙:岳麓书社,1993年版,第1531页。
② 班固撰:《汉书》,长沙:岳麓书社,1993年版,第1549页。
③ 《朱子语类》卷一百三十七"战国汉唐诸子"载:"扬雄则全是黄老……雄之学似出于老子……但子云所见处,多得之老氏……子云所见多老氏者,往往蜀人有严君平源流。"朱熹论"扬雄则全是黄老"固有所偏。
④ 班固撰:《汉书》,长沙:岳麓书社,1993年版,第1850页。
⑤ 范晔、司马彪撰:《后汉书》,长沙:岳麓书社,1994年版,第425页。
⑥ 范晔、司马彪撰:《后汉书》,长沙:岳麓书社,1994年版,第429页。
⑦ 范晔、司马彪撰:《后汉书》,长沙:岳麓书社,1994年版,第525页。
⑧ 范晔、司马彪撰:《后汉书》,长沙:岳麓书社,1994年版,第1204页。

《易》《三礼》《尚书》《列女传》《老子》《淮南子》《离骚》"①。

牟子，东汉后期苍梧人。《理惑论序言》云："牟子既修经传诸子，书无大小，靡不好之。……是时，灵帝崩后，天下扰乱。独交州差安，北方异人，咸来在焉。多为神仙辟谷长生之术，时人多有学者。牟子常以五经难之，道家术士莫敢对焉，比之于孟轲距杨朱、墨翟。……于是锐志于佛道，兼研《老子》五千文。"②牟子学问渊博，对儒道佛三家著作和思想皆有高深之研究。著《理惑论》，注解《老子》道经三十七篇。

管宁，北海朱虚人，生于汉末三国。《三国志·魏书·袁张凉国田王邴管传》云：

> 伏见太中大夫管宁……娱心黄老，游志六艺。③

虞翻字仲翔，会稽余姚人，与管宁同时。《三国志·吴书·虞陆张骆陆吾朱传》云：

> 翻与少府孔融书，并示以所著《易注》……又为《老子》《论语》《国语》训注，皆传于世。④

董遇，汉魏时期经学家，精儒道而熟诸子。盖生于汉灵帝时期，建安初任黄门侍郎，后在献帝左右侍讲。鱼豢《魏略》以董遇和贾洪、苏林等七人为儒宗。《三国志·魏书·钟繇华歆王朗传》云："明帝时大司农弘农董遇等，亦历注经传，颇传于世。"裴注云：

> 董遇字季直。……初，遇善治《老子》，为《老子》作训注。又善《左氏传》，更为作《朱墨别异》。⑤

---

① 范晔、司马彪撰：《后汉书》，长沙：岳麓书社，1994年版，第834~835页。
② 牟子撰：《理惑论》，百子全书第四册，长沙：岳麓书社，1993年版，第3651页。
③ 陈寿撰，裴松之注：《三国志》，北京：团结出版社，1996年版，第226页。
④ 陈寿撰，裴松之注：《三国志》，北京：团结出版社，1996年版，第814~815页。
⑤ 陈寿撰，裴松之注：《三国志》，北京：团结出版社，1996年版，第265页。

《经典释文》载《周易》"董遇《章句》十二卷"①。

董遇治《易》《老》《左传》,是儒道兼习。

石寒贫,与董遇同时而稍晚,儒道兼习。《三国志·魏书·袁张凉国田王邴管传》裴注引《魏略》云:

> 寒贫者,本姓石,字德林,安定人也。建安初,客三辅。是时长安有宿儒栾文博者,门徒数千,德林亦就学,始精《诗》《书》。……常读《老子》五千文及诸内书,昼夜吟咏。②

王肃,扶风茂陵人,汉末三国儒学大家,然亦注《老子》,有如马融。《三国志·魏书·钟繇华歆王朗传》云:

> 肃善贾、马之学,而不好郑氏,采会同异,为《尚书》《诗》《论语》《三礼》《左氏》解,及撰定父朗所作《易传》,皆列于学官。③

又《新唐书·艺文志》载:

> 王肃《玄言新记道德》二卷。④

据上所列可知,孔老之后,自战国中期以至东汉末年,儒道兼习之学者甚多,不可胜数,兼注、兼作儒道著作之学者亦不在少数,只不过学有所偏,术有所重。此则表明,儒道之间融洽相处、和平共存依然是大范围且普遍的主流现象。

八、结论

按上所述,我们可以得出如下结论:

先秦两汉儒道关系颇为多元,司马迁所言"道不同不相为谋"的"儒道

---

① 陆德明撰,吴承仕疏证:《经典释文序录疏证》,北京:中华书局,2008年版,第41页。
② 陈寿撰,裴松之注:《三国志》,北京:团结出版社,1996年版,第230页。
③ 陈寿撰,裴松之注:《三国志》,北京:团结出版社,1996年版,第264页。
④ 欧阳修、宋祁撰:《新唐书》,北京:中华书局,1975年版,第1515页。

互绌"关系仅是其中一类,除此以外,尚有"谋不同而罪及道""道不同或相为谋""道虽同不相为谋"等情况存在。然而,自战国至于两汉,"儒道互绌"仅是小范围内特殊情况下的个别而非普遍现象,儒道关系的主流依然是二者和平共存融洽相处。因为在此期间,从学派之间的关系看,有众多的儒道学者在同一王侯带领下为完成共同的事业而撰文集成一书;从学术研究领域看,儒道兼习的学者不可胜数,兼注、兼作儒道著作的学者也不在少数,如陆贾、贾谊、董仲舒、韩婴、刘向、扬雄、马融、虞翻、董遇、王肃等,皆有所论,或融儒道思想于一文一书,或既注儒家之作,也注道家之作,其时间多远在魏晋之前,而不必至魏晋王弼、何晏、阮籍、向秀、郭象等人时才有融合儒道著作之出现。

第二章 周秦两汉时期《老子》的传播、版本系统划分及汉简本《老子》的版本归属

第一节 周秦两汉时期《老子》的成书及其流传

一、周秦两汉时期《老子》定本的成书时间

要考察北大藏汉简《老子》的相关问题，我们首先就要探讨《老子》是何时成书的，以及在周秦两汉时期《老子》一书的流传在地域上是如何发生变迁的。

《老子》何时成书？这是老学研究中学界讨论较多的一个话题。罗根泽先生在《古史辨六·自序》中梳理了自北宋陈师道以来至上世纪二三十年代疑古学派及其论敌有关这一问题的观点，并总结为二十九条。[①] 概括起来，有关《老子》成书的时间有"早出说"和"晚出说"。持"早出说"的有黄方刚、张季同、胡适等，持"晚出说"的有梁启超和顾颉刚等。黄方刚

---

① 罗根泽编著：《古史辨（六）》自序，上海：上海古籍出版社，1982年版，第1～26页。

认为,老子长于孔子,《老子》书成于孔子在世时。张季同认为,《老子》书是战国初期的作品。胡适认为,孔子确曾向老子问礼,《老子》书确是老子所作。梁启超认为,《老子》书作于战国之末。顾颉刚认为,《老子》书成于《吕氏春秋》和《淮南子》之间。①

我们认为,《老子》成书应该不晚于战国中期,甚至可以向前推到战国早期和春秋晚期,对于这一观点不但传世典籍可以提供证据,而且出土文献也可以提供证据。

据传世典籍可知,《老子》一书在战国中期之前就已经出现。

西汉早期和战国后期,已有典籍明言《老子》书或指称其为书者。

西汉早期老子著作五千言被称为《老子》,这是没有问题的。《史记·儒林列传》云"窦太后好《老子》书,召辕固生问《老子》书",是为明证。

那么,时间上再往前的战国后期,即韩非子时期又如何呢?

韩非子所处的时代,可以肯定的是,老子"五千言"已经成书,而且被命名为《老子》。

《韩非子》有《解老》《喻老》篇,从篇名来看,就可知道是对《老子》一书的解喻。《解老》对《老子》的解说涉及今本《老子》的有第三十八章、第五十八章、第五十九章、第六十章、第四十六章、第十四章、第一章、第五十章、第六十七章、第五十三章、第五十四章,共计十一章;以首解第三十八章为详,涉及该章的多条文句,而其他章段只解说其中的某一条文句。《喻老》对《老子》的明喻涉及今本《老子》的有第四十六章、第五十四章、第二十六章、第三十六章、第六十三章、第六十四章、第五十二章、第七十一章、第四十七章、第四十一章、第三十三章、第二十七章,共计十二章;而以首解第四十六章和中间解说第六十四章为详。韩非子的《解老》《喻老》为什么对涉及今本第三十八章、第四十六章和第六十四章内容比其他章解

---

① 罗根泽编著:《古史辨(六)》自序,上海:上海古籍出版社,1982年,第1~26页。

喻得详细，其中原因不得而知。与《解老》关系密切的第三十八章不见于郭店《老子》。与《喻老》关系密切的第四十六章的五句中有四句见于郭店《老子》，第六十四章的四句中有三句见于郭店《老子》。在《解老》篇里，韩非还三次明言"书之所谓"，从其解说的内容来看，这里的"书"毫无疑问是指《老子》；而且，三次明言"书之所谓"，表明该书是大家熟知的，而不必特意指出是某书，也就是说《老子》一书在当时知识分子阶层是比较流行的本子。另外，在《难三》篇中，韩非引用《老子》之文，直言"《老子》曰：以智治国，国之贼也"。可见，在韩非子的时代，老子"五千言"已经成书，而且命名为《老子》了。

从先秦诸子在有关学术史的篇章中对《老子》一书的论说可知，《老子》在战国中期已经成书，并且流行于当时。

《吕氏春秋》之《异宝》《不二》《重言》等篇的作者读过《老子》，他们对《老子》都有学说思想上的评说，并且都对《老子》有很高的评价。《异宝》云："以和氏之璧与百金以示鄙人，鄙人必取百金矣。和氏之璧、《道德》之至言，以示贤者，贤者必取至言矣。"[1]《不二》云："老聃贵柔。"[2]《重言》云："故圣人听于无声，视于无形，詹何、田子方、老耽是也。"[3]

《荀子·天论》云："慎子有见于后，无见于先；老子有见于诎，无见于信；墨子有见于齐，无见于畸；宋子有见于少，无见于多。"[4]荀子在这里显然是对当时各家学术思想的总结和评说。如果荀子不是读过并对《老子》有所研究，岂能对《老子》如此精到地进行论说？

《庄子·天下》对当时的学术思想进行了更为系统而详细的总结和评

---

[1] 吕不韦等著，高诱注：《吕氏春秋》，诸子集成第六册，上海：上海书店出版社，1986年版，第102页。
[2] 吕不韦等著，高诱注：《吕氏春秋》，诸子集成第六册，上海：上海书店出版社，1986年版，第213页。
[3] 吕不韦等著，高诱注：《吕氏春秋》，诸子集成第六册，上海：上海书店出版社，1986年版，第221页。
[4] 荀况撰：《荀子》，百子全书第一册，长沙：岳麓书社，1993年版，第189页。

说,该文的制作者显然是读了各个学派的著作(当然包括《老子》一书)并且对之有了很深入的研究,才能有如此精辟的论说。很难想象《天下》篇的制作者没有读过原书而仅仅依靠他人的口耳相传或读过零章散句,就不但能对当时天下学术大势有一个明晰的了解,而且对每一个学派都有深刻而精辟的概括。

《天下》篇虽非庄子亲手所著,而出自庄子后学,但其制作时间应早于《吕氏春秋》,具体时间应该在公元前275年到公元前238年之间。① 既然《天下》篇引用了《老子》的文句,评述了《老子》的思想,那么,《老子》成书于此前是没有问题的。

我们还可从司马迁对黄老学派的论述考知《老子》至迟在战国中期已经是流行于世的典籍。

黄老学派和黄老思想产生的历史背景,在于田氏代齐。姜齐的远祖是炎帝,田氏代齐以后,为了宣扬自己取代姜齐政权的合法性,攀上了黄帝,说是自己的远祖,并且在齐国都城临淄西城门设立学宫,广延天下学者,这就是稷下学宫建立的缘由。稷下学宫的先生们秉承田齐的意志,托黄帝之名,发展老子学说,从而产生了黄老之学,形成了黄老学派。

司马迁在对众多黄老学者传承老子思想上的论述用词有高度的一致性,这些用词向我们表明,在战国中期之前《老子》一书已经出现并流行于世。

《史记·老庄申韩列传》云:

> 庄子者,蒙人也,名周。周尝为蒙漆园吏,与梁惠王、齐宣王同时。其学无所不窥,然其要本归于老子之言。故其著书十余万言,大抵率寓言也。作《渔父》《盗跖》《胠箧》,以诋訾孔子之徒,以明老子之术。……
>
> 申子之学本于黄老而主刑名。著书二篇,号曰《申子》。

---

① 谭宝刚著:《老子及其遗著研究》,成都:巴蜀书社,2009年版,第4~5页。

> 韩非者,韩之诸公子也。喜刑名法术之学,而其归本于黄老。……
>
> 庄子散道德,放论,要亦归之自然。申子卑卑,施之于名实。韩子引绳墨,切事情,明是非,其极惨礉少恩。皆原于《道德》之意,而老子深远矣。①

《史记·孟子荀卿列传》云:

> 慎到,赵人。田骈、接子,齐人。环渊,楚人。皆学黄老道德之术,因发明序其指意。故慎到著十二论,环渊著上下篇,而田骈、接子皆有所论焉。②

《史记·乐毅列传》云:

> 而乐氏之族有乐瑕公、乐臣公,赵且为秦所灭,亡之齐高密。乐臣公善修黄帝、老子之言,显闻于齐,称贤师。……乐臣公学黄帝、老子,其本师号曰河上丈人,不知其所出。河上丈人教安期生,安期生教毛翕公,毛翕公教乐瑕公,乐瑕公教乐臣公,乐臣公教盖公。盖公教于齐高密、胶西,为曹相国师。③

《史记》不载列子,然刘向《别录》有记。《列子书录》云:

> 列子者,郑人也,与郑缪公同时,盖有道者也。其学本于黄帝、老子,号曰道家。道家者,秉要执本,清虚无为,及其治身接物,务崇不竞,合于六经。④

司马迁说"庄子其学无所不窥,然其要本归于老子之言。故其著书……以明老子之术","申子之学本于黄老","韩非者……喜刑名法术之

---

① 司马迁撰:《史记》,北京:中华书局,1998年版,第750~753页。
② 司马迁撰:《史记》,北京:中华书局,1998年版,第822页。
③ 司马迁撰:《史记》,北京:中华书局,1998年版,第859~860页。
④ 刘向撰:《列子书录》,列御寇撰:《列子》,诸子集成第三册,上海:上海书店出版社,1996年版,第2页。

学,而其归本于黄老","庄子……申子……韩子……皆原于《道德》之意,而老子深远矣","慎到……田骈、接子……环渊……皆学黄老道德之术,因发明序其指意……皆有所论焉","乐臣公善修黄帝、老子之言,显闻于齐,称贤师"。刘向说"列子……其学本于黄帝、老子"。从这里可以看出,自战国中期开始,道家庄子学派和黄老学派的思想来源皆为老子之言,也就是《老子》一书,而且他们自己都还撰有研究和发明《老子》的著作。这表明在庄子学派和黄老学派眼里,《老子》就是一部经典,其思想深邃,其立论宏大,所以学者们诵读《老子》成为一种风尚。因为"《老子》深远",所以学者们著书"以明老子之术""发明序其指意",或以此寻求精神寄托,或以此"干世主"以为进身之阶。如果老子著作五千言此时还未成书,还处于零章散句的状态,那么就无法形成理论体系,必然缺乏思想深度,断不会引起那么多学者们醉心的追捧和有关研究著作的问世。只有《老子》成书了,并且是处于稳定的结构状态,其内容有关乎修身治国,又具思想深度,被视为经典著作的存在,才会有那么多的学者络绎不绝,争相予以注释和阐发。

我们说《老子》书成于战国中期甚或战国早期,还有一条重要的证据,即生活在司马迁之前的河间献王刘德曾经得到过一部古文先秦旧书《老子》。《汉书·景十三王传》载:

> 河间献王德以孝景前二年立,修学好古,实事求是。从民得善书,必为好写与之,留其真,加金帛赐以招之。繇是四方道术之人不远千里,或有先祖旧书,多奉以奏献王者,故得书多,与汉朝等。……献王所得书皆古文先秦旧书,《周官》《尚书》《礼》《礼记》《孟子》《老子》之属,皆经传说记,七十子之徒所论。①

这一记载,为我们提供了以下信息:

---

① 班固撰:《汉书》,长沙:岳麓书社,1993年版,第1055页。

第一，献王所得《老子》其抄写时间必早于帛书《老子》甲本，其抄写时间下限在公元前 221 年。献王所得《老子》因是用"古文"即大篆（也即籀文）或大篆前的文字抄写，则此《老子》抄写时间比介于篆隶之间的帛书《老子》甲本要早。又因属于"先秦旧书"，则其抄写时间下限具体为秦王嬴政统一六国之年，即公元前 221 年。

第二，包括《老子》在内的这批古文先秦旧书，撰写或编纂于孔门弟子或再传弟子之手，时间至迟应该在战国早期。

至于"七十子之徒所论"一句。"徒"作为名词，既有"徒党""同一类或同一派别的人"的意思，也有"门人""弟子"的意思；"论"字同于"论语"之"论"（論），論纂之意，即编纂。

如此，则"七十子之徒所论"可作两种解释，一是指孔门弟子七十子撰写或编纂，一是指孔门弟子七十子之门人或弟子撰写或编纂。前者时在春秋末期，或与子夏、曾子（曾参）等同时；后者在战国早期，或与吴起①等同时。不管哪种解释，我们都可以断定，河间献王刘德所得《老子》不出孔子弟子和再传弟子之外。那么儒家子弟有没有可能编纂道家《老子》一书呢？有，完全有可能。自战国至于两汉，"儒道互绌"仅是小范围内的特殊情况下的个别而非普遍现象，儒道关系的主流依然是二者和平共存融洽相处：学派关系儒道共谋，学术研究儒道融合。如孔子学于老聃，董仲舒融道家"无为而治"入自己儒学体系，刘向撰有《说老子》四篇，班嗣"虽修儒学，然贵老、严之术"，东汉初经学家代郡人范升也以《老子》教授后生……诸如此类，不一而足。据上可知，河间献王刘德所得《老子》出自孔门弟子或者再传弟子之手，为儒家版本的《老子》，其编纂时间至迟在战国早期，或与吴起同时而稍早。不过，因为河间献王刘德本《老子》没有流传下来，所以我们既无法考知其篇数篇序和章数章序，也无法考知其与他本《老子》的异同。

可见，至迟在战国中期《老子》已然是流行于不同学派尤其是道家学

---

① 吴起先于鲁国学于曾子，后于魏国学于子夏。

派中的典籍。在当时不同的《老子》版本中,稷下本为慎到、田骈、接子、环渊等"发明序其指意",或撰有著作,或有所论,则稷下本应已被奉为经典,是当时结构稳定、流传最广、影响最大的版本,我们称之为形成时期的《老子》定本。那么,是否可以根据史料推断出战国《老子》定本成书较为具体的时间和较为具体的地点呢?我们认为是可以的。

我们认为,战国时期的《老子》定本应该是稷下学宫的多位学者合力整理的结果,宋钘应该是稷下学宫整理《老子》的众多学者中的主要负责者,而将战国时期的《老子》定本最早流传出来的,应该是环渊即河上丈人(或河上公)。

战国时期的《老子》定本出现的时间应该是稷下学宫创立的早期,即田齐桓公田午时期。

田齐桓公田午时期,属于田氏代齐的初期。田午为了寻求自己取代姜齐政权的历史合法性的理论支持,也为自己今后的发展,急需培养一批学者来为他服务,于是创建了稷下学宫。姜齐远祖是炎帝,于是田齐抬出黄帝,说是自己的远祖,以此压制姜齐以证明自己政权得来的合法性。与此相适应,田齐需要广大稷下学者创立黄老学说,托黄帝之名,发明老子学说。如此,不管是从逻辑思维还是从理论发展的角度,首先需要稷下学者们去整理好老子学说,在学术思想上树立一面旗帜。田氏政权既有以上动机,也有组织稷下学者们去整理老子学说的能力,而颇受田齐尊崇的稷下学者们,在物质利益和精神鼓励下也有整理老子学说的激情。于是稷下学者们秉承田氏意志,假托黄帝之名,阐发老子思想。稷下学者们广罗社会上流传的老子语录,或是典籍中老子的零章散句,加以编排整理,于是就形成了那时的《老子》定本,成为黄老学派的思想理论来源。郭沫若说:"黄老之术……事实上是培植于齐,发育于齐,而昌盛于齐的。"[1]

---

[1] 郭沫若著:《稷下黄老学派的批判》,郭沫若著:《十批判书》,北京:东方出版社,1996年版,第143页。

有学者认为稷下学宫创立于齐宣王时期,这是一种错误的观点。理由如下。其一,齐宣王时期,田齐经过之前的齐桓公和齐威王两代的发展,已经很强大,国内民心所向,国外则得到了周天子的承认和其他诸侯的支持,政权稳固,这时已经没有必要去寻求政权合法性的理论支持了。其二,司马迁明言齐宣王时"齐稷下学士复盛,且数百千人"①,"复盛"二字,不但表明之前稷下学宫已经存在一段很长的时间,而且曾经有过一段时间的强盛和衰落时期。田午时期,稷下学宫草创,难说强盛。稷下学宫的首次强盛当在齐威王二十四年(即公元前333年)左右。当时齐威王与梁惠王会猎,梁惠王问齐威王有何国宝,齐威王答有"将以照千里"之宝如檀子、盼子、黔夫、种首等,这些当是稷下学宫培养出来的治国理政的人才。② 梁惠王听后颇感羞愧。此后,梁惠王因"数败于军旅","卑礼厚币以招贤者,邹衍、淳于髡、孟轲皆至梁"③。稷下学者去齐至梁,当是稷下学宫首次衰落时期。有幸的是,这一衰落时间短暂,很快就因为齐宣王采取措施,又恢复了往日的盛况。

而《老子》定本成于稷下学宫是有它的有利历史条件的:

其一,政治上得到了田氏政权的有力支持,前揭已明,兹不赘述。

其二,来自不同地区的老学者汇聚稷下,从各地搜集了老子言论,为老子学说从零章散句到整理为系统著作提供了资料来源。

其三,来自不同地区的稷下学者具有深厚的学术功底,为《老子》定本的编纂提供了理论基础。稷下学宫汇集了来自各地的学术大师,他们具有深厚的学术素养,对老子思想有很深的研究,这些学者整理和编辑《老子》可以说是得心应手。

稷下《老子》定本出自稷下学者众人之手,其中的主要负责者应该是宋钘。为什么这样说呢?因为要负责组织学者编订《老子》,必要符合以

---

① 司马迁撰:《史记》,北京:中华书局,1998年版,第651页。
② 司马迁撰:《史记》,北京:中华书局,1998年版,第650页。
③ 司马迁撰:《史记》,北京:中华书局,1998年版,第634页。

下三个条件：第一，稷下学者的身份；第二，具有深厚的黄老思想学养；第三，在当时士人阶层中具有巨大的学术影响力。符合以上三个条件的就只有宋钘。宋钘属于稷下学者，《汉书·艺文志》名家类有"《尹文子》一篇"，颜师古注引刘向之语云："与宋钘俱游稷下。"宋钘又属于黄老道家，《汉书·艺文志》小说家类有"《宋子》十八篇"，班固自注："孙卿道宋子，其言黄、老意。"①至于宋钘在当时的学术影响力，典籍多有所载。宋钘即宋子，也有他称：《孟子·告子》作宋牼；《尹文子》作宋子；《庄子·逍遥游》作宋荣子；《庄子·天下》作宋钘；《荀子·解蔽》《天论》作宋子，《正论》作子宋子，《非十二子》作宋钘；《韩非子·显学》作宋荣。可以说，在战国中后期的儒家、道家、法家的代表人物的著作里宋钘都被提及，而且儒家的两位大师孟子和荀子还分别称其为"先生"和"子宋子"，足见宋钘当时的影响力。《孟子·告子下》记载孟子在石丘偶遇宋钘，称宋钘为"先生"而自称为"轲"。孟子向来颇为自负，常与人辩论而指责他人，然对宋钘则如此尊敬，这不但说明宋钘年龄上比孟轲至少年长一辈，而且说明在学术上宋钘为孟子所服膺。从这一方面来说，宋钘不管是年龄上还是学问上，都可以说是与孟子的老师（子思之门人）同辈，也就是说时间上与"七十子之徒"相接。所以，稷下《老子》定本是在田齐政权支持下，由宋钘组织学者编写，是完全有可能的。如果真是这样，宋钘就是稷下学者中整理和编纂《老子》的首席专家。正因为如此，钱穆先生认为宋钘就是黄老学派的开拓性人物："若宋子……设教稷下，其殆黄老道德之开先耶？"②

据上所述，我们认为，稷下定本《老子》是田齐桓公田午时期，宋钘奉田齐政权旨意，组织众多稷下学者编纂的结果。

二、周秦两汉时期《老子》定本流传的地域变迁

老子思想的传播与《老子》书的流传是两回事，老子思想的传播先于

---

① 班固撰：《汉书》，长沙：岳麓书社，1993年版，第773页。
② 钱穆著：《先秦诸子系年》，北京：商务印书馆，2001年版，第436页。

《老子》书的流传,如《说苑》卷十《敬慎》载:"叔向曰:老聃有言曰:'天下之至柔,驰骋乎天下之至坚。'又曰:'人之生也柔弱,其死也刚强;万物草木其生也柔脆,其死也枯槁。'"① 叔向引老子语时,《老子》书或未集结,盖老子言论在社会上流传,叔向闻而得之。老子思想或言论在社会上的广泛传播,为《老子》书的集结提供了必要条件,而《老子》书的集结又促进了老子思想的传播。当然,老子思想的传播包括了《老子》书的流传,而《老子》书的流传仅是老子思想传播的一部分。

宋钘组织编纂的稷下定本《老子》,在齐威王、齐宣王时期被大力注释和阐发,《史记·孟荀列传》云:

> 慎到,赵人。田骈、接子,齐人。环渊,楚人。皆学黄老道德之术,因发明序其指意。故慎到著十二论,环渊著上下篇,而田骈、接子皆有所论焉。②

笔者认为,最早将《老子》一书从稷下学宫传布出来的是环渊,环渊本《老子》是在宋钘本的基础上整理而来的《道》上《德》下的两篇本。

稷下学者中,楚人环渊和来自赵国的慎到,以及齐国本地的田骈、接子"皆学黄老道德之术,因发明序其指意",而"环渊著上下篇"。③ 郭沫若认为,环渊就是关尹,环渊所著上下篇即老子《道德经》,是再传或三传弟子汇集先师语录,是述师说。④ 我们虽然不同意郭老说的环渊就是关尹的观点,但是赞同他说的环渊所著上下篇即老子《道德经》,是汇集先师语录是述师说的观点,也就是说,环渊是稷下学宫中把老子言论或思想编纂整理为上下两篇制的《老子》一书的主要学者,并且是环渊将两篇制《老子》传出稷下的。

进一步,我们推测认为,环渊很有可能就是后世所说的河上丈人,为

---

① 刘向撰:《说苑》,百子全书第一册,长沙:岳麓书社,1993年版,第616页。
② 司马迁撰:《史记》,北京:中华书局,1998年版,第822页。
③ 司马迁撰:《史记》,北京:中华书局,1998年版,第750~753页。
④ 郭沫若著:《青铜时代》,北京:中国人民大学出版社,2005年版,第183页。

什么这样说呢？因为环渊与河上丈人同为战国中后期颇有名望的黄老学者，前者游学稷下且撰有黄老学著作①，后者曾为黄老学一代宗师②，但是在典籍的记载中，环渊未明去向，河上不知来处，这不能不令人疑惑。或许这二者之间存在某种联系。

《盐铁论·论儒》云：

> 齐威、宣之时，显贤进士，国家富强，威行敌国。及愍王，奋二世之余烈，南举楚、淮，北并巨宋，苞十二国，西摧三晋，却强秦，五国宾从，邹、鲁之君，泗上诸侯皆入臣。矜功不休，百姓不堪。诸儒谏不从，各分散，慎到、捷子亡去，田骈如薛，而孙卿适楚。内无良臣，故诸侯合谋而伐之。王建听流说，信反间，用后胜之计，不与诸侯从亲，以亡国。③

齐威王、齐宣王时期，是田齐走向强大的时期，而齐愍王时期齐国国势达到了顶峰。公元前286年，齐愍王接连对外发动战争，"南举楚淮，北并巨宋，苞十二国，西摧三晋，却强秦"，虽然取得了军事上的暂时胜利，但是，由于穷兵黩武，对外战争也给齐国带来了巨大的危机，国内百姓异常困苦，国外诸侯准备联合反扑。是年，稷下学者们认识到危机即将来临，对齐愍王多次进谏，但是没有受到重视，于是各自散去。因此，公元前286年既是稷下学宫走向衰落的转折点，也是齐国走向衰落的转折点。

《盐铁论·论儒》说因齐愍王"矜功不休"，"百姓不堪。诸儒谏不从，各分散，慎到、捷子亡去，田骈如薛，而孙卿适楚"。对于诸儒的分散，《盐铁论·论儒》仅仅为我们指出了慎到、捷子、田骈和孙卿（荀子）四人的去

---

① 《史记·孟荀列传》云："环渊著上下篇。"
② 《史记·乐毅列传》云："乐臣公学黄帝、老子，其本师号曰河上丈人，不知其所出。"皇甫谧《高士传》云："河上丈人者，不知何国人也。明老子之术，自匿姓名，居河之湄，著《老子章句》，故世号曰河上丈人。当战国之末，诸侯交争，驰说之士咸以权势相倾，唯丈人隐身修道，老而不亏。传业于安期生，为道家之宗焉。"
③ 桓宽著：《盐铁论》，百子全书第一册，长沙：岳麓书社，1993年版，第407页。

向,而没有提到环渊逃亡他国。既然如此,那么环渊应该就是继续留在了齐国。我们认为,环渊从稷下学宫逃散出来后,隐其过去之行迹和姓名,结庵于河之滨居住,故人称河上丈人。其后学有乐臣公者。

《史记·乐毅列传》云:

> 而乐氏之族有乐瑕公、乐臣公,赵且为秦所灭,亡之齐高密。乐臣公善修黄帝、老子之言,显闻于齐,称贤师。……乐臣公学黄帝、老子,其本师号曰河上丈人,不知其所出。河上丈人教安期生,安期生教毛翕公,毛翕公教乐瑕公,乐瑕公教乐臣公,乐臣公教盖公。盖公教于齐高密、胶西,为曹相国师。①

司马迁在此叙说的黄老学一系"其本师号曰河上丈人,不知其所出",值得我们注意。古人学术尤重师说,《论衡·自然》云:"师无其说而弟子独言者,未之有也。"②后学对其先师之出身应有基本的了解,而此一支的宗师河上丈人,于后学者而言,竟然是"不知其所出",这种"不知其所出"的原因,非为后学者不愿记载,应该是其宗师河上丈人自匿其事迹,不欲与闻后人。河上丈人为什么要自匿事迹和其名,应该有其特殊的原因。这不由令人想起自楚来稷下游学的环渊的去向。

前揭已明,公元前286年,因齐愍王穷兵黩武,稷下先生们屡次进谏而齐愍王不听,稷下先生们各自散去。

公元前284年,曾受到齐国侵犯的燕、秦、韩、赵、魏五国联合伐齐,齐国败绩,齐愍王出逃。后来,楚国假意派将军淖齿率军救齐,齐愍王幻想依靠淖齿抵抗燕国,以淖齿为相。后淖齿杀死了愍王,夺回了曾被齐国侵占的淮北一带。

我们认为,稷下先生环渊不知去向,应该与以上历史事件有关。自楚国来稷下的环渊,因"不治而议论"的职守,无疑在齐愍王的扩张战争中

---

① 司马迁撰:《史记》,北京:中华书局,1998年版,第859～860页。
② 王充著:《论衡》,长沙:岳麓书社,1991年版,第282页。

(包括夺取楚国的淮北之地)为齐愍王出过谋划过策。对楚国来说,环渊是一个叛国者,当齐愍王败亡时,他自然无法回到楚国。其情形正如同曾经叛魏入秦在秦变法且率秦军多次打败魏国的商鞅。在秦孝公去世后,商鞅被秦惠文王派兵追杀,欲返回魏国但被魏国拒绝入境。①

但是,因为楚国将军淖齿在担任齐愍王相国后,还杀死齐愍王并夺走了淮北之地,所以,齐国人对楚国人也没有什么好感,而其中自然包括环渊。在这种情况下,环渊既无法被故国楚国接受而回到楚国去,也不为当时所在国齐国人接受。因此,环渊离开稷下学宫后,虽然还是留在了齐国境内,不过为了安全起见,他隐姓埋名,隐去了自己的身世和过去在稷下学宫的经历。为了生存,他重拾之前善钓的技艺,结庵滨河而居,世人不知其真实姓名,于是称呼其为河上丈人。

我们说环渊就是河上丈人或河上公,还有如下理由:

其一,从名字和所居地来看,环渊与河上丈人一致,环渊应是河上丈人。

春秋战国时期,人名之由来,或与其人生经历有关,如孙膑、淳于髡;或与其喜好和居住地有关,如环渊。有学者认为,环渊善钓,当喜临水,其名之作环渊;或为其号,当为临水之喻。② 此说可从。

关于河上丈人,皇甫谧《高士传》云:"河上丈人者,不知何国人也。明老子之术,自匿姓名,居河之湄,著《老子章句》,故世号曰河上丈人。当战国之末,诸侯交争,驰说之士咸以权势相倾,唯丈人隐身修道,老而不亏。传业于安期生,为道家之宗焉。"③

《庄子·刻意》述说了几类具有不同生活习性的道家人物,其中有一

---

① 《史记·魏世家》云:"三十三年,秦孝公卒,商君亡秦归魏,魏怒,不入。"司马迁撰:《史记》,北京:中华书局,1998年版,第634页。
② 范毓周著:《荆门郭店楚墓墓主当为环渊说》,人民政协报,1998-10-26(3)。
③ 皇甫谧撰:《高士传》,四部备要第四六册,北京:中华书局、中国书店,1989年版,第13页。

类为"就薮泽,处闲旷,钓鱼闲处,无为而已矣。此江海之士,避世之人,闲暇者之所好也"①。

环渊和河上丈人都是避世之人,居河之滨而以钓鱼为生,二者爱好和居住地一致,环渊很可能就是河上丈人。

其二,从时间上来说,环渊逃出稷下学宫归隐的时间,与河上丈人授徒安期生的时间一致,环渊应是河上丈人。

按《史记·田敬仲完世家》②和《盐铁论·论儒》③记载,齐愍王伐宋割楚侵晋臣泗上诸侯在公元前286年,是年,稷下学士逃亡,这一年也应是环渊逃出稷下学宫结庵于河滨隐居开始授徒之年。公元前284年,燕、秦等五国伐齐,齐国大败,齐愍王逃亡。公元前229年,秦王嬴政发兵攻赵。公元前228年,赵国邯郸城破。

按照《史记·乐毅列传》的记载,乐臣公是河上丈人的四传弟子,而乐臣公逃亡至齐国高密在赵国灭亡之前一年,即公元前229年。以每传一代弟子相隔时间大于十二年而小于十五年计算,从乐臣公上溯至河上丈人,则有四十八年至六十年,也就是说,河上丈人初教安期生时间在公元前289年至公元前277年之间,环渊逃出稷下时间正在此区间。这说明,在时间上,环渊完全有可能就是河上丈人。

其三,从所属学派,和著书指意及著书篇数来说,环渊与河上丈人一致,环渊应是河上丈人。

《史记·孟荀列传》云:"慎到,赵人。田骈、接子,齐人。环渊,楚人。皆学黄老道德之术,因发明序其指意。故慎到著十二论,环渊著上下篇,而田骈、接子皆有所论焉。"从这里可以看出,环渊是战国中后期有名的黄老学者,所撰著述是发明黄老道德指意,且为上下两篇。

---

① 庄周撰:《庄子南华真经》,百子全书第五册,长沙:岳麓书社,1994年版,第4564页。
② 司马迁撰:《史记》,北京:中华书局,1998年版,第653页。
③ 桓宽著:《盐铁论》,百子全书第一册,长沙:岳麓书社,1994年版,第407页。

《史记·乐毅列传》云："而乐氏之族有乐瑕公、乐臣公,赵且为秦所灭,亡之齐高密。乐臣公善修黄帝、老子之言,显闻于齐,称贤师。……乐臣公学黄帝、老子,其本师号曰河上丈人,不知其所出。河上丈人教安期生,安期生教毛翕公,毛翕公教乐瑕公,乐瑕公教乐臣公,乐臣公教盖公。盖公教于齐高密、胶西,为曹相国师。"①河上丈人是黄老学者某一系之宗师,其所著《老子河上公章句》也分上下两篇,内容为阐发治身理国的老学思想,也即发明《老子》指意之作。

环渊和河上公的所属学派、著书指意和著书篇数皆高度一致,环渊应是河上公。

环渊(即河上丈人)逃出稷下学宫后,把稷下版本《老子》带了出来,并授徒讲学,开创了自己一系老学的传承谱系,《史记·乐毅列传》有载。②由于目睹了齐湣王穷兵黩武劳民伤财所带来的严重后果,环渊(河上丈人)一系特别重视"治道贵清静而民自定"的治国理念,这一理念到盖公曹参时得以发扬光大。当然,环渊一系所持稷下本《老子》也经盖公和曹参传到西汉朝廷。

逃出稷下学宫的环渊(即河上丈人)以黄老学授徒,这样,稷下学宫的黄老学由官方走向了民间,从而形成了河上丈人至盖公一系的齐国民间黄老一派,是为老氏东齐之学。

综上所述,战国后期四散之《老子》学说多由稷下学宫而来。

稷下学者整理编纂过《老子》一书,但是,这一整理本当有不少抄本,除开环渊所持以外,其他学者也应有抄本。曾三为稷下祭酒的荀子当有《老子》一书,《荀子·天论》:"老子有见于诎,无见于信。"应是荀子读《老

---

① 司马迁撰:《史记》,北京:中华书局,1998年版,第859～860页。
② 《史记·乐毅列传》云:"乐臣公善修黄帝、老子之言,显闻于齐,称贤师。……乐臣公学黄帝、老子,其本师号曰河上丈人,不知其所出。河上丈人教安期生,安期生教毛翕公,毛翕公教乐瑕公,乐瑕公教乐臣公,乐臣公教盖公。盖公教于齐高密、胶西,为曹相国师。"

子》后对该书的学术评论。韩非与李斯同师荀子学帝王之术,其地当在稷下学宫。韩非后有《解老》《喻老》两篇,其所据《老了》盖是来自荀子。也就是说,稷下本《老子》由荀子传授给韩非后,又由韩非带到三晋,形成老氏三晋之学。

汉初,代王(即后来的汉文帝)与窦后颇好《老子》。据《史记·礼书》看,汉文、窦后学黄老其时在刘恒入京为帝之前①,其地当在代国,故我们可称汉文、窦后黄老学为代地之学。代国都中都,《史记正义》引《括地志》云:"中都,故城在汾州平遥县西南十二里,秦属太原郡也。"②战国时期三晋之老学经韩非、荀子承自稷下环渊(即河上公)、宋钘。今本第五十九章是对第十九章"见素抱朴,少私寡欲"的传注,是劝诫王侯治国理民当爱惜民财,不可扰民,如此方可永保社稷。河上公本对第五十九章传注云:"谓人君欲治理人民,当用天道,顺四时。治国者当爱惜民财,不为奢泰。治身者当爱惜精气,不为放逸。……夫独爱惜民财,爱惜精气,则能先得天道也。……则可以有社稷,为民致福。"③韩非子《解老篇》对此也有解释并予以发展,提出了"适动静之节,省思虑之费"和"爱其精神,啬其智识"的精辟论述。这一少私寡欲不扰民的政治思想或政治哲学为汉文帝完美地体现在治国和生活上,《史记》多有所载,兹不赘述。

然汉文、窦后所学,其师为谁?其所据之《老子》版本来源何处?东汉之前典籍无明确记载。汉末葛玄撰《老子道德经序诀》,记河上公授文帝《老子道德经章句》二卷之事④,学界历来以为葛玄伪托,借此以重道教,断不可信。然详考之,也有一定道理,为何?文帝所学出于老子三晋之

---

① 《史记·礼书》云:"孝文即位,有司议欲定仪礼,孝文好道家之学,以为繁礼饰貌,无益于治。"
② 司马迁撰:《史记》,北京:中华书局,1998年版,第163页。
③ 王卡点校:《老子道德经河上公章句》,北京:中华书局,1993年版,第231页。
④ 王卡点校:《老子道德经河上公章句》,北京:中华书局,1993年版,第314页。

学，三晋之老学盖经荀子、韩非而来。而荀子、韩非所持《老子》盖来自环渊（河上丈人）整理本。说河上公亲授文帝《老子》不必信，因二者时间上不相接，而文帝所学《老子》盖远承河上公（河上丈人）本则可信焉。而老氏三晋之学因刘恒由代王而即帝位也被带到长安，与盖公、曹参一系汇合。

秦庄襄王元年到秦王政七年（公元前249年—公元前240年，当齐王建十六年到二十五年），吕不韦为秦相国，处于其政治上的巅峰时期，欲学四君子招致天下贤士为其门客，并崇尚荀子著书，于是使其宾客著《吕氏春秋》。① 吕不韦门客，当有来自稷下学宫的学者如李斯之徒，然不止李斯一人。《吕氏春秋》多次提到老子、列子和杨朱（或阳生）②，从其叙说思想和对人名的称呼看，这些篇章的制作者对老子思想最为崇尚，对列子其人最为尊敬③，或来自稷下学者中黄老道家一系，或来自列子的弟子或再传弟子。或者说，吕氏门下至少汇聚了两系黄老：稷下一系，列子一系。

列子之师为谁？《列子·黄帝》一言老商氏④，再言关尹⑤，三言壶丘

---

① 《史记·吕不韦列传》载："当是时，魏有信陵君，楚有春申君，赵有平原君，齐有孟尝君，皆下士喜宾客以相倾。吕不韦以秦之强，羞不如，亦招致士，厚遇之，至食客三千人。是时诸侯多辩士，如荀卿之徒，著书布天下。吕不韦乃使其客人人著所闻，集论以为八览、六论、十二纪，二十余万言。以为备天地万物古今之事，号曰《吕氏春秋》。"

② 《吕氏春秋·贵公》赞"故老聃则至公矣"，说老聃"至公"，内容上涉及今本《老子》第二章、第十章、第十六章、第三十四章。《当染》云："孔子学于老聃。"《去尤》云："解在乎齐人之欲得金也，及秦墨者之相妒也，皆有所乎尤也。老聃则得之矣。若植木而立乎独，必不合于俗，则何可扩矣。"《不二》赞："老聃贵柔。"《重言》赞："故圣人听于无声，视于无形，詹何、田子方、老耽是也。"《审己》载："子列子常射中矣，请之于关尹子。"《观世》载："子列子穷，容貌有饥色。……子列子除不义，去逆也，岂不远哉！"《不二》载："子列子贵虚。"《不二》载："阳生贵己。"

③ 察《吕氏春秋》称呼前人，有姓氏加"子"者，如孔子、关尹子、墨子、杨子等，有直呼其名者，如詹何、田子方、老聃（耽）、苌弘、胜书等，有国号或封地加"公"字者，如周公旦、白公等，而唯独对列子称呼为"子列子"，这是对人最为尊敬的称呼。这表明这些篇章的制作者是黄老道家的列子一系，甚至是列子的弟子。

④ 列御寇撰：《列子》，百子全书第五册，长沙：岳麓书社，1993年版，第4638页。

⑤ 列御寇撰：《列子》，百子全书第五册，长沙：岳麓书社，1993年版，第4638页。

子①,皆非。老商氏、关尹与列子时间上不相接,而壶丘子林为寓言中人,皆不可为据。则列子之师难考,而其所见之《老子》来自何处,文献阙而难征。

黄老学者稷下一系和列子一系把《老子》一书传播到了战国后期秦国之咸阳,形成了老氏三秦之学。

老氏之学者在宋之蒙有庄子,庄子之学本自老氏,司马子长有论。②庄子生活在战国中期,与孟子、梁惠王、齐宣王等同时。庄子及其后学非稷下学者,道家庄子一派不但对田氏代齐进行猛烈的抨击,直指斥其为盗贼③,而且对稷下学者中黄老派如宋钘、尹文、田骈、慎到等也有学术思想上的批评。④ 从这敌对似的立场看,庄子及其后学不会接受稷下学宫版《老子》,田氏政权及其所养之稷下学者也不会把自己所整理的《老子》传授给庄子及其后学。如此,则庄子及其后学,应有其自己整理的《老子》版本。是为老氏庄子之学。

《淮南子·要略》云:"申子者,朝昭厘之佐。韩,晋别国也。地墽民险,而介于大国之间。晋国之故礼未灭,韩国之新法重出;先君之令未收,后君之令又下。新故相反,前后相缪,百官背乱,不知所用。故刑名之书生焉。"⑤《史记·老庄申韩列传》云:"申子之学本于黄老而主刑名。著书

---

① 列御寇撰:《列子》,百子全书第五册,长沙:岳麓书社,1993年版,第4641页。
② 《史记·老庄申韩列传》云:"庄子者,蒙人也,名周。周尝为蒙漆园吏,与梁惠王、齐宣王同时。其学无所不窥,然其要本归于老子之言。故其著书十余万言,大抵率寓言也。作《渔父》《盗跖》《胠箧》,以诋訾孔子之徒,以明老子之术。……老子所贵道,虚无,因应变化于无为,故著书辞称微妙难识。庄子散道德,放论,要亦归之自然。申子卑卑,施之于名实。韩子引绳墨,切事情,明是非,其极惨礉少恩。皆原于《道德》之意,而老子深远矣。"
③ 《庄子·胠箧篇》载:"然而田成子一旦杀齐君而盗其国。所盗者岂独其国邪?并与其圣知之法而盗之。故田成子有乎盗贼之名,而身处尧、舜之安,小国不敢非,大国不敢诛,十二世有齐国。则是不乃窃齐国,并与其圣知之法,以守其盗贼之身乎?"
④ 见《庄子·天下篇》。
⑤ 刘安等著,高诱注:《淮南子》,诸子集成第六册,上海:上海书店出版社,1996年版,第376页。

二篇,号曰《申子》。"说刑名之学始于申子是刘安和司马迁的共识,所不同者,刘安从社会历史背景去论申子刑名之学的产生,而司马迁却从申子思想之渊源于黄老的角度论申子刑名之学的产生。司马迁说"申子之学本于黄老",然不知申子之黄老思想师承何处,或者说申子所据之《老子》书不知源自何处,文献阙而难征。

据上所述可知,在战国中期,在当时的道家人物中,《老子》一书至少存在以下几个版本:列子一系本,申子一系本,庄子一系本,稷下一系本。列子、申子和庄子非稷下学者。庄子曾激烈抨击过田氏代齐之事,庄子所用本断不是稷下本;列子、申子和庄子三人,也无典籍记载他们之间有什么交集,他们应该各有自己的《老子》版本,而出自稷下学宫的《老子》,是当时齐国的官方用本,慎到、田骈、接子、环渊、荀子、韩非等所读本都应该是稷下本《老子》。

1993年冬,湖北省荆门市郭店村一号楚墓出土了战国楚简《老子》,整理者根据其竹简形制和长短分为甲、乙、丙三组,这三组《老子》所有章段皆见于今本《老子》,其篇章之分合与今本多有不同,字数约是今本《老子》的三分之一。楚简《老子》的抄写时间,考古学界测定为公元前四世纪末期(公元前305年左右),即战国中期偏晚。关于《老子》楚简本与帛书本、今本之间的关系,学界主要有来源说和摘抄说。"来源说"认为,在郭店《老子》或其所据本时代,类似于今本《老子》规模的五千言还没有出现,郭店三组《老子》与那时流传在社会上的其他老子思想和言论一样,是帛书本、今本《老子》的来源。"摘抄说"认为,在郭店《老子》之前,已经存在有五千言规模的《老子》版本,郭店《老子》是墓主(或说东宫之师)出于教育太子的需要而从五千言规模的《老子》里摘抄出来的。但是,如果摘抄说成立,那么,在五千言规模的《老子》一书中,为什么有诸多比郭店《老子》甲、乙、丙三组更为重要的内容没有被摘抄呢?五千言规模的《老子》一书,字数并不多,既然《老子》一书对于太子修身、治国很重要,为什么不全部加以学习而要摘抄,忽略其他一些更重要的章段呢?由此看来,郭店

《老子》甲、乙、丙三组，应该是当时在社会上流传的尚未成为完整的五千言规模的《老子》一书的部分内容。或者说，当时五千言规模的《老子》已经成书①，只不过荆楚一带的黄老学者尚未见到。

至于五千言规模的《老子》一书（如稷下本）是如何传到荆楚的？文献阙而难征。我们姑且将郭店楚简《老子》称为老氏荆楚之学。

1973年冬，湖南省长沙市马王堆三号汉墓出土了帛书《老子》甲乙本，从避讳的角度看，甲本抄写于刘邦称帝之前，乙本抄写于刘邦称帝之后刘盈称帝之前。有学者认为，帛书《老子》甲本抄写时间还可以往前推，因为不避秦庄襄王子楚讳，应在秦庄襄王元年（公元前249年）之前，这已经很接近郭店《老子》的抄写时间了。

帛书《老子》甲乙本二者之间，在篇序篇数、分章章序上是一致的，所不同者在于，一方面存在某些字句的差异，一方面存在抄写字体（前者近于篆隶之间，后者则用隶书）和避讳的不同。甲乙两本在篇序篇数、分章章序上的一致，表明乙本的抄写即使不是以甲本为底本，也应该是以与甲本差别不大的本子为底本，甲本与乙本可以说是同一个母本的抄本，或者说二者是同一系统的。这种结构上的一致性表明在甲本出现之时，社会上已经出现了《老子》的定型本。

马王堆三号汉墓是第二代轪侯利豨之墓，其墓葬之书应该来自其父即第一代轪侯利苍，而利苍之书应该是其封侯时自朝廷带来的，或者说是经过朝廷允许带来的。自古以来，各地政权或朝廷为了加强思想文化的统一，对书籍的控制颇为严格，如非朝廷允许，不得拥有和私藏某一典籍，即使贵为皇室宗亲也是如此。吴起在楚国变法时，"破驰说之言从横者"。② 商鞅在秦国变法，"燔诗书而明法令"。③ 孟子也说："诸侯恶其害

---

① 如五千言规模的稷下本《老子》或在郭店《老子》之前已经成书。
② 司马迁撰：《史记》，北京：中华书局，1998年版，第759页。
③ 韩非撰：《韩非子》，百子全书第二册，长沙：岳麓书社，1993年版，第1665页。

己也,而皆去其籍。"①汉成帝时,贵为皇室宗亲的东平思王刘宇"上疏求诸子及《太史公书》",朝廷以"诸子书或反经术,非圣人;或明鬼神,信物怪;《太史公书》有战国纵横权谲之谋,汉兴之初谋臣奇策,天官灾异,地形厄塞:皆不宜在诸侯王"为由,拒绝了刘宇的请求。② 班固《汉志》亦云:"战国从衡,真伪分争,诸子之言纷然殽乱。至秦患之,乃燔灭文章,以愚黔首。"③

按上,则利苍、利豨④之有《老子》,应是经过朝廷颁发,不然是不敢藏有《老子》书的。利仓在汉惠帝二年(公元前193年)任职长沙王相时始封轪侯(封地在江夏),盖是汉初朝廷为推行黄老实行休养生息政策,颁发《老子》一书给利仓,着其带往偏远之地(古时相对于长安而言)长沙,实是为了西汉王朝之长久之计。

那么,利氏家族所藏帛书《老子》甲乙本来自何处呢?

汉惠帝二年,萧何去世,曹参由齐入朝廷代萧何为汉相;同年,利仓封轪侯。不知二事何者在先。不过,可以肯定的是,甲乙二本都不是来自曹参盖公《老子》版本。为何?帛书甲本抄写在刘邦称帝之前,甚至在秦庄襄王之前;帛书乙本结构与甲本一致(《德经》在前而《道经》在后),应与甲本是同一系统,而与盖公之河上丈人本(《道经》在前而《德经》在后)不同。如此,《老子》帛书甲乙本之来源,文献阙而难征。因出土于湘楚,我们姑且名之为老氏湘楚之学。

正统道藏洞神部本文类有《道德经古本篇》,是唐太史令傅奕根据北齐武平五年出土的项羽妾冢本⑤,参照其他《老子》版本校订而成。

---

① 焦循撰:《孟子正义》,诸子集成第一册,上海:上海书店出版社,1986年版,第399页。
② 班固撰:《汉书》,长沙:岳麓书社,1993年版,第1443页。
③ 班固撰:《汉书》,长沙:岳麓书社,1993年版,第758页。
④ 《史记·惠景间侯者年表》作利仓、利豨,《汉书·高惠高后文功臣表》作黎朱苍、黎豨,马王堆汉墓出土印作利苍、利豨。
⑤ 董思靖撰:《太上老子道德经集解·序说》:"项羽妾本,齐武平五年彭城人开妾冢得之。"董思靖撰,陆心源校:《太上老子道德经集解》,吴兴:光绪三年孟秋吴兴陆氏十万卷楼依元椠本重雕,第四叶。

项羽妾本《老子》今已不存,既然傅奕《道德经古本篇》是以项羽妾本为底本,结合其他本子校订而成,则我们可据傅奕本考其大概。

公元前206年,秦亡,项羽依仗势力强大分封诸王,而"自立为西楚霸王,王九郡,都彭城"①。而后,刘邦项羽争夺天下,公元前202年,垓下之战,项羽兵败自刎。前揭已明,一个政权或朝廷对典籍控制得十分严格,那么项羽妾拥有《老子》一书,应在项羽生时,即公元前202年之前。则项羽妾本《老子》,其抄写时间或稍后于帛书《老子》甲本,而必在帛书《老子》乙本之前。

那么,项羽妾本《老子》来源何处呢?关于此问题,典籍无有明载,不过,我们可以从典籍里寻找出一点线索。

项羽妾本应是战国末期或秦朝时期之抄本。典籍记载与项羽接触过的黄老学者有安期生、陈平及张良。张良虽与项羽有过交集,但张良素来为刘邦计议谋虑,不会向项羽献书。陈平曾为项羽都尉②,后弃项羽而投刘邦,因此,陈平有可能曾向项羽献书,可惜不知陈平之师说来源。最为可能的是安期生,《史记·田儋列传》云:"蒯通者,善为长短说,论战国之权变,为八十一首。通善齐人安期生,安期生尝干项羽,项羽不能用其策。已而项羽欲封此两人,两人终不肯受,亡去。"③安期生尝干项羽,应该是以其最为擅长的黄老术游说之,如稷下先生之故事。④ 可惜项羽不用其谋。安期生亦为河上公一系,有《老子》一书,或曾献书于项王,为项羽妾所收藏。如此,则项羽妾本(或傅奕所据本)与河上公有亲缘关系,即可归为河上公一系。

2009年,北京大学入藏了汉简《老子》。汉简《老子》是劫后收藏,不

---

① 司马迁撰:《史记》,北京:中华书局,1998年版,第128页。
② 见《史记·项羽本纪》之《鸿门宴》。
③ 司马迁撰:《史记》,北京:中华书局,1998年版,第940~941页。
④ 《史记·孟荀列传》云:"自驺衍与齐之稷下先生,如淳于髡、慎到、环渊、接子、田骈、驺奭之徒,各著书言治乱之事,以干世主,岂可胜道哉!"

是经过科学考古发掘而得,不知其出土地点和出土之时间,故有学者质疑汉简《老子》是伪书:"有高校藏简本道家经典,字体前后不一,内容伪迹明显,从篇题到简文,在在可疑。"①后来,该学者又撰专文,从"竹简形制辨伪"和"竹简书法辨伪"两大方面论证北大汉简《老子》是伪书:"在已经公布的北大《老子》材料中,有确凿证据表明:北大《老子》不仅是今人伪造、书法拙劣的汉简赝品,而且整理者在整理发表材料的过程中,对整理时发现的伪简特征,有意识地作有技术调整,蓄意误导读者,涉嫌二次作伪。"②对于该学者的质疑,学界已经有人进行了回应。③ 在众多学者看来,北大简《老子》不存在作伪的可能。④

那么,汉简本《老子》抄写于什么时代,又抄写于什么地域呢?下一节我们将讨论这一问题。

第二节　汉简本《老子》的抄写时代和抄写(者)地域考察

汉简本《老子》是劫后回收,不是经过科学考古发掘而得,以至于有学者质疑汉简本《老子》的真伪性。为了解决这一问题,汉简本《老子》的抄写时代和抄写地域就成为学界颇为关注的焦点。

---

① 邢文著:《浙大藏简辨伪(上)》,《光明日报》,2012-5-28,第015版(国学)。
② 邢文著:《北大简〈老子〉辨伪》,《光明日报》,2016-8-8,第016版(国学)。
③ 李开著:《关于北大简〈老子〉的辨伪》,《光明日报》,2016-9-12,第016版(国学)。姚小鸥著:《由拼接与书法看真伪》,《光明日报》,2016-12-12,第016版(国学)。
④ 质疑北大简《老子》的真伪,这无疑是学者具有良好的学术品格,值得学界提倡。但是,鉴定该批竹简是否今人伪造,可以用科学的手段如C14进行检测,这是最为有效的手段。还有,如要考证汉简《老子》是伪书,除开从竹简形制和书法上考察外,更重要的是要考察其作伪的目的、作伪的时代、作伪者、作伪的内容及其所依据的底本等,如果在这些方面都还无法断定其为伪,那么,汉简本《老子》就无法证明其为伪。

一、汉简本《老子》的抄写时代

在汉简本《老子》抄写年代问题上,韩巍先生认为,北大竹书的抄写年代可能主要在汉武帝时期,《老子》应该也不出此范围。① 王中江先生认为北大汉简也有可能是抄写于惠帝和文帝之前。② 池田知久先生以北大简第十六章所见"积正"这个词语为线索,推测北大简《老子》的抄写年代应为西汉晚期。③

汉简本《老子》的整理者们在考察其抄写时代方面似乎存在考察方法上的失误和表述上的不严谨。最初,整理者们对这一批竹书(包含汉简本《老子》在内的近二十种古代文献)的抄写时代进行了判断:"各篇竹书的书法与字体特征虽不尽相同,抄写年代当略有早晚,但大体上可以认为已近于成熟的汉隶。"将之与有关的汉简进行字体上的对比后认为:"由书体特征并结合对全部竹书内容的分析,我们推测这批竹书的抄写年代主要在汉武帝后期,下限不晚于宣帝。"④在这里,整理者们主要是从书体特征的比较方面去推测,没有涉及学界在研究出土文献时通常所用的古代抄写文献需要注意的避讳制度。在另一处,主要整理者韩巍先生推测汉简本《老子》抄写年代时涉及了古代的避讳制度,但是他以汉简本避讳非常宽松为由予以忽视。韩巍云:

> 从汉简本文字中没有找到足以判断其抄写年代的直接证据。过去学者在推断出土简帛文献的抄写年代时,常将避讳字作为一项重

---

① 韩巍著:《北京大学藏西汉竹书本〈老子〉的文献学价值》,《中国哲学史》,2010 年第 4 期,第 16~22 页。
② 王中江著:《北大藏汉简〈老子〉的某些特征》,《哲学研究》,2013 年第 5 期,第 33~40、72 页。
③ 池田知久著:《老子的形而上学与"自然"思想——以北大简为中心》,《文史哲》,2014 年第 3 期,第 94~103 页。
④ 北京大学出土文献研究所编:《北京大学藏西汉竹书(贰)》前言,上海:上海古籍出版社,2012 年版,第 2 页。

要根据。如帛书《老子》甲本不避"邦"字讳，乙本避"邦"字讳改为"国"，而不避"盈""恒"字。学者据此认为甲本抄写于汉高帝时（或认为在高帝前），乙本则在文帝时期（或认为在高帝时）。但汉简本在这方面显得非常宽松，有些应避讳的字完全不避。如"邦"字皆写作"国"，与帛书乙本同，似为避讳所改；但"盈""恒"两字均多见，"启"字三见，"彻"字一见，也就是说汉惠帝、文帝、景帝、武帝之讳皆不避。类似这种避讳不严的现象在北大西汉竹书的其他文献中也比较普遍。近年有学者提出，秦汉时期官府文书等属于"公领域"的文件避讳比较严格，而私人文书、藏书等"私领域"的文献避讳则较为宽松，此说值得重视。至少就这批竹书看来，利用避讳字进行断代似不可行。

北大西汉竹书的书体特征总体上比较接近成熟的汉隶，其抄写年代不会相差太远，多数可能在武帝后期，不晚于宣帝。《老子》的字体在这批竹书的各种文献中属于相对较早的一种，但仍然明显晚于银雀山汉简，估计其抄写年代有可能到武帝前期，但不太可能早到景帝。[①]

整理者们在推测西汉竹书的抄写年代时摒弃了有效的避讳制度，却从书体特征的角度将之与有关汉简进行比较，从而得出汉简本《老子》"其抄写年代有可能到武帝前期，但不太可能早到景帝"的结论。

一种书体诚然具有时代性和历史性，可以反映某一文献的抄写年代，但是，在上古时期，由于文化发展缓慢，一种书体的运用在其产生、成熟和盛行各个阶段都需要经历很长的时期。因此，书体特征是判断出土文献抄写年代的必要条件而非充分条件。

[①] 韩巍著：《西汉竹书〈老子〉的文本特征和学术价值》，见北京大学出土文献研究所编：《北京大学藏西汉竹书（贰）》附录三，上海：上海古籍出版社，2012年版，第208～209页。

而避讳在我国古代是一种比较普遍的文化现象，在国讳上必然要对当朝君主或当时的最高统治者进行避讳，而对先朝君主或帝王就不那么严格。既然古代避讳制度对当朝君主或帝王必然避讳，那么利用避讳来考察出土文献的抄写年代，就要比利用书体特征来考察要直观、具体和可靠得多，这在某种程度上可以说是考察出土文献抄写时代的充分条件。目前出土的很多简帛文献都利用这一文化现象来判断其抄写时间，从而取得了很好的判断效果。

韩巍先生说："近年有学者提出，秦汉时期官府文书等属于'公领域'的文件避讳比较严格，而私人文书、藏书等'私领域'的文献避讳则较为宽松，此说值得重视。"

这里，我们需要讨论一下，在西汉时期，私人藏书是否真的就是私领域？

我们曾经在前面揭示过，自古以来，各地政权或朝廷为了加强思想控制，对书籍的控制颇为严格，如非朝廷允许，不得拥有和私藏某一典籍，即使贵为皇室宗亲也是如此。吴起在楚国变法时，"破驰说之言从横者"。① 商鞅在秦国变法，"燔诗书而明法令"。② 孟子也说："诸侯恶其害己也，而皆去其籍。"③ 而在嬴政统一六国之后，为了加强思想控制，甚至来了一个更为严厉的"焚书坑儒"。《史记·秦始皇本纪》载李斯语："臣请史官非秦记皆烧之。非博士官所职，天下敢有藏诗、书、百家语者，悉诣守、尉杂烧之。有敢偶语诗书者弃市。以古非今者族。吏见知不举者与同罪。令下三十日不烧，黥为城旦。所不去者，医药卜筮种树之书。若欲有学法令，以吏为师。"④ 班固《汉志》亦云："战国从衡，真伪分争，诸子之言纷然殽乱。至秦患之，乃燔灭文章，以愚黔首。汉兴，改秦之败，大收篇籍，广开

---

① 司马迁撰：《史记》，北京：中华书局，1998年版，第759页。
② 韩非撰：《韩非子》，百子全书第二册，长沙：岳麓书社，1993年版，第1665页。
③ 焦循撰：《孟子正义》，诸子集成第一册，上海：上海书店出版社，1986年版，第399页。
④ 司马迁撰：《史记》，北京：中华书局，1998年版，第107页。

献书之路。"①秦始皇"燔灭文章,以愚黔首",是禁止民间藏书,而汉初"大收篇籍,广开献书之路",也是禁止民间藏书,只不过前者粗暴,后者温和。汉成帝时,贵为皇室宗亲的东平思王刘宇"上疏求诸子及《太史公书》",因"诸子书或反经术,非圣人;或明鬼神,信物怪;《太史公书》有战国纵横权谲之谋,汉兴之初谋臣奇策,天官灾异,地形厄塞:皆不宜在诸侯王"而求书不得。② 可见,在西汉时期,私人藏书也绝非私领域,而是要受朝廷制约的。作为王侯一级的墓主,藏有《老子》一书,应该是得到西汉朝廷允许的,甚至有可能,汉简本《老子》就是汉初为推行休养生息政策,朝廷下令颁发给某位王侯的。在这种情形下,书籍的抄写自然是要严格执行避讳制度的。

　　韩巍先生在考察汉简本《老子》抄写年代时似乎存在某种失误:他先是预设了一个结论,就是对汉简本《老子》"估计其抄写年代有可能到武帝前期,但不太可能早到景帝",接着为了得出这个预设的结论,他曲解了汉简本《老子》里的真实的避讳意图的存在,认为汉简本《老子》在避讳方面非常宽松,有些应避讳的字完全不避:"如'邦'字皆写作'国',与帛书乙本同,似为避讳所改;但'盈''恒'两字均多见,'启'字三见,'彻'字一见,也就是说汉惠帝、文帝、景帝、武帝之讳皆不避。"韩巍在这里对汉简本《老子》明显表现出来的避讳字("邦"字)虽然承认"与帛书乙本同,似为避讳所改",但却是有意忽略了,而把不必避讳的字("盈""恒""启""彻")作为重点提了出来,认为对汉惠帝、文帝、景帝、武帝皆不避讳,从而得出汉简本《老子》在避讳方面非常宽松,利用避讳字对汉简本《老子》进行断代似不可行的论点。殊不知,帛书《老子》甲本里面的"邦"字,在汉简本《老子》里皆写作"国"字,如在汉简本《老子》第十七章中,与郭店本和帛书甲本相对应的"邦"字,在汉简皆作"国"字。③ 这表明汉简本《老子》的抄手在

---

① 班固撰:《汉书》,长沙:岳麓书社,1993年版,第758页。
② 班固撰:《汉书》,长沙:岳麓书社,1993年版,第1443页。
③ 北京大学出土文献研究所编:《北京大学藏西汉竹书(贰)》,上海:上海古籍出版社,2012年版,第181页。

抄写时是有意避"邦"字讳,这正是汉简本《老子》避讳严格的表现,而这一避"邦"字讳,说明汉简本《老子》的抄写年代与帛书《老子》乙本的抄写年代相同,都是在刘邦称帝在位时期,在这种情况下,自然就不会避刘邦之后的几位皇帝的讳了。

我们说汉简本《老子》的抄手严格执行避讳制度避"邦"字讳,还有一个抄错了的字可以作为明显的证据。

汉简本《老子》第二十章(对应王弼本第五十七章,注:下列所引出土简帛《老子》里的奇字、异体字皆改用今通行字,而通假字不改):

> 以正之国,以奇用兵,以无事取天下。吾何以知其然也?夫天多忌讳而民弥贫,民多利器而固家滋昏,人多智而奇物滋起,法物滋彰而盗贼多有。故圣人之言云:我无为而民自化,我无事而民自富,我好静而民自正,我欲不欲而民自朴。

郭店楚简《老子》虽然只有通行本的三分之一,但还是保存了类似章段的文字(在甲组简29—32):

> 以正之邦,以奇用兵,以亡事取天下。吾何以知其然也?夫天多忌讳而民弥畔,民多利器而邦滋昏,人多智而奇物滋起,法物滋彰,盗贼多有。是以圣人之言曰:我无事而民自富,我无为而民自化,我好静而民自正,我谷不谷而民自朴。

帛书《老子》甲乙本虽然有缺失文字,但是可见其大体。甲本云:

> 以正之邦,以奇用兵,以无事取天下。吾何□□□也哉?夫天下□□讳而民弥贫,民多利器而邦家滋昏,人多知而何物滋□,□□□□,□盗贼□□。□□□□□□□我无为也而民自化,我好静而民自正,我无事民□□□□□□□□。

乙本云:

> 以正之国,以奇用兵,以无事取天下。吾何以知其然也才?夫天

下多忌讳而民弥贫,民多利器□□□□昏,□□□□□□□□□物滋章而盗贼□□。是以□人之言曰:我无为而民自化,我好静而民自正,我无事而民自富,我欲不欲而民自朴。

通过比较,我们发现,楚简和帛书甲本《老子》的"以正之邦",在汉简本和帛书乙本里皆作"以正之国",《老子》古本原为"邦"字,在汉简本和帛书乙本为避刘邦讳而改为"国"字。而楚简本"民多利器而邦滋昏",在帛书甲本作"民多利器而邦家滋昏",帛书乙本有缺字,作"民多利器□□□□昏",文字缺失无法判定,而汉简本却作"民多利器而固家滋昏"。

将《老子》汉简本、帛书乙本与楚简本、帛书甲本相比,但凡楚简本、帛书甲本中的"邦"字,在汉简本、帛书乙本中皆改为"国"字,因此,相较于楚简本的"邦滋昏"和帛书甲本的"邦家滋昏",汉简本此处应该作"国家滋昏",然而我们所看到的偏偏是"固家滋昏",汉简本《老子》整理者说"'固'为'国'之误"①,这个判断当然是对的。"固"与"国"二字是形近而误②,汉简本《老子》的抄写者之所以将本来该写成"国"字的字误写为"固"字,其原因就是特意为了避刘邦之"邦"字讳。这一因形近而误的错字成为汉简本《老子》的抄手在抄写经文时严格执行避讳制度避当时在位皇帝刘邦讳的铁证。

另外,我们还可以从书体的发展历史来判断。

汉简本《老子》所抄写字体是比较成熟的隶书,而隶书始于秦朝,兴于两汉,盛行于南北朝。根据隶书的这一发展历史,将战国末期至于西汉中期最高统治者的在位情况与汉简本《老子》避某字或不避某字结合考察。

查汉简本《老子》,"楚"字一见(汉简本第七十一章即王弼本第三十章),"正"字凡五见(分别在汉简本第二章即王弼本第三十九章一见、汉简

---

① 北京大学出土文献研究所编:《北京大学藏西汉竹书(贰)》,上海:上海古籍出版社,2012年版,第132页。

② 北京大学出土文献研究所编:《北京大学藏西汉竹书(贰)》,上海:上海古籍出版社,2012年版,第50页。

本第三十一章即王弼本第六十七章一见、汉简本第五十一章即王弼本第八章一见、汉简本第七十三章即王弼本第三十二章一见、汉简本第七十七章即王弼本第三十七章一见),"盈"字九见(分别在汉简本第二章即王弼本第三十九章二见、汉简本第八章即王弼本第四十五章一见、汉简本第四十八章即王弼本第四章一见、汉简本第五十二章即王弼本第九章二见、汉简本第六十三章即王弼本第二十二章一见、汉简本第五十八章即王弼本第十五章二见),"恒"字凡二十三见(分别在汉简本第九章即王弼本第四十六章一见、汉简本第十二章即王弼本第四十九章一见、汉简本第十四章即王弼本第五十一章一见、汉简本第二十八章即王弼本第六十四章一见、汉简本第二十九章即王弼本第六十五章二见、汉简本第三十一章即王弼本第六十七章一见、汉简本第三十八章即王弼本第七十四章三见、汉简本第四十二章即王弼本第七十八章一见、汉简本第四十五章即王弼本第一章四见、汉简本第四十七章即王弼本第三章一见、汉简本第六十八章即王弼本第二十七章一见、汉简本第六十九章即王弼本第二十八章三见、汉简本第七十三章即王弼本第三十二章一见、汉简本第七十四章即王弼本第三十四章一见、汉简本第七十七章即王弼本第三十七章一见),"启"字凡三见(分别在汉简本第十五章即王弼本第五十二章一见、汉简本第五十三章即王弼本第十章一见、汉简本第六十八章即王弼本第二十七章一见),"彻"字一见(汉简本第六十八章即王弼本第二十七章一见,另有汉简本第四十二章即王弼本七十九章,帛书甲乙本及通行本皆作彻而汉简本作肆,整理者解释为"'肆'[心母质部]、'彻'[透母月部]音近可通,'肆'应读为'彻'"①),唯独不见一个"邦"字(凡是郭店楚简本和帛书甲本中的"邦"字,皆改为"国"字,分别在汉简本第十七章即王弼本第五十四章三见、汉简本第二十章即王弼本第五十七章"国"字一见"固"字一见、汉简本第二

---

① 北京大学出土文献研究所编:《北京大学藏西汉竹书(贰)》,上海:上海古籍出版社,2012年版,第143页。

十一章即王弼本第五十八章"国"字一见、汉简本第二十二章即王弼本第五十九章"国"字一见、汉简本第二十三章即王弼本第六十章"国"字一见、汉简本第二十四章即王弼本第六十一章"国"字五见、汉简本第二十九章即王弼本第六十五章"国"字二见、汉简本第四十二章即王弼本第七十八章"国"字二见、汉简本第四十三章即王弼本第八十章"国"字二见、汉简本第七十六章即王弼本第三十六章"国"字一见)。

据上可知,汉简本《老子》不避秦庄襄王子楚、秦始皇嬴政、汉惠帝刘盈、高后吕雉、汉文帝刘恒、汉景帝刘启、汉武帝刘彻等人之讳,而特意避汉高帝刘邦之"邦"字讳,则汉简本《老子》的抄写年代,应该是在刘邦称帝在位期间。

二、汉简本《老子》的抄写地域

在汉简本《老子》流传地域或抄写者地域问题上,韩巍先生认为:"汉简本用字也有不同于帛书本和传世本的独特之处。……这种用字差异值得重视和思考,如果确实是地域性特点,或能为汉简本抄写者所出地域的推测提供线索。"①韩巍这一论说很有见地,惜乎未予详考。廖名春先生则认为,以"殹"代"也"是秦地、楚地的习惯,由此看来,北大汉简本很可能为楚人所书。②

我们认为,汉简本《老子》的抄写地域应该是楚地,这可以从其有关楚国用语看出来。

其一,"楚"字,楚人谓之"楚",北方之人谓之"荆"。汉简本第七十一章有"师之所居,楚棘生之",郭店楚简《老子》无该句,而帛书《老子》甲本作"□□所居,楚朸生之",帛书乙本作"□□□□□棘生之"。乙本相关文

---

① 韩巍著:《北京大学藏西汉竹书本〈老子〉的文献学价值》,《中国哲学史》,2010年第4期,第16~22页。
② 廖名春著:《〈老子〉首章新释》,《哲学研究》,2011年第9期,第35~42、127页。

字缺失,但甲本存有"楚杌生之",汉简本"楚棘生之"与之相似。而王弼本(在第三十章)、傅奕本、河上公本皆作"师之所处,荆棘生焉"。

其二,汉简本第十三章有"盖闻善摄生者,陵行不避兕虎",郭店本无该句,帛书甲本作"盖□□执生者,陵行不□矢虎",乙本作"盖闻善执生者,陵行不避兕虎",王弼本(在第五十章)、傅奕本、河上公本皆作"盖闻善摄生者,陆行不遇兕虎"。

陆行、陵行皆是与水行相对而言,陆、陵同义,北方称陆,南人谓陵。

《左传·定公六年》云:"四月己丑,吴太子终累败楚舟师……楚国大惕,惧亡,子期又以陵师败于繁扬。"杜预注:"陵师,陆军。"孔颖达疏:"上云舟师水战,此言陵师陆军,南人谓陆为陵。"南人即是楚人。① 《楚辞·九章·思美人》:"观南人之变态。"王逸注云:"览察楚俗,化改易也。"② 《楚辞·天问》:"释舟陵行,何以迁之?"洪兴祖补注:"今释水而陆,反为人所负,何罪而见徙也?"③

《庄子·秋水》载:"孔子曰:夫水行不避蛟龙者,渔父之勇也;陆行不避兕虎者,猎夫之勇也。"

其三,"街""解""徛"三字在楚语中音同,皆读为"gāi"。

汉简本第十六章有"大道甚夷,而民好街",郭店本无,帛书甲本作"□□甚夷,民甚好解",乙本作"大道甚夷,民甚好徛",而傅奕本、河上公本、王弼本皆作"大道甚夷,而民好径",严遵本作"大道甚夷,而民好迳"。整理者云:"'街',帛甲作'解',帛乙作'徛',传世本作'径'或'迳'。'街''解'(皆见母支部)与'径'(见母耕部)音近可通,'街'应读为'径'。"④ 其实,汉简本、帛书甲本、乙本之所以分别作街、解、徛,是因为在楚语中,三

---

① 阮元校刻:《十三经注疏》,北京:中华书局,1980年版,第2140页。
② 洪兴祖撰:《楚辞补注》,北京:中华书局,1983年版,第148页。
③ 洪兴祖撰:《楚辞补注》,北京:中华书局,1983年版,第102页。
④ 北京大学出土文献研究所编:《北京大学藏西汉竹书(贰)》,上海:上海古籍出版社,2012年版,第130页。

者音近,读为"gāi"。

其四,汉简本第五十三章有"脩除玄鑑",而帛书甲本对应文字作"脩除玄藍",帛书乙本作"脩除玄監",而传世本均作"滌除玄覽"。扬雄《方言》卷一云:"修、骏、融、绎、寻、延,长也。陈楚之间曰修。"①则汉简本《老子》与帛书《老子》甲乙本一样,出自楚地。

其五,汉简本第七十章"大制无畍",帛书甲乙本皆作"大制无割",傅奕本作"大制无割",想尔本作"大制无割",河上公本、王弼本皆作"大制不割"。"畍"即"界"之异体字,楚语读为"gāi",分界线的意思,"畍""界"与"割"音近。

其六,说人居住之地或居处时,南人喜用平舌音云"居",北人喜用转舌音云"处"。帛书甲本云:"是以大丈夫居其厚而不居其泊,居其实不居其华。"乙本云:"是以大丈夫居□□□居其泊,居其实而不居其华。"《韩非子·解老》作:"处其厚而不处其薄。""处其实不处其华。"傅奕本、严遵本皆作:"是以大丈夫处其厚不处其薄,处其实不处其华。"河上公本则两可之:"是以大丈夫处其厚不居(处)其薄,处其实不居(处)其华。"汉简本则作:"是以大丈夫居其厚不居其薄,居其实不居其华。"河上公本之所以有居、处两说,原因就是河上公即环渊,环渊本楚人,游学于稷下多年,则南音北音皆有,居、处并存。而汉简本用"居",同于帛书甲乙本,实乃南方楚国之音。又王弼本、河上公本、傅奕本第二章"是以圣人处无为之事,行不言之教",在出自荆楚的郭店本和出自湘楚的帛书甲乙本皆作"是以圣人居无为之事,行不言之教",汉简本也同于郭店本、帛书甲乙本,作"是以圣人居无为之事,行不言之教",则汉简本亦为荆楚或湘楚抄手所抄。

据上可知,汉简本《老子》在用词上具有楚国一带的方言特色,应该属于楚地抄手所抄。

---

① 扬雄撰,郭璞注:《方言》,百子全书第一册,长沙:岳麓书社,1993年版,第734页。

第三节　从汉简本《老子》称"经"看《老子》的经典化和老子的神化

一、问题的由来

郭店楚简《老子》三组,既无书名,也无篇名。帛书甲本《老子》从抄写形式上看虽分上下两篇,但既无书名,也无篇名。帛书乙本上篇篇末题"《德》三千卌一",下篇篇末题"《道》二千四百廿六",有篇名,而无书名,也不题经名。关于汉简本《老子》,整理者云:

> 汉简《老子》分为上、下两篇。二号简背面上端有"老子上经"四字,一二四号简背面上端有"老子下经"四字,书体与正文一致,应为抄写者所题,即汉简《老子》上、下两篇的篇题。其《上经》相当于传世本《德经》,《下经》相当于传世本《道经》。全书共分七十七章,其中《上经》四十四章,《下经》三十三章。①

从这里可以看出,《老子》一书此时已有书名,分为上下两篇,并且已然称"经"。而汉简《老子》是目前所能见的书名题以"经"名的最早的《老子》版本。《老子》一书,由子书而上升为道家经典,有一个漫长的过程。书以人显,人以书贵,老子其人的神化伴随着《老子》其书的经典化。那么,《老子》是如何由子书而上升为经典的呢？老子其人是如何由普通人而上升为圣人的呢？

二、先秦两汉时期《老子》被广泛征引以说理或证事是《老子》由子书上升为经典的基础

据现有典籍来看,最早征引《老子》者,为与老子同时而稍后的叔向,

---

① 北京大学出土文献研究所编:《北京大学藏西汉竹书(贰)》,上海:上海古籍出版社,2012年版,第121页。

见于刘向《说苑·敬慎》。叔向引用了见于今本《老子》的第四十三章和第七十六章的内容,以回答韩平子"刚与柔孰坚"之问,而得出"吾是以知柔之坚于刚也"的结论。① 此后,引用《老子》之言者,往往而多见。

史籍《战国策》《史记》《汉书》等多有记载。《战国策·魏策》以魏惠王之口引用了见于今本第八十一章的文辞,《战国策·齐策》以颜斶之口引用了见于今本第三十九章的文辞。《史记·扁鹊仓公列传》载:"故老子曰:'美好者不祥之器。'"②颇不同于王弼本之"夫佳兵者,不祥之器",而与傅奕本"夫美兵者,不祥之器"及汉简本"夫䅅美,不恙之器也"更为接近。《史记·酷吏列传》载:"老氏称:'上德不德,是以有德;下德不失德,是以无德。法令滋章,盗贼多有。'"③分别见于今本第三十八章和第五十七章。《史记·日者列传》:"此老子之所谓'无名者,万物之始'也。"④见于今本《老子》第一章。《史记·货殖列传》:"老子曰:'至治之极,邻国相望,鸡狗之声相闻,民各甘其食,美其服,安其俗,乐其业,至老死不相往来。'"⑤见于今本第八十一章。《汉书》《三国志》及《后汉书》引用《老子》处更多,兹不赘述。

先秦两汉时期,诸子之书引用《老子》之言者,远胜于史籍。

《尹文子·大道》引用了三条《老子》文句,分别见于传世本第六十二章、第五十七章和第七十四章。

有学者不完全统计:《庄子》引《老子》文,不标明"老子曰"者共十四处,不标明"老子曰"而用引辞"故曰"者共三处,明引"老聃曰"或"老子曰"者共五处;《韩非子》之《解老》引《老子》文者共七十五处,《喻老》引《老子》文者共三十三处,又标明"老子曰"或"老聃曰"者共十二处;《荀子》于《不

---

① 刘向撰:《说苑》,百子全书第一册,长沙:岳麓书社,1993年版,第616页。
② 司马迁撰:《史记》,北京:中华书局,1998年版,第1004页。
③ 司马迁撰:《史记》,北京:中华书局,1998年版,第1119页。
④ 司马迁撰:《史记》,北京:中华书局,1998年版,第1152页。
⑤ 司马迁撰:《史记》,北京:中华书局,1998年版,第1167页。

荀篇》引《老子》文"廉而不刿",另于《天论篇》评论老子曰"老子有见于诎,无见于信"。①

实际上,《庄子》引用《老子》一书内容者远不止上面说的二十二条,而是有六十余条。西汉中期刘安及其门客撰写的《淮南子》征引《老子》内容者甚至达九十余条②,当然,其中以有选择地阐发《老子》的《道应训》征引为最多。

《庄子》《韩非子》《淮南子》征引《老子》内容不一一详述。

《韩诗外传》卷三、卷七、卷九引用了见于王弼本的第七章、第三十六章、第四十四章、第四十五章、第四十六章凡五章的相关内容。

《韩诗外传》卷三引云:"故老子曰:'后其身而身先,外其身而身存。非以其无私乎?故能成其私。'"见于王弼本第七章,王弼本作:"是以圣人后其身而身先,外其身而身存。非以其无私邪,故能成其私。"

《韩诗外传》卷七引云:"故老子曰:'鱼不可脱于渊,国之利器不可以示人。'"见于王弼本第三十六章,文字完全一致。

《韩诗外传》卷九引云:"老子曰:'名与身孰亲?身与货孰多?得与亡孰病?是故甚爱必大费,多藏必厚亡。知足不辱,知止不殆,可以长久。大成若缺,其用不敝;大盈若冲,其用不穷;大直若诎,大辨若讷,大巧若拙,其用不屈。罪莫大于多欲,祸莫大于不知足。故知足之足,常足矣。'"《韩诗外传》卷九所引对应王弼本第四十四章全章,第四十五章前大半部分,第四十六章后大半部分。

《盐铁论·世务第四十七》引《老子》云:"《老子》曰:'兕无所用其角,螫虫无所输其毒。'"③"兕无所用其角"见于王弼本第五十章,王本作:"兕无所投其角。""螫虫无所输其毒"见于王弼本第五十五章,王本作:"蜂虿虺蛇不螫。"

---

① 戴美芝著:《老子学考》,台北:花木兰文化出版社,2006年版,第12页。
② 孙晓英著:《老子传本研究》,硕士学位论文,山东大学,2008年版,第8~10页。
③ 桓宽著:《盐铁论》,百子全书第一册,长沙:岳麓书社,1993年版,第450页。

《盐铁论·周秦第五十七》引《老子》云："老子曰：'上无欲而民朴，上无事而民自富。'"①见于王弼本第五十七章，王本作："故圣人云：我无为而民自化，我好静而民自正，我无事而民自富，我无欲而民自朴。"

先秦两汉时期，《老子》被广泛征引以说理或证事，而这是《老子》由子书上升为经典的基础。

三、先秦两汉时期掀起的注释和阐发《老子》的潮流是《老子》上升为经典的关键

《老子》一书走向经典，其中最为关键的就是先秦两汉时期老子后学对《老子》一书的注释和阐发，并且在老子后学中已经形成一股潮流。

最早奉《老子》为经典的是老子的弟子文子。《汉书·艺文志》载"《文子》九篇"，班固自注云："老子弟子，与孔子并时，而称周平王问，似依托者也。"元杜道坚说："《文子》，《道德》之疏义。"元吴全节说："《文子》者，《道德经》之传也。"清初学者马骕《绎史》卷八三载："《文子》，《道德》之义疏，语必称'老子'，尊所闻以立言也。"今本《文子》十二篇，乃是后人所增益，书中颇有汉人学说之痕迹，故有学者以为《文子》晚出，而柳宗元则指其为伪书。1973年河北定县八角廊竹简《文子》的出土，证明《文子》乃是先秦就已出现的典籍，非伪而真。竹简《文子》二次论及"经"：

2465　［文子上经圣□明王］

0909　□经者，圣知之道也。［王］也不可不②

竹简编号 2465 和 0909 内容不见于传世本《文子》，那么，其中的"经"是指什么呢？通过考证我们认为：竹简《文子》中的"经"就是指《老子》，《老子》一书在先秦时就已被他书如《文子》尊称为"经"。当然，从目前所

---

① 桓宽著：《盐铁论》，百子全书第一册，长沙：岳麓书社，1993 年版，第 462 页。
② 河北省文物研究所定州汉简整理小组释文：《定州西汉中山怀王墓竹简〈文子〉释文》，《文物》，1995 年第 12 期，第 27～34 页。

能见典籍来看,尚未发现先秦时期《老子》本书被题以"经"名,因为《老子》从被道家后学尊称为"经",到被广大社会承认为"经",以至于《老子》本书题以"经"名,需要一个很长的过程。①

《文子》是老子后学阐发和注释《老子》的滥觞,此后,在齐国的稷下学宫就涌现了第一股阐发和注释《老子》的热潮。稷下学宫的这股发明老子之术的潮流是《老子》上升为经典的关键,当然,这一股潮流的掀起与田齐政权的倡导和支持有莫大的关系。

《史记·孟荀列传》云:"慎到,赵人。田骈、接子,齐人。环渊,楚人。皆学黄老道德之术,因发明序其指意。故慎到著十二论,环渊著上下篇,而田骈、接子皆有所论焉。"田齐政权创建的稷下学宫,是战国中期以至后期最大的黄老学中心。在这里,慎到、田骈、接子、环渊等掀起一股发明老子之术的潮流,"皆学黄老道德之术,因发明序其指意"。这一思潮一直延续到战国后期,如《解老》《喻老》应该是韩非子在稷下学宫师事荀子时所作。

从上述情况来看,稷下学宫的黄老学者们,显然是把《老子》与《黄帝书》奉为经典,这无疑对老学的发展及《老子》上升为经典起了重大的推动作用。

除开稷下黄老学者之外,《老子》一书还对其他一些诸子产生了深远的影响,成为这些学者学说思想的源头,如郑国的列子、韩国的申不害和韩非子、宋之蒙地的庄子。

《史记·老庄申韩列传》云:

> 庄子者,蒙人也,名周……其学无所不窥,然其要本归于老子之言。故其著书十余万言……作《渔父》《盗跖》《胠箧》,以诋訾孔子之徒,以明老子之术。……申不害者,京人也,故郑之贱臣。学术以干韩昭侯,昭侯用为相……申子之学本于黄老而主刑名。著

---

① 谭宝刚著:《竹简〈文子〉所称经为〈老子〉考》,《许昌学院学报》,2010年第6期,第85~89页。

书二篇,号曰《申子》。韩非者,韩之诸公子也。喜刑名法术之学,而其归本于黄老……申子、韩子皆著书,传于后世,学者多有……太史公曰:老子所贵道,虚无,因应变化于无为,故著书辞称微妙难识。庄子散道德,放论,要亦归之自然。申子卑卑,施之于名实。韩子引绳墨,切事情,明是非,其极惨礉少恩。皆原于《道德》之意,而老子深远矣。①

刘向《列子书录》云:

> 列子者,郑人也,与郑缪公同时,盖有道者也。其学本于黄帝、老子,号曰道家。道家者,秉要执本,清虚无为,及其治身接物,务崇不竞,合于六经。②

战国后期,田齐衰弱之时,取代东方稷下学宫成为新的学术中心的是在西陲秦国吕不韦门下,这里也聚集了不少黄老学者,《吕氏春秋》就有多篇或明引或暗引《老子》之言,甚或有称老子为"圣人"者。

从现有典籍来看,先秦至于两汉,发明《老子》之学的著作有以下几种情况。

其一,注释和阐发《老子》全本者,有五类。今犹存完整原书者,如《老子道德经河上公章句》。今所存有散佚或为残本者,如严遵《老子指归》和张陵《老子想尔注》。今原书不存,而有相关书籍者,如项羽妾冢本,今已不存,但唐初傅奕据之为底本校勘他本而成《老子道德经古本篇》,世称《老子》傅奕本。今原书不存,而史志有著录者,如《汉书·艺文志》载有《老子邻氏经传》四篇、《老子傅氏经说》三十七篇、《老子徐氏经说》六篇、刘向《说老子》四篇③;《隋书·经籍志》载有"毋丘望之注

---

① 司马迁撰:《史记》,北京:中华书局,1998年版,第750～753页。
② 刘向撰:《列子书录》,列御寇撰:《列子》,诸子集成第三册,上海:上海书店出版社,1986年版,第2页。
③ 班固撰:《汉书》,长沙:岳麓书社,1993年版,第769页。

《老子》"和"虞翻注《老子》"。① 史传曾有但史志未见著录,而后失传者,如"马融注《老子》"。②

其二,有所选择地注释和阐发《老子》者:《文子》《尹文子》《韩非子·解老》《韩非子·喻老》《淮南子·道应训》《牟子·理惑论》。

其三,对《老子》深有研究,应撰有著作,然既不见有书流传,又不见史志之著录。

《史记·孟荀列传》载:"环渊著上下篇,而田骈、接子皆有所论焉。"《史记·乐毅列传》载:"乐臣公善修黄帝、老子之言,显闻于齐,称贤师。"《史记·曹相国世家》载:"闻胶西有盖公,善治黄老言。"《史记·张释之冯唐列传》载:"王生者,善为黄老言,处士也。"《史记·袁盎晁错列传》载:"章以修黄老言显于诸公间。"

从司马迁明言"环渊著上下篇"和"田骈、接子皆有所论"看,环渊、田骈和接子撰有老学著作是没有疑问的。而乐臣公、盖公、王生和邓章四人,司马迁虽然没有明言他们撰有老学著作,但是从司马迁对四人的记载"善修黄帝、老子之言,显闻于齐,称贤师""善治黄老言""善为黄老言""修黄老言显于诸公间"看,四人也必是撰写有研究《老子》之著作,不然,何来"善修""善治""善为"之评语?

四、先秦两汉时期的学界对《老子》学说多次作了恰当评论或精辟概括,甚或奉其为圭臬者

随着《老子》被广泛征引和被深度阐发和注释,先秦两汉时期老子学说引起了学界的高度重视,当时有多篇学术史论文都对老子其人其书作出了精辟的评论和概括。

《庄子·天下》云:

---

① 魏征等撰:《隋书》,北京:中华书局,1973年版,第1000页。
② 范晔、司马彪撰:《后汉书》,长沙:岳麓书社,1994年版,第835页。

以本为精,以物为粗,以有积为不足,澹然独与神明居。古之道术有在于是者,关尹、老聃闻其风而悦之。建之以常无有,主之以太一,以濡弱谦下为表,以空虚不毁万物为实。关尹曰:"在己无居,形物自著。其动若水,其静若镜,其应若响。芴乎若亡,寂乎若清。同焉者和,得焉者失。未尝先人而常随人。"老聃曰:"知其雄,守其雌,为天下溪;知其白,守其辱,为天下谷。"人皆取先,己独取后,曰:"受天下之垢。"人皆取实,己独取虚,无藏也故有余,岿然而有余。其行身也,徐而不费,无为也而笑巧。人皆求福,己独曲全,曰:"苟免于咎。"以深为根,以约为纪,曰:"坚则毁矣,锐则挫矣。"常宽容于物,不削于人,可谓至极。关尹、老聃乎!古之博大真人哉!①

《荀子·天论》云:

老子有见于诎,无见于信。②

《吕氏春秋·不二》云:

老耽贵柔。③

如果说《庄子·天下》《荀子·天论》《吕氏春秋·不二》只是客观地评价《老子》的思想,那么《吕氏春秋》和《淮南子》就是在相关篇章里体现出了奉《老子》为经典或圭臬的服膺之情。

首先将《老子》一书奉为修身和治国的至理名言,而将其与宝玉并论,又舍宝玉而取至理名言的是《吕氏春秋》,其《异宝》篇云:

以和氏之璧与百金以示鄙人,鄙人必取百金矣。和氏之璧、《道

---

① 庄周撰:《庄子》,百子全书第五册,长沙:岳麓书社,1993年版,第4614～4615页。
② 荀况撰:《荀子》,百子全书第一册,长沙:岳麓书社,1993年版,第189页。
③ 吕不韦等著,高诱注:《吕氏春秋》,百子全书第三册,长沙:岳麓书社,1993年版,第2737页。

德》之至言,以示贤者,贤者必取至言矣。①

其后,《淮南子》有多处叙说反映了刘安及其门客对《老子》书的推崇与服膺。

《淮南子·览冥训》云:

> 今若夫申、韩、商鞅之为治也,挬拔其根,芜弃其本,而不穷究其所由生。何以至此也?凿五刑,为刻削,乃背《道德》之本,而争于锥刀之末,斩艾百姓,殚尽太半,而忻忻然常自以为治,是犹抱薪而救火,凿窦而出水。②

这是批判申不害、韩非子及商鞅用法、术、势治国,惨礉少恩,背离《道德》③"清静无为""处下不争"的本旨。

《淮南子·精神训》云:

> 尧不以有天下为贵,故授舜;公子札不以有国为尊,故让位;子罕不以玉为富,故不受宝;务光不以生害义,故自投于渊。由此观之,至贵不待爵,至富不待财。天下至大矣,而以与佗人;身至亲矣,而弃之渊。外此,其余无足利矣。此之谓无累之人,无累之人,不以天下为贵矣!上观至人之论,深原《道德》之意,以下考世俗之行,乃足羞也。故通许由之意,《金縢》《豹韬》废矣;延陵季子不受吴国,而讼间田者惭矣;子罕不利宝玉,而争券契者愧矣;务光不污于世,而贪利偷生者闷矣。故不观大义者,不知生之不足贪也;不闻大言者,不知天下之不足利也。④

---

① 吕不韦等著,高诱注:《吕氏春秋》,诸子集成第六册,上海:上海书店出版社,1986年版,第102页。
② 刘安等著,高诱注:《淮南子》,百子全书第三册,长沙:岳麓书社,1993年版,第2856页。
③ 即《老子》,帛书乙本分上下两篇,已经分题《德》《道》。
④ 刘安等著,高诱注:《淮南子》,百子全书第三册,长沙:岳麓书社,1993年版,第2861页。

此处与《吕氏春秋·异宝》一样,视《老子》为人之修身治国的至理名言,并批评世俗之人的言行。

《淮南子·齐俗训》云:

> 曲得其宜而不折伤。拙工则不然,大则塞而不入,小则窕而不周。动于心,枝于手,而愈丑。夫圣人之斫削物也,剖之判之,离之散之;已淫已失,复揆以一;既出其根,复归其门;已雕已琢,还反于朴。合而为道德,离而为仪表。其转入玄冥,其散应无形。礼仪节行,又何以穷至治之本哉?世之明事者,多离《道德》之本,曰:"礼义足以治天下。"此未可与言术也。①

《齐俗训》此处是夸赞道家及《老子》,后世班固批评道家时所云"及放者为之,则欲绝去礼学,兼弃仁义,曰独任清虚可以为治"正好与之相对。

《淮南子·齐俗训》又云:

> 《道德》之论,譬犹日月也。江南河北,不能易其指;驰骛千里,不能易其处。②

视《老子》为日月,其思想为放之四海而皆准的真理。

《淮南子·泰族训》云:

> 夫观六艺之广崇,穷《道德》之渊深,达乎无上,至乎无下,运乎无极,翔乎无形,广于四海,崇于太山,富于江河,旷然而通,昭然而明,天地之间无所系戾,其所以监观,岂不大哉!③

《泰族训》作者将《老子》与儒家之六艺并论,夸赞其为放之四海而皆

---

① 刘安等著,高诱注:《淮南子》,百子全书第三册,长沙:岳麓书社,1993年版,第2896页。
② 刘安等著,高诱注:《淮南子》,百子全书第三册,长沙:岳麓书社,1993年版,第2899页。
③ 刘安等著,高诱注:《淮南子》,百子全书第三册,长沙:岳麓书社,1993年版,第2996页。

准的至理名言。

《淮南子·泰族训》又云：

> 故事不本于《道德》者，不可以为仪；言不合乎先王者，不可以为道；音不调乎《雅》《颂》者，不可以为乐。故五子之言，所以便说掇取也，非天下之通义也。①

这是将《老子》与古先王之道及儒家《诗经》相并论，以说明《老子》的重要地位。

《淮南子·要略》云：

> 夫作为书论者，所以纪纲《道德》，经纬人事，上考之天，下揆之地，中通诸理，虽未能抽引玄妙之中才，繁然足以观终始矣。②

此处是说《淮南子》撰著的目的，乃是以《老子》为纲纪，探讨自然宇宙之理和世俗人间之道。

两汉时期，有学者对老子开创的道家的学说思想有了新的深入阐述，如西汉中期的司马谈、司马迁父子《史记·太史公自序·论六家要旨》，西汉后期的刘向《列子叙录》，以及东汉早期的班固《汉书·艺文志》。这些对道家思想的论述，表明《老子》思想影响的深度和广度。

《论六家要旨云》：

> 道家无为，又曰无不为，其实易行，其辞难知。其术以虚无为本，以因循为用。无成势，无常形，故能究万物之情。不为物先，不为物后，故能为万物主。有法无法，因时为业；有度无度，因物与合。故曰"圣人不朽，时变是守。虚者道之常也，因者君之纲"也。群臣并至，使各自明也。其实中其声者谓之端，实不中其声者谓之窾。窾言不

---

① 刘安等著，高诱注：《淮南子》，百子全书第三册，长沙：岳麓书社，1993年版，第2997页。

② 刘安等著，高诱注：《淮南子》，百子全书第三册，长沙：岳麓书社，1993年版，第2999页。

听,奸乃不生,贤不肖自分,白黑乃形。在所欲用耳,何事不成。乃合大道,混混冥冥。光耀天下,复反无名。凡人所生者神也,所托者形也。神大用则竭,形大劳则敝,形神离则死。死者不可复生,离者不可复反,故圣人重之。由是观之,神者生之本也,形者生之具也。不先定其神形,而曰"我有以治天下",何由哉?①

《列子书录》云：

列子者,郑人也,与郑缪公同时,盖有道者也。其学本于黄帝、老子,号曰道家。道家者,秉要执本,清虚无为,及其治身接物,务崇不竞,合于六经……孝景皇帝时,贵黄老术……②

《汉书·艺文志》云：

道家者流,盖出于史官,历记成败存亡祸福古今之道,然后知秉要执本,清虚以自守,卑弱以自持,此君人南面之术也。合于尧之克攘,易之嗛嗛,一谦而四益,此其所长也。及放者为之,则欲绝去礼学,兼弃仁义,曰独任清虚可以为治。③

五、将道家《老子》与儒家六经或五经并论,表明当时学者对《老子》的重视比肩于儒家经典

"六经"出现较早,起初并不限于儒家,其他各家也都学习。由于儒家的重视和大力宣传,"六经"已经深入人心,在社会上产生广泛的影响。

随着《老子》影响的扩大,诸多学者往往将其与"六经"(或"五经")并论。从现有典籍看,最早将《老子》与"五经"并论的是追随刘邦的陆贾。陆贾《新语·术事》云：

---

① 司马迁撰：《史记》,北京：中华书局,1998年版,第1178～1179页。
② 刘向撰：《列子书录》,列御寇撰：《列子》,诸子集成第三册,上海：上海书店出版社,1986年版,第2页。
③ 班固撰：《汉书》,长沙：岳麓书社,1993年版,第769页。

善言古者合之于今,能述远者考之于近。故说事者上陈五帝之功而思之于身,下列桀、纣之败而戒之于己,则德可以配日月,行可以合神灵。登高及远,达幽洞冥,听之无声,视之无形,世人莫睹其兆,莫知其情,校修五经之本末,《道德》之真伪,既□其意,而不见其人。世俗以为自古而传之者为重,以今之作者为轻,淡于所见,甘于所闻,惑于外貌,失于中情。①

其后是汉文帝、汉景帝和司马迁。

《汉书·扬雄传》记载桓谭语:

昔老聃著虚无之言两篇,薄仁义,非礼学,然后世好之者尚以为过于五经,自汉文、景之君及司马迁皆有是言。②

扬雄《法言·寡见》篇:

或问:"司马子长有言,曰五经不如《老子》之约也,当年不能极其变,终身不能究其业。"③

《淮南子·泰族训》也云:

夫观六艺之广崇,穷《道德》之渊深。④

汉末此说犹盛。《理惑论》云:

牟子既修经传诸子,书无大小靡不好之。……于是锐志于佛道,兼研《老子》五千文,含玄妙为酒浆,玩五经为琴簧。世俗之徒多非之者,以为背五经而向异道。⑤

---

① 陆贾著:《新语》,百子全书第一册,长沙:岳麓书社,1993年版,第290页。
② 班固撰:《汉书》,长沙:岳麓书社,1993年版,第1551页。
③ 扬雄著:《法言》,诸子集成第七册,上海:上海书店出版社,1986年版,第19页。
④ 刘安等著,高诱注:《淮南子》,百子全书第三册,长沙:岳麓书社,1993年版,第2996页。
⑤ 牟子著:《理惑论》,百子全书第四册,长沙:岳麓书社,1993年版,第3651页。

管宁亦似牟子,《三国志·魏书十一·袁张凉国田王邴管传第十一》云:

> 太中大夫管宁,应二仪之中和,总九德之纯懿,含章素质,冰洁渊清,玄虚澹泊,与道逍遥;娱心黄、老,游志六艺,升堂入室,究其阃奥,韬古今于胸怀,包道德之机要。①

陆贾、汉文帝、汉景帝、刘安、司马迁、牟子、管宁等以《老子》与"五经"或"六艺"并论,表明当时《老子》在学者们心中已经具有了经典的地位。在这种情况下,有人叙说汉景帝将《老子》由子书而改为"经",自是情理之中。

焦竑《老子翼》卷七云:

> 《老子》之称经,自汉景帝始也。吴阚泽对大帝曰:"许成子、原阳子、老子、庄子皆修身自玩,放畅山谷,纵汰其心,学归淡泊。至汉景帝以黄帝、老子义体尤深,改子为经,始立道学,敕令朝野悉讽诵焉。"②

实际上,从汉简本《老子》题以"经"名看,《老子》称"经"的时间至少应该提前到汉高祖刘邦时期。至于唐初陆德明将《老子》正式与儒家经典并列予以释文,这已是后话。

六、老子后学爱好收藏《老子》书,其痴迷程度甚至以《老子》陪葬

古时书籍极难得,凡是有条件且爱好书籍的贵族,莫不以拥有书籍为荣。先秦两汉时期,老子后学奉《老子》为经典,其爱好《老子》,不但生前诵读及著述阐发其指意,而且以《老子》陪葬,如郭店一号墓主、马王堆三

---

① 陈寿撰,裴松之注:《三国志》,北京:团结出版社,1996年版,第226页。
② 焦竑撰:《老子翼》,丛书集成初编本,上海:商务印书馆,1936年版,第175页。

号墓主、项羽妾、汉简本收藏者,尤其是马王堆三号墓主,还拥有两个不同版本的《老子》。他们希望在来世也能诵读和研究《老子》,其痴迷《老子》一书,莫过如此。可见《老子》一书在这些老子后学者心中的位置。

不仅个人,官府也非常重视《老子》一书的收藏。东汉中后期,朝廷藏书处东观收藏了大量不同的《老子》版本及其他道家著作,《后汉书·窦融列传》所附《窦章传》载:"章字伯向,少好学,有文章,与马融、崔瑗同好,更相推荐。……太仆邓康闻其名……是时学者称东观为老氏藏室,道家蓬莱山,康遂荐章入东观为校书郎。"①足见东汉王朝对老子学说的重视,以及老氏之学在当时的盛况。

七、《老子》思想对当时政局的影响及西汉朝廷对《老子》的重视

《老子》思想对秦末及汉初的政局影响颇大,汉代君臣多信奉老子学说,西汉朝廷对《老子》也非常重视。

刘汉之得天下及汉初之治天下,正合《老子》"以正治国,以奇用兵,以无事取天下"的思想。

楚汉之争,刘项争霸,刘邦能取得对项羽的胜利,实际上是黄老学说的胜利。

刘邦起兵沛地,沛是先秦老子故地②,历来具有浓郁的黄老道家思想,至秦汉犹然。刘邦、萧何和曹参等俱是沛人,他们耳闻目染,自然受黄老思想影响颇深。其后加入刘汉阵营的韩信,史无载其思想来源或师说,然观其用兵,则是来自老子无疑,如明修栈道暗度陈仓、下魏取代、井陉之战、潍水之战等,无不是以奇破敌,正如《老子》第五十七章言"以奇用兵"。

至于刘邦的主要谋士张良、陈平,其学说思想源于黄老,更不用说。

---

① 范晔、司马彪撰:《后汉书》,长沙:岳麓书社,1994年版,第356页。
② 谭宝刚著:《老子及其遗著研究》,成都:巴蜀书社,2009年版,第70~76页。

良、平之谋为后世所颂扬,如《汉书·刑法志》云:"汉兴,高祖……任萧、曹之文,用良、平之谋,骋陆、郦之辩,明叔孙通之仪,文武相配,大略举焉。"①汉阳阎忠"谓(贾)诩有良、平之奇"②。《史记·陈丞相世家》:"太史公曰:陈丞相平少时,本好黄帝、老子之术。"③此处明言陈平学说来源于黄老。司马迁虽然没有明确言及张良学说源于黄老,但是《史记·留侯世家》载有下邳老父授张良《太公兵法》④,《汉书·艺文志》道家类载有"《太公》二百三十七篇。《谋》八十一篇,《言》七十一篇,《兵》八十五篇"⑤。张良所学《太公兵法》应即是《太公·兵》八十五篇。《史记·留侯世家》又载张良"'愿弃人间事,欲从赤松子游耳',乃学辟谷,道引轻身"⑥,则据上两条可知张良是黄老道家。后世朱熹亦言:

> 老氏之学最忍,它闲时似个虚无卑弱底人,莫教紧要处发出来,更教你枝梧不住,如张子房是也。子房皆老氏之学。如峣关之战,与秦将连和了,忽乘其懈击之;鸿沟之约,与项羽讲和了,忽回军杀之,这个便是他柔弱之发处。可畏!可畏!它计策不须多,只消两三次如此,高祖之业成矣。⑦

反观项羽之败,一定程度上是其未能用黄老学者。韩信、陈平本项羽属下,韩信恨不得项羽重用,陈平因故惧项羽诛杀,皆亡楚归汉。除此之外,项羽又错过前来投奔的蒯通和安期生。

《史记·田儋列传》载:

> 太史公曰:甚矣蒯通之谋,乱齐骄淮阴,其卒亡此两人! 蒯通

---

① 班固撰:《汉书》,长沙:岳麓书社,1993年版,第497页。
② 陈寿撰,裴松之注:《三国志·魏书·荀彧荀攸贾诩传》,北京:团结出版社,1996年版,第204页。
③ 司马迁撰:《史记》,北京:中华书局,1998年版,第716页。
④ 司马迁撰:《史记》,北京:中华书局,1998年版,第705页。
⑤ 班固撰:《汉书》,长沙:岳麓书社,1993年版,第768页。
⑥ 司马迁撰:《史记》,北京:中华书局,1998年版,第709页。
⑦ 《朱子语类》卷一百二十五《老氏庄列附》。

者，善为长短说，论战国之权变，为八十一首。通善齐人安期生，安期生尝干项羽，项羽不能用其策。已而项羽欲封此两人，两人终不肯受，亡去。①

蒯通"善为长短说"，是为纵横家，观其说韩信"叁分天下，鼎足而立"，及自免于高帝之烹，其谋略可知。安期生，齐国黄老学宗师河上丈人之高徒，应是精于黄老学谋略，当不在张良之下。

可见，项羽之败，谋略上乃是败于不能用黄老学者。

黄老学说受到西汉朝廷的高度重视并真正成为刘汉治国的指导方略，则始于曹参。《史记·曹相国世家》云：

> 孝惠帝元年，除诸侯相国法，更以参为齐丞相。参之相齐，齐七十城。天下初定，悼惠王富于春秋。参尽召长老诸生，问所以安集百姓，如齐故俗。诸儒以百数，言人人殊，参未知所定。闻胶西有盖公，善治黄老言，使人厚币请之。既见盖公，盖公为言治道贵清静而民自定，推此类具言之。参于是避正堂，舍盖公焉。其治要用黄老术，故相齐九年，齐国安集，大称贤相。②

曹参以黄老术相齐，成效显著。惠帝二年，萧何卒后，曹参入朝为相，黄老学又借此由齐国地方诸侯学飞跃而成为西汉全国官学。

萧、曹二人俱以黄老学治国："参代何为汉相国，举事无所变更，一遵萧何约束。"③"萧、曹为相，填以无为，从民之欲而不扰乱，是以衣食滋殖，刑罚用稀。"④二人为汉初复兴打下了坚实的基础。百姓歌颂曰："萧何为法，觏若画一。曹参代之，守而勿失。载其清净，民以宁一。"⑤"萧规曹随"一时成为美谈，而曹参与民休息，行无为之政，为天下所称道。高后称

---

① 司马迁撰：《史记》，北京：中华书局，1998年版，第940～941页。
② 司马迁撰：《史记》，北京：中华书局，1998年版，第703页。
③ 司马迁撰：《史记》，北京：中华书局，1998年版，第703页。
④ 班固撰：《汉书》，长沙：岳麓书社，1993年版，第499页。
⑤ 司马迁撰：《史记》，北京：中华书局，1998年版，第703页。

制时,依然推行休养生息政策。《史记·吕太后本纪》云:

> 孝惠皇帝、高后之时,黎民得离战国之苦,君臣俱欲休息乎无为,故惠帝垂拱,高后女主称制,政不出房户,天下晏然。刑罚罕用,罪人是希。民务稼穑,衣食滋殖。①

如前所述,曹参为沛人,受地方文化思潮之影响,初有黄老道家思想。相齐时,曹参又师盖公,其学上溯至燕之乐氏家族、安期生、河上丈人,本属战国时期齐之地方隐于民间的黄老一系②,或与稷下学宫有官方渊源的黄老一系有关。稷下黄老因齐湣王"矜功不休,百姓不堪,诸儒谏不从,各分散"③,由官方流向民间而埋没。河上丈人一系黄老学传至盖公、曹参,因其先入汉之齐国,后入汉之朝廷而得到彰显,完成了由民间学说向官方统治思想的飞跃。

黄老思想在西京取得鼎盛状态是在汉文帝、窦后时期。高后八年(公元前180年),陈平、周勃平定诸吕之乱,迎代王刘恒入京为帝。汉文、窦后素好黄老,典籍多有明载:

《史记·礼书》云:

> 孝文即位,有司议欲定仪礼,孝文好道家之学,以为繁礼饰貌,无益于治。④

《风俗通义·正失篇》云:

> 然文帝本修黄老之言,不甚好儒术,其治尚清净无为。⑤

《汉书·扬雄传赞》记载桓谭语:

---

① 司马迁撰:《史记》,北京:中华书局,1998年版,第160页。
② 司马迁撰:《史记》,北京:中华书局,1998年版,第859页。
③ 桓宽著:《盐铁论·论儒》,诸子集成第八册,上海:上海书店出版社,1986年版,第13页。
④ 司马迁撰:《史记》,北京:中华书局,1998年版,第405页。
⑤ 应劭撰:《风俗通义》,百子全书第四册,长沙:岳麓书社,1993年版,第3598~3599页。

昔老聃著虚无之言两篇,薄仁义,非礼学,然后世好之者尚以为过于五经,自汉文、景之君及司马迁皆有是言。①

《史记·孝武本纪》云:

会窦太后治黄老言,不好儒术,使人微伺得赵绾等奸利事,召案绾、臧,绾、臧自杀,诸所兴为者皆废。②

《史记·外戚世家》云:

窦太后好黄帝、老子言,帝及太子诸窦不得不读《黄帝》《老子》,尊其术。③

《史记·魏其武安侯列传》云:

太后好黄老之言,而魏其、武安、赵绾、王臧等务隆推儒术,贬道家言,是以窦太后滋不说魏其等。④

《史记·儒林列传》云:

及至孝景,不任儒者,而窦太后又好黄老之术,故诸博士具官待问,未有进者。……太皇窦太后好老子言,不说儒术,得赵绾、王臧之过以让上,上因废明堂事,尽下赵绾、王臧吏,后皆自杀。⑤

至汉文、窦后时,在长安,在西汉的最高统治者中,先后汇聚了来自不同地方的黄老学派:以萧何为首的徐沛一系(老子西楚之学),以盖公为首的齐之胶西、高密一系(老子齐学),曹参则齐、徐兼而有之,以张良为首的城父一系,以陈平为首的陈留一系,以汉文、窦后为首的代地一系,后三者皆属于老子三晋之学。长安一时成为黄老学派的集聚中心。

---

① 班固撰:《汉书》,长沙:岳麓书社,1996年版,第1551页。
② 司马迁撰:《史记》,北京:中华书局,1998年版,第177页。
③ 司马迁撰:《史记》,北京:中华书局,1998年版,第679页。
④ 司马迁撰:《史记》,北京:中华书局,1998年版,第1014页。
⑤ 司马迁撰:《史记》,北京:中华书局,1998年版,第1113~1115页。

黄老学说在汉文、窦后时期达到鼎盛状态当然是由于二人凭借其特殊地位大力推行所致。

汉文好黄老，倡导以孝治天下，崇尚生活俭朴，轻徭薄赋，废除肉刑，抚爱诸侯四夷等，以九五之尊身体力行之，实属不易，故为当时和后世所称颂。而窦后好黄老则有似狂热，她不但在政治上倡导黄老，而且在著作研读和学术志趣上也干涉他人。在其逼迫之下，"帝及太子诸窦不得不读《黄帝》《老子》，尊其术"①，而欲按儒家思想推行政治的朝中大臣赵绾、王臧畏惧自杀②。

八、民间术士的极力推广和《老子》成为民间宗教势力利用的媒介

《老子》一书被奉为经典是社会性的，不仅仅限于上层士人。两汉时期，既有上层士人以修《老子》为风尚，显于朝廷公卿间，如汉武帝时期的邓章，《史记·袁盎晁错列传》云：

> 邓公成固人也，多奇计。建元中上招贤良，公卿言邓公，时邓公免，起家为九卿。一年，复谢病免归。其子章，以修黄老言，显诸公间。③

又有东汉中后期蜀郡老学大家杨厚，以《黄》《老》教授门生，上名录者竟多达三千余人，其规模之大，在老学史上绝无仅有，《后汉书·苏杨郎襄列传》云：

> 杨厚字仲桓，广汉新都人也。……时大将军梁冀威权倾朝，遣弟侍中不疑以车马、珍玩致遗于厚，欲与相见。厚不答，固称病求退。

---

① 司马迁撰：《史记》，北京：中华书局，1998年版，第679页。
② 司马迁撰：《史记》，北京：中华书局，1998年版，第177页。
③ 司马迁撰：《史记》，北京：中华书局，1998年版，第980页。

帝许之,赐车马钱帛归家。修《黄》《老》,教授门生,上名录者三千余人。①

甚而有利用《老子》一书,建立宗教组织,以淆乱天下者,如《三国志·魏书八·二公孙陶四张传第八》裴松之注云:

《典略》曰:"熹平中,妖贼大起,三辅有骆曜。光和中,东方有张角,汉中有张修。骆曜教民缅匿法,角为太平道,修为五斗米道。……修法略与角同……又使人为奸令祭酒,祭酒主以《老子》五千文,使都习,号为奸令。……"臣松之谓张修应是张衡,非《典略》之失,则传写之误。②

《老子》一书,本是教人"清静虚无""少私寡欲""处下不争",目的在于建立一个和谐的"小国寡民"的社会,而张衡则以之为淆乱天下之工具,为何?其中原因有二:

其一,东汉后期,世家地主士族强取豪夺,侵占平民土地强买奴婢,广大民众生活在水深火热之中。而《老子》的政治哲学核心之一正是倡导统治者不可过分压榨民众,主要见于王弼本第五十七章和第七十七章。③

其二,《老子》一书在民众中的影响已经深入人心,张衡倡导徒众学习《老子》,是认为《老子》可以作为一面旗帜来凝聚受苦受难的民众。

九、老子的神化

书因人显,人以书贵,《老子》其书的经典化伴随着老子其人的神化。

---

① 范晔、司马彪撰:《后汉书》,长沙:岳麓书社,1994年版,第445~447页。
② 陈寿撰,裴松之注:《三国志》,北京:团结出版社,1996年版,第165~166页。
③ 《老子》第五十七章云:"以正治国,以奇用兵,以无事取天下。……故圣人云:我无为而民自化,我好静而民自正,我无事而民自富,我无欲而民自朴。"第七十七章云:"天之道,其犹张弓与。高者抑之,下者举之。有余者损之,不足者补之。天之道,损有余而补不足。人之道则不然,损不足以奉有余。孰能有余以奉天下,唯有道者。"

那么，典籍所载老子后学是如何神化老子的呢？

最早神化老子的，应该是《庄子》。《庄子·天道》云：

> 士成绮见老子而问曰："吾闻夫子，圣人也，吾固不辞远道而来愿见。"①

这是典籍所见最早称老子为圣人的记载，虽然是借寓言人物士成绮来盛赞老子，但显然是《天道》篇作者视老子为圣人。

又有盛赞老子弟子而从侧面来赞誉老子学识渊博者，《庄子·庚桑楚》云：

> 老聃之役有庚桑楚者，偏得老聃之道，以北居畏垒之山。②

《庄子·天下》则饱含深情，在叙说了关尹、老聃的学术思想后，直呼老聃为"古之博大真人"：

> 以本为精，以物为粗，以有积为不足，澹然独与神明居。古之道术有在于是者，关尹、老聃闻其风而悦之。建之以常无有，主之以太一，以濡弱谦下为表，以空虚不毁万物为实。关尹曰："在己无居，形物自著。其动若水，其静若镜，其应若响。芴乎若亡，寂乎若清。同焉者和，得焉者失。未尝先人而常随人。"老聃曰："知其雄，守其雌，为天下溪；知其白，守其辱，为天下谷。"人皆取先，己独取后，曰："受天下之垢。"人皆取实，己独取虚，无藏也故有余，岿然而有余。其行身也，徐而不费，无为也而笑巧。人皆求福，己独曲全，曰："苟免于咎。"以深为根，以约为纪，曰："坚则毁矣，锐则挫矣。"常宽容于物，不削于人，可谓至极。关尹、老聃乎！古之博大真人哉！③

---

① 庄周撰：《庄子》，百子全书第五册，长沙：岳麓书社，1993 年版，第 4560 页。
② 庄周撰：《庄子》，百子全书第五册，长沙：岳麓书社，1993 年版，第 4585 页。
③ 庄周撰：《庄子》，百子全书第五册，长沙：岳麓书社，1993 年版，第 4614～4615 页。

《庄子》之后,《吕氏春秋》更为推崇老子。《吕氏春秋·贵公》盛赞具有"贵公"思想的老子,将之比于上古颇有盛德的"三皇五帝",《贵公》载:

> 昔先圣王之治天下也,必先公,公则天下平矣。平得于公。……荆人有遗弓者,而不肯索,曰:"荆人遗之,荆人得之,又何索焉?"孔子闻之曰:"去其'荆'而可矣。"老聃闻之曰:"去其'人'而可矣。"故老聃则至公矣。天地大矣,生而弗子,成而弗有,万物皆被其泽、得其利,而莫知其所由始,此三皇五帝之德也。①

此外,《吕氏春秋》还直称老子为"圣人",《吕氏春秋·重言》载:

> 故圣人听于无声,视于无形,詹何、田子方、老耽是也。②

又,《吕氏春秋·制乐》云:

> 故祸兮福之所倚,福兮祸之所伏。圣人所独见,众人焉知其极。③

《制乐》篇作者虽然没有明言老聃为"圣人",但是从所引文句即出自《老子》第五十八章"祸兮福之所倚,福兮祸之所伏。孰知其极,其无正"看,其所言之"圣人"无疑就是指老子。

《史记·老子列传》记载孔子见老子后感慨云:"吾今日见老子,其犹龙邪!"④孔子是否真如司马迁所记赞叹老子"犹龙",不得而知。但是,至迟在司马迁时期已有人——甚或即司马迁本人——赞叹老子"犹龙"是没有疑问的,这表明,西汉中期老子已经开始被神话化了。

---

① 吕不韦等著,高诱注:《吕氏春秋》,诸子集成第六册,上海:上海书店出版社,1986年版,第8页。
② 吕不韦等著,高诱注:《吕氏春秋》,诸子集成第六册,上海:上海书店出版社,1986年版,第221页。
③ 吕不韦等著,高诱注:《吕氏春秋》,诸子集成第六册,上海:上海书店出版社,1986年版,第60页。
④ 司马迁撰:《史记》,北京:中华书局,1998年版,第749页。

王充虽学说思想驳杂,然对道家学说及道家人物推崇备至,《论衡·自然》云:

> 贤之纯者,黄、老是也。黄者,黄帝也;老者,老子也。黄、老之操,身中恬澹,其治无为。正身共己,而阴阳自和;无心于为,而物自化;无意于生,而物自成。……黄帝、尧、舜,大人也,其德与天地合,故知无为也。……以孔子为君,颜渊为臣,尚不能谴告,况以老子为君,文子为臣乎?老子、文子,似天地者也。①

王充直以"天"许老子,老学史上推崇老子者,莫过如此!

十、结论

据上所述,我们可以得出以下结论:

先秦两汉时期,《老子》一书由子书而上升为经典有一个渐进的过程:《老子》被广泛征引以说理或证事是《老子》上升为经典的基础;当时学界掀起的阐发和注释《老子》的潮流是《老子》上升为经典的关键;众多典籍篇章对《老子》作了精辟的评论和概括,以及奉《老子》为圭臬,为《老子》上升为经典在思想上起了推动作用;将《老子》与儒家"六艺"或"五经"并论,表明当时的学者对《老子》的重视已经达到比肩于儒家经典的高度;老子后学爱好收藏《老子》,其痴迷甚至达到以《老子》殉葬的程度,朝廷也重视收藏《老子》一书,这都表明《老子》文本已然成为社会上下追捧的对象;《老子》思想对当时政局的影响发挥了关键的作用,引起朝廷高度重视,从而成为西汉治国的指导方略;民间学《老子》者规模巨大,由于其深远的影响力,而被民间宗教势力利用为媒介来发动起义;书以人显,人以书贵,伴随着《老子》其书经典化过程的是老子其人的神化。

---

① 王充著:《论衡》,长沙:岳麓书社,1991年版,第284~285页。

这就是《老子》由子书上升为经典的过程，以及老子其人上升为"圣人"的过程。

第四节 《老子》版本系统的划分和汉简本《老子》的版本系统归属

——以先秦至王弼时代为考察范围

一、问题的提出

先秦秦汉时期，《老子》一书在流传过程中，由于抄写者所处时代和地域的不同，抄写者个人文化水平不同，以及编辑目的的不同，从而导致《老子》出现众多版本。而在这众多的版本中，一些版本之间存在着发展和演变的关系，或者说是存在着亲缘的关系。那么，先秦秦汉时期的这些众多的版本存在哪些系统呢？这些不同版本系统的《老子》是如何发展演变的呢？新近出土的汉简本《老子》又属于哪一个系统呢？

二、考察时所用的资料

要考察先秦秦汉时期《老子》的版本系统，就必须先厘清这一时期存在过哪些版本的《老子》，以及这些版本的《老子》抄写的时间和地域。从现存典籍来看，先秦秦汉时期的《老子》版本，存在以下几种情况：明确可见的实物《老子》版本，诸子中义疏、训释、解喻所据的《老子》版本，史籍或诸子零碎征引所据的《老子》版本，史籍或诸子提及而存目然现今无任何相应文句可考的《老子》版本。

（一）明确可见的实物《老子》版本

1. 四个出土的《老子》古本

郭店楚简《老子》。楚简《老子》出自湖北荆门郭店一号楚墓。考古学家们的一致意见:"郭店一号墓约下葬于公元前四世纪末期。"①既然如此,那么,楚简《老子》的抄写时间下限在公元前四世纪末期。整理者根据竹简形制的不同,将楚简《老子》分为甲、乙、丙三组,有学者参照《庄子》内篇、外篇、杂篇,将楚简《老子》甲、乙、丙三组也命名为《老子》内篇、外篇、杂篇三篇。②

马王堆三号汉墓帛书《老子》甲乙本。甲乙二本除开文字有异文外,篇数、篇序,以及各篇内部章段顺序都完全一致。据考古专家称,马王堆三号汉墓下葬于汉文帝十二年(即公元前168年),则甲乙二本俱抄写于此前。甲本用小篆抄写,有"楚"字、"正"和"政"字、"婴"字、"邦"字、"盈"字、"恒"字,而无"亥"字,可见甲本抄写时不避秦庄襄王、秦王嬴政、秦三世子婴、汉高帝刘邦、汉惠帝刘盈、汉文帝刘恒等人的讳字,则帛书甲本抄写时间在刘邦称帝之前,很可能在秦二世胡亥在位时期,甚至或在秦庄襄王(公元前250—公元前247年在位)之前。乙本用隶书抄写,见于甲本相应章段里的"邦"字,乙本里全部改为"国"字,但依然有"盈"字和"恒"字,可见乙本避汉高帝刘邦讳而不避汉惠帝刘盈讳和汉文帝刘恒讳,则乙本抄写于刘邦称帝时期。

北京大学藏西汉竹书《老子》,也称为汉简本《老子》。因为汉简本《老子》不是经过科学考古发掘而得,所以其出土地点不知。整理者韩巍先生认为,汉简本《老子》的抄写年代在汉武帝时期,但是对其抄写者之地域并没有进行考证。我们认为,汉简本《老子》的抄写年代在汉高祖刘邦称帝时期,其抄写者之地域应该在楚国一带。前揭已明,兹不赘述。

---

① 王博著:《美国达慕思大学郭店〈老子〉国际学术讨论会纪要》,陈鼓应主编:《道家文化研究》第17辑"郭店楚简"专号,北京:生活·读书·新知三联书店,1999年版,第2页。

② 聂中庆著:《郭店楚简〈老子〉研究》,北京:中华书局,2004年版,第25~41页。

2. 传世的四个《老子》版本

河上公本，此本首分八十一章。我们认为河上公即环渊，《老子》河上公本是环渊在战国后期从稷下学宫带出来的定本。前揭已明，兹不赘述。

关于《老子河上公章句》的撰著时间，学者多有论说。金春峰先生认为作于西汉，而且，《河上公注》比《老子指归》要早。① 黄钊先生赞同金春峰先生的说法，认为《老子河上公注》很可能成书于西汉中期或稍前。② 王明先生认为，《河上公章句》"盖当后汉桓灵之际，有人托名于河上公，为《老子》作章句"③。王卡先生认为："《河上公章句》应成书于西汉之后，魏晋之前，大约在东汉中后期。"④饶宗颐先生认为《河上公注》出自东汉，云："河上《注》成书，明在张陵立教之前……证诸天宝十年写本，末云'太极左仙公序，系师定河上真人《章句》'，知河上《注》自东汉已有流传。至天师道之系师，乃加以厘定耳。"⑤韩国学者吴相武认为："《河上公注》成书年代较王充《论衡》尚早，较严君平《道德指归》稍晚，大概成书于西汉末至东汉初之间。"⑥

傅奕本。唐初太史令傅奕，以北齐武平五年出土的项羽妾本为底本，参照其他九种注本，校定而成《老子道德经古本篇》。其分篇和篇数篇序，以及分章和章数，皆与河上公本、王弼本同。傅奕校定本因所据底本主要为项羽妾本，从而保留了秦汉时期的一些古貌。

---

① 金春峰著：《汉代思想史》，北京：中国社会科学出版社，1987年版，第388～394页。

② 黄钊著：《老子河上公章句成书时限考论》，《中州学刊》，2001年第2期，第69～78页。

③ 王明撰：《道家和道教思想研究》，北京：中国社会科学出版社，1984年版，第297页。

④ 王卡点校：《老子道德经河上公章句前言》，北京：中华书局，1993年版，第3页。

⑤ 饶宗颐校证：《老子想尔注校证》，上海：上海古籍出版社，1991年版，第79～82页。

⑥ [韩]吴相武著：《关于河上公注成书年代》，陈鼓应主编：《道家文化研究》第15辑，生活·读书·新知三联书店，1999年版，第237页。

严遵本。汉成帝时蜀郡严遵作《老子指归》所据本。严遵本《德经》在前,四十篇;《道经》在后,三十二篇。然而,今所存本仅有《德经》四十篇,《道经》部分已经失传。明人刘凤云:"《老子》书,注者无虑数十家,独河上公最著,然莫古于严君平矣。"①清人钱曾云:"严君平《道德指归论》七卷至十三卷。谷神子序云:'《道德指归论》,陈、隋之际已逸其半,今所存者,止《论德篇》。'"②

想尔注本。东汉末张道陵或张鲁作《想尔注》时所据本。《老子想尔注》即"今敦煌《想尔》残卷",卷终题"道经上"。关于《老子想尔注》的作者和年代,饶宗颐先生云:"玄宗、杜光庭则云张道陵,当是陵之说而鲁述之;或鲁所作而托始于陵,要为天师道一家之学。《广弘明集》中唐释法琳《辨正论》云:'汉安元年道士张陵分别《黄书》,故注五千文。'则道陵注《老》,彰彰明甚,故兹从玄宗说,题为张陵注云。"③韩国学者吴相武认为:"《想尔注》当系东汉末期张鲁之作。"④

(二) 诸子中义疏、训释、解喻所据《老子》本

1.《文子》所据本

《文子》一书,在于阐释《老子》之宗旨。明朝宋濂云:"予尝考其言,一祖老聃,大概《道德经》之义疏尔。"元代吴金节亦云:"文子者,《道德经》之传也。"

自柳宗元斥《文子》为驳书以来,后世之学者多以之为伪书。然1973年河北定县八角廊汉墓出土竹简《文子》⑤,其中有《道德篇》内容与传世

---

① 转引自樊波成校笺:《老子指归校笺》,上海:上海古籍出版社,2013年版,第301页。
② 转引自樊波成校笺:《老子指归校笺》,上海:上海古籍出版社,2013年版,第304页。
③ 饶宗颐校证:《老子想尔注校证》,上海:上海古籍出版社,1991年版,第4页。
④ [韩]吴相武著:《关于河上公注成书年代》,陈鼓应主编:《道家文化研究》第15辑,生活·读书·新知三联书店,1999年版,第247页。
⑤ 河北省文物研究所定州汉简整理小组整理:《定州西汉中山怀王墓竹简〈文子〉释文》,《文物》,1995年第12期。

本《文子》相合，说明《文子》一书不是后世伪造，乃是出自先秦的本子。

今本《文子》十二卷，每卷都有征引《老子》之义句，其中以《文子》卷一《道原》、卷十《上仁》、卷七《微明》为多，《道原》所引涉及《老子》21章22处文字，《上仁》涉及13章14处文字，《微明》涉及12章13处文字。

2.《韩非子·解老》《喻老》所据本

《韩非子·解老》以义理解释《老子》文句，而《喻老》则以故事说明《老子》文句，有学者如晚清魏源以为《解老》《喻老》是现存最早的解释《老子》的古注。《解老》涉及《老子》凡12章37条，《喻老》涉及《老子》凡14章24处文字。

3.《淮南子·道应训》所据本

淮南子门客撰著的《道应训》与《韩非子·解老》《喻老》一样，都是关于《老子》的较早的注释。该篇涉及了《老子》41章中的56处文字。撰著时间在汉景帝后期、汉武帝早期。魏源云："韩非最古，而所引恒逊于淮南。"①

4.《牟子·理惑论》所据本

《理惑论》汉末牟子作，以《老子》之旨，阐释佛教教义，其撰著时间盖与《老子想尔注》同时。所引《老子》，以后世王弼本章段看，依次为第二十一章、第二十五章、第四十四章、第三十八章、第十三章、第九章、第五十二章、第五章、第三十二章、第十二章、第四十一章、第五十六章、第四十五章、第九章、第四十八章、第五十五章、第二十三章，涉及凡16章17条（其中有两处涉及今本第九章）。

（三）史籍或诸子零碎征引所据《老子》本

诸子或史籍零碎征引《老子》文句之例颇多，不一一列举，兹略引几条如下。

---

① 魏源撰：《老子本义·论老子》，诸子集成第三册，上海：上海书店出版社，1986年版，第4页。

《战国策·齐策·齐宣王见颜斶》引用了《老子》第三十九章的文句："《老子》曰：'虽贵，必以贱为本；虽高，必以下为基。是以侯王称孤寡不谷。'"①《战国策·楚策一·苏秦为赵合从》引用了《老子》第六十四章文句："臣闻'治之其未乱，为之其未有'也。"②

陆贾《新语·思务》引《老子》第三十八章："老子曰：'上德不德。□□□□□虚也。'"③

贾谊《新书·审微》也引《老子》第六十四章文句："老聃曰：'为之于未有，治之于未乱。'"④

《韩诗外传》卷三引《老子》："故老子曰：'后其身而身先，外其身而身存。非以其无私乎？故能成其私。'"相应文句见于王弼本第七章。

《韩诗外传》卷七引《老子》："故老子曰：'鱼不可脱于渊，国之利器，不可以示人。'"刘向《说苑·君道》也有相同故事及引文，作："老子曰：'鱼不可脱于渊，国之利器，不可以借人。'"稍有不同。二者相应文句见于王弼本第三十六章，作："鱼不可脱于渊，国之利器不可以示人。"相同的文句，《韩非子·喻老》作："故曰：'鱼不可脱于深渊。'……故曰：'邦之利器，不可以示人。'"《韩诗外传》改"邦"为"国"字，显然是避汉高帝刘邦的讳，则其作于汉初。后世刘向沿用之。

《韩诗外传》卷九引《老子》"老子曰：'名与身孰亲？身与货孰多？得与亡孰病？是故甚爱必大费，多藏必厚亡。知足不辱，知止不殆，可以长久。大成若缺，其用不敝；大盈若冲，其用不穷；大直若诎，大辩若讷，大巧若拙，其用不屈。罪莫大于多欲，祸莫大于不知足。故知足之足，常足矣。'"相应文句见于王弼本第四十四章、第四十五章前大半部分和第四十六章后大半部分。

---

① 刘向撰，李维琦标点：《战国策》，长沙：岳麓书社，1988年版，第97页。
② 刘向撰，李维琦标点：《战国策》，长沙：岳麓书社，1988年版，第122页。
③ 陆贾撰：《新语》，百子全书第一册，长沙：岳麓书社，1993年版，第302页。
④ 贾谊撰：《新书》，百子全书第一册，长沙：岳麓书社，1993年版，第332页。

《新序·杂事第四》引《老子》第六十三章："老子曰：'报怨以德。'"①该篇又引《老子》第七十八章："老子口：'能受国之不祥，是谓天下之王也。'"②

(四) 史籍或诸子提及而存目，然现今无任何文句可考的《老子》版本

《汉书·艺文志》："《老子邻氏经传》四篇。《老子傅氏经说》三十七篇。《老子徐氏经说》六篇。刘向《说老子》四篇。"③此四种版本，应是发明《老子》指意之作。对于邻氏、傅氏、徐氏三家本，刘向校书时应该见过，可为什么《别录》和《七略》没有评说呢？

《混元圣纪》卷三："刘歆《七略》：'刘向雠校中《老子》书二篇，太史书一篇，臣向书二篇，凡中外书五篇，一百四十二章。除复重三篇六十二章，定著二篇八十一章。《上经》第一，三十七章；《下经》第二，四十四章。'此则斠理之初篇章之本者也。但不知删除是何文句，所分章何处为限？中书与向书俱云二篇，则未校之前已有定本。"④刘向雠校《老子》所见的三种本子，今俱不存。

晋皇甫谧《高士传》"安丘望之"条云："著《老子章句》，故老氏有安丘之学。"⑤安丘望之、严遵、刘向同为汉成帝时期人，则其《老子章句》撰著时间盖亦与严遵《老子指归》、刘向《说老子》不相上下。

河间献王刘德所得先秦古文《老子》。《汉书·景十三王传》："献王所得书皆古文先秦旧书，《周官》《尚书》《礼》《礼记》《孟子》《老子》之属，皆经

---

① 刘向撰：《新序》，百子全书第一册，长沙：岳麓书社，1993年版，第494页。
② 刘向撰：《新序》，百子全书第一册，长沙：岳麓书社，1993年版，第497页。
③ 班固撰：《汉书》，长沙：岳麓书社，1993年版，第769页。
④ 谢守灏撰：《混元圣纪》卷三，《道藏》本第17册，上海：上海书店出版社，1988年版，第814页。
⑤ 皇甫谧撰：《高士传》，北京：中国书店、中华书局，1936年版，第15页。

传说记,七十子之徒所论。"①《金楼子·说藩》云:"昔藩屏之盛德者,则刘德字君道,造次儒服,卓尔不群,好古文。每就人间求善书,必为好写与之,留其真,加以金帛。士有不远千里而至者,多献其先祖旧书《周官》《尚书》《礼》《礼记》《孟子》《老子》,献王好之。"②

班固所记"献王所得书皆古文先秦旧书……《老子》之属,皆经传说记,七十子之徒所论"中,"七十子之徒"有两种解释,一是孔门弟子七十子,另一种就是孔门弟子七十子之弟子。即使按照第二种解释,那么,时间上也在子思生活的年代,要远早于孟子,因为孟子受业于子思之门人。而郭店一号墓"约下葬于公元前四世纪末期"③,也就是相当于孟子晚年时期,那么河间献王刘德所得《老子》要远早于郭店《老子》下葬时,这也说明《老子》成书很早,在战国早期就已经出现了。

三、目前学界的研究现状

关于不同版本《老子》的系统划分及其相互之间的关系,学者多有论说。

唐杜光庭《道德真经广圣义》卷之一《叙经大意解疏序引》云:"老君乃玄元圣祖,二经敷演,绵历岁年,说自舜朝,传于周代。诠注疏解,六十余家。言理国,则严氏、河公、杨镳自得;述修身,则松灵、想尔,逸轨难追。其间梁武、简文、僧肇、罗什、臧、陶、顾、孟,霞举于南朝,任、黎、二张,星罗于西蜀。"④杜光庭以注释《老子》之旨,把他所见注本分为"理国"和"修身"两类加以评述,并论及注本之地域分布。

晁说之云:"王弼《老子道德经》二卷,真得老子之学欤?盖严君平《指

---

① 班固撰:《汉书》,长沙:岳麓书社,1993年版,第1055页。
② 萧绎著:《金楼子》,百子全书第四册,长沙:岳麓书社,1993年版,第3034页。
③ 王博著:《美国达慕思大学郭店〈老子〉国际学术讨论会纪要》,陈鼓应主编:《道家文化研究》第17辑"郭店楚简"专号,北京:生活·读书·新知三联书店,1999年版,第2页。
④ 杜光庭撰:《道德真经广圣义》,南京:凤凰出版社,2017年版,第5页。

归》之流也。"①晁说之从学术思想内容的角度上看，认为王弼《老子道德经》是严君平《老子指归》的发展。

朱谦之先生云："今案《老子道德经》旧本，流传最广者，有河上公、王弼二种。河上本近民间系统，文句简古，其流派为景龙碑本、遂州碑本与敦煌本，多古字，亦杂俗俚。王本属文人系统，文笔晓畅，其流派为苏辙、陆希声、吴澄诸本，多善属文，而参错已见，与古《老子》相远。自开元《御注》本出，因时世俗尚，依违于河上、王弼二本之间。今所见正统《道藏》中者，非从开元《御注》如强思齐、杜光庭、李约、刘惟永辈，即从政和《御注》如李霖、邵若愚、江澂、彭耜诸本。若明太祖，则上承吴澄，下开《大典》，其皆非六朝旧本，固无可疑也。然则言旧本者，严遵与傅奕尚矣。严遵本与河上本相接近，傅奕则为王弼本之发展，此为《老子》旧本之两大系统。就严本论……惟此书既残阙将半，所传经文除可与河上本相参证外，缺乏成为独立定本之条件。"接着，朱谦之举四例（如第三十八章之"仍"、第五十章之"成之熟之"、第五十九章之"蒂"、第六十五章之"楷式"），以严本与河上本在字句上的一致，证严、河上为同一系统。②

冯广宏先生认为："《老子想尔注》也应属河上公系统，敦煌写本'系师定河上真人章句'一语即可证明。"③实际上，饶宗颐先生已举六例，证《想尔注》部分取自河上，并云："《想尔》为张陵（或张鲁）作，盖曾见河上公《注》，则河上《注》成书，明在张陵立教之前。……证诸天宝十年写本，末云'太极左仙公序，系师定河上真人《章句》'，知河上《注》自东汉已有流传。至天师道之系师，乃加以厘定耳。"④

---

① 晁说之撰：《老子道德经注·后记》，王弼注：《老子道德经》，诸子集成第三册，上海：上海书店出版社，1986年版，第47页。

② 朱谦之著：《老子校释·序文》，北京：中华书局，1984年版，第1～2页。

③ 冯广宏著：《最早的异端蜀学——〈老子想尔〉》，《西华大学学报（哲学社会科学版）》，2004年第4期，第13～16页。

④ 饶宗颐校证：《老子想尔注校证》，上海：上海古籍出版社，1991年版，第79～82页。

冯广宏先生后来又撰著专文论述了《老子》版本之系统。他认为"用字数作为控制标志来区别版本系统，无疑是一种科学的方式。近年发现的简帛抄本，与通行本文字对比，往往多出许多'之''也'一类的虚字，可见时代最早的古本字数最多"，从而提出"《老子》传世版本三系说"，即划分为早期文本的"古本系"、经过调整的"行本系"和凑整字数的"减字系"。

他认为，郭店竹简《老子》、马王堆帛书甲乙本《老子》、傅奕以项羽妾冢本为底本参照当时其他九家注本整理校订而成的《老子道德经古本篇》、范应元《老子道德经古本集注》、严君平《老子指归》所据《老子》本等，都属于"古本系"。"河上丈人"传授的《老子》一系，即后来的河上公章句、安丘望之章句，魏王弼注《老子》、唐玄宗李隆基御注《老子》、陆希声注本、李约注本、强思齐注本、李荣注本、杜光庭注本等，宋代陈景元注本、彭耜注本，以及元代吴澄注本等，皆属于"行本系"，这一系统版本的特点是，文字比较可读，词句比较整齐，虚字安排适当。敦煌写本《老子想尔注》本和唐代道观中的《老子》碑刻本如易州龙兴观碑的景龙碑本等，皆为"减字系"本。①

冯广宏先生用字数作为控制标志来区别版本系统，是具有片面性的。其一，虽然古本《老子》有许多"之""也"等虚字，后世学者为了文句的整齐而删除了很多"之""也"等虚字，但是，后世学者为了文句的整齐，在删除虚字的同时也增加了其他一些文句。其二，考之出土简帛《老子》文本，冯先生的说法并不符合事实。如郭店《老子》三组文字就只有今本《老子》的五分之二；汉简本《老子》的字数，据整理者韩巍先生的统计，"汉简本全书正文现存五千二百字，另重文一百一十字……推测其原书正文应有五千二百六十五字，另重文一百十四字"②。上举二例，其字数都少于冯先生所说的字数，但是我们不能否认郭店《老子》和汉简本《老子》是古本

---

① 冯广宏著：《〈老子〉传世版本三系说》，《文史杂志》，2009年第1期，第9～13页。
② 韩巍著：《西汉竹书〈老子〉的文本特征和学术价值》，见北京大学出土文献研究所编：《北京大学藏西汉竹书（贰）》附录三，上海：上海古籍出版社，2012年版，第208页。

《老子》。

汉简本《老子》出土后,不同《老子》版本的系统问题又成为学界讨论的热点。

韩巍在整理汉简本《老子》第七十一章(对应王弼本第三十章)时说:"䚷(匣母支部)可读为佳(见母支部)。䚷美指有美丽装饰之物;《史记·扁鹊仓公列传》引《老子》:美好者,不祥之器。美好即佳美,与汉简本属同一版本系统。"①

又《史记·日者列传》引《老子》第一章"无名者,万物之始也",也与汉简本同,此亦为《史记》所引《老子》版本或与汉简本属同一版本系统之证。汉简本《老子》或其同一系统本司马迁完全有可能看到。

不过,韩巍先生仅以此就断定司马迁所见本与汉简本属同一版本系统,或有不妥。因为要判定两个或两个以上的不同版本是否属于同一系统,仅仅依据某一两个文句的相似或相同是难以得出结论的,我们还必须考虑其他因素,或是比照更多的文句。

丁四新先生从《老子》文本发展演变的线索来考察《老子》不同版本的系统划分,以及汉简本《老子》的系统归属。因其论述颇为精辟,故不惮其烦,兹引如下:

> 比较西汉诸本与《解老》所引《老子》,可知韩非本乃是帛书本之雏形,而帛书甲本即是《老子》的成型本。……
>
> 早期《老子》文本演变,可以肯定,帛书二本居于十分重要的位置,而景帝立经本即是以之为基础的。随着景帝立经本的诞生,《老子》文本的基本框架(包括篇序和章段的编连次序)也就从此稳定下来。……
>
> 汉简本《老子》很可能即是景帝立经本的复抄本。……

---

① 北京大学出土文献研究所编:《北京大学藏西汉竹书(贰)》,上海:上海古籍出版社,2012年版,第159页。

现在有许多人称帛书二本为经,这个看法是不正确的,因为直到景帝方始立《老子》为经。……

在帛书本和汉简本之间还存在着邻氏、傅氏、徐氏三家本。……

邻氏、傅氏和徐氏三人都在严遵和刘向之前,而三家经传或经说在当时无疑很重要,故见藏于中秘,录于《汉志》。……

实际上《老子》的立经就在景帝时期,而邻、傅、徐三氏很可能即是景帝至武帝初期传《老子》的博士。进一步,在这三家传本中,笔者认为徐氏《老子》抄本可能距离汉简本最近,而邻氏抄本则最远。不过,从立经的角度来看,这三家传本均当同源,且其篇章结构及其抄写形式均应当同于或十分接近于景帝立经本。……

保持《德》上《道》下篇序的本子还有严遵本。严遵本属于子书性质,晚于汉简本,不过比刘向本稍早。严遵本不见于《汉志》,显然它未能入藏中秘,其重要性在当时显然不及邻、傅、徐三家本。……

根据《君平说二经目》,严遵本上下篇的章数分别为40和32,是在汉简本的基础上重加设定和裁划的结果。……

景帝立经本是第一个定型本(汉简本是其复抄本),严遵本和刘向本(通行本)都是在这个本子的基础上再作章数设计和章段裁划的结果,而成为西汉后期的两个定型本。……

定型期的《老子》应当分为两种类型或者两个阶段,即经学化的《老子》本子和子学化的《老子》本子。前者以景帝立经本为代表,后者则以刘向本为代表。北大汉简本及《汉志》所载邻氏、傅氏、徐氏三家本,都应当源自景帝立经本。……

总之,邻、傅、徐三家本俱是景帝立经本的复抄本。……

刘向本是各通行本的直接来源……在汉简本和刘向本之间还存在严遵本,它也是子学化的本子。……

西汉诸本之间具有先后的继承和分别关系,这也即是说,《老子》文本的演变,遵循就近靠前的继承和相异原则:通常,汉简本更加靠近帛书本,而严遵本、刘向本(通行本)则更加接近于汉简本(其中严遵本的近似度更高)……

刘向本与严遵本之间不存在继承关系,它们都是在汉简本的基础上直接演变过来的。……

(结论)第一,《老子》的成篇和分篇时间甚早,在战国中期已明确地分为上下篇;而《老子》篇题的出现应当设想为一个过程:"德""道"的题意虽然在《韩非子·解老》中已经得到了初步的显现,但是直到帛书本才得以完全展现出来。帛书乙本篇末分别题有"德""道"二字,这是《老子》形成篇题的下限。……

第二,帛书甲乙二本为《老子》的成型本,而汉简本为其定型本。在早期《老子》文本的演变中,帛书甲本起着关键性的作用,它奠定了其后诸本的基础。……《老子》文本的定型开始于景帝立经本,景帝立经本是在帛书本的基础上从篇序、分章和章序等方面再予以标准化和权威化,从而定型化的结果。北大藏汉简本及《汉志》所载邻氏、傅氏、徐氏三家本都很可能是景帝立经本的复抄本;而汉简本的发现,即重新展现了这个定型本子的具体样态。……

第三,《老子》的定型,还与其篇章数的设定密切相关。……

第四,"定型"的概念本身并不意味着某个文本是一成不变的;而根据武帝"罢黜百家,表彰六经"这一事件,西汉《老子》的定型本应当分为两种类型,一种为经学化的定型本,另外一种为子学化的定型本。前者包括景帝立经本及其复抄本(邻氏、傅氏、徐氏三家本和汉简本),而后者则包括严遵本和刘向本。严遵本、刘向本与汉简本在章段的裁划和设计上具有密切的继承关系,其中刘向本与汉简本的关系更为紧密和直接。……

最后,刘向定著本对于东汉以来的《老子》诸本产生了深远而巨大的文本影响。随着养生思潮、道教和玄学的兴起,在汉魏之际,这个本子又派生出河上公本、想尔本和王弼本等。这些本子的差异,主要体现在异文和说解上面,然而在章数设计及章段的具体裁划上均无异于刘向本。①

根据丁四新先生的论述,我们可以梳理其《老子》版本发展演变的线索。

在帛书甲乙本基础上有了景帝立经本(第一个定型本),中间有邻氏、傅氏、徐氏三家景帝立经本的复抄本,然后是景帝立经本的复抄本汉简本(从景帝立经本到汉简本,是经学化的本子)。在汉简本的基础上发展为子学化的严遵本和刘向本(定型本),前者《德》前《道》后,后者《道》前《德》后。刘向本是各通行本(河上本、想尔本、王弼本)的直接来源。丁四新先生的《老子》版本发展演变可以图示如下:

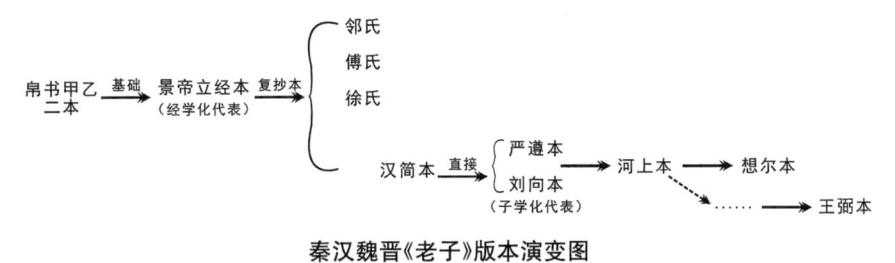

秦汉魏晋《老子》版本演变图

丁四新先生的说法还引起了我们进一步思考:

其一,按照韩巍氏汉简本《老子》"抄写年代有可能到武帝前期,但不太可能早到景帝"②的观点,如果丁先生说的"汉简本《老子》很可能即是景帝立经本的复抄本"是正确的,那么其抄写的时间就应该在汉武帝前期,或汉景帝后期。但是,从避讳的角度上说,因为汉简本《老子》不避景帝和武帝讳,则显然不是景帝立经本的复抄本。事实上,汉简本《老子》抄写在汉高祖刘邦称帝在位时期。

---

① 丁四新著:《早期〈老子〉文本的演变、成型与定型——以出土简帛本为依据》,《中州学刊》,2014年第10期,第103~115页。
② 韩巍著:《西汉竹书〈老子〉的文本特征和学术价值》,见北京大学出土文献研究所编:《北京大学藏西汉竹书(贰)》附录三,上海:上海古籍出版社,2012年版第208~209页。

其二，在邻氏、傅氏、徐氏三家传本中，丁先生认为徐氏《老子》抄本可能距离汉简本最近，而邻氏抄本则最远。但是丁先生并没有说明为何最近、为何最远的理由。

其三，丁先生认为，邻氏、傅氏、徐氏三家传本均当同源，且其篇章结构及其抄写形式均应当同于或十分接近于景帝立经本。如果三家本的确同源，且皆同于或十分接近于景帝立经本，那为什么三家本篇章之数的差异有那么大？可见当时存在的《老子》版本之复杂性。

日本学者福田哲之撰有专文来考察简帛《老子》诸本之间的关系及汉代《老子》文本的系统与传世本的关系。他认为，《老子》不同版本之间的"词句异文"是判断文本之间关系的标准，他说：

> 异文整理，应特别重视《老子》中的词句异文……《老子》还散见不少增益句的异同，而且因为该类句基本上被后代继承，所以成为明确文本相互间血缘关系的重要指标。这样在整理异文时重视有无词句的异文，就成为《老子》诸本的系谱建设上一个极为有效的方法。①

福田哲之先生在对简帛《老子》诸本进行异文考察后，为我们绘制了一个"《老子》诸本系统图"②。

四、考察《老子》的版本系统应该从分篇篇序、分章章序、立经本还是子书本等诸方面去考察

要考察《老子》诸本之间的关系，或者说这些版本的系统归属，首先要

---

① 福田哲之著：《简帛〈老子〉诸本的系谱学考察》，见北京大学出土文献研究所编：《古简新知——西汉竹书〈老子〉与道家思想研究》，上海：上海古籍出版社，2017年版，第194页。
② 福田哲之著：《简帛〈老子〉诸本的系谱学考察》，见北京大学出土文献研究所编：《古简新知——西汉竹书〈老子〉与道家思想研究》，上海：上海古籍出版社，2017年版，第206页。

第二章　周秦两汉时期《老子》的传播、版本系统划分及汉简本《老子》的版本归属　121

划定一个可靠的比较全面的判断标准，在此基础上，才能有效地去判断某一版本归属于哪一个系统，以及该版本与其他版本之间的关系。我们认为，应该从三个方面去考察：第一，分篇和篇序；第二，分章和章序；第三，是立经本还是子书本？

(一) 分篇和篇序

《老子》是否分篇？如果分篇，那么在篇数上又有哪几种情况？其篇序又是如何？这些是我们划分不同《老子》版本系统归属的第一步。

晁说之认为古本《老子》不分篇，云："然弼题是书曰《道德经》，不析乎道德而上下之，犹近于古欤？"①

江袤却见过分篇、分章而不同于今本的古文《老子》，江袤云："余昔于藏书家见古文《老子》，次序先后与今篇章不论，亦颇疑后人析之。"②惜乎该书不存，无法考证。

晚清学者龚自珍则对古本《老子》分章、分篇及《道德经》之书名并有所疑，云："《道经》《德经》，唐人所分。《老子》本不分章，亦不分上下篇，亦无《道德经》之名。"③他认为古本《老子》既不分章，也不分篇，更无《道德经》之名。

《老子》的祖本是否分篇，以及分篇情况如何，文献阙而难征。

但是，现今所见《老子》都是分篇的，不仅有两篇制的形式，也有三篇制的形式，还有单篇别行的一篇制版本。

湖北荆门郭店《老子》出土后，整理者根据其竹简形制的不同，将其分为甲、乙、丙三组。郭店三组《老子》在字数上只有今本的五分之二，而且

---

① 晁说之：《读王弼注老子道德经记》，王弼注：《老子道德经》，诸子集成第三册，上海：上海书店出版社，1986年版，第48页。
② 董思靖撰：《太上老子道德经集解·序说》，见董思靖撰，陆心源校：《太上老子道德经集解》，吴兴：光绪三年孟秋吴兴陆氏十万卷楼依元椠本重雕，第4页。
③ 转引自饶宗颐著：《书马王堆〈老子〉写本后》，上海：上海古籍出版社，1993年版，第297页。

在内容上都见于今本，因此，有学者认为郭店三组《老子》是从当时就已经存在的相当于今本规模的五千言《老子》里摘抄出来的，如王博先生。① 既然如此，那么，郭店三组《老子》的摘抄底本也应该是三组。结合郭店本《老子》抄写竹简形制的不同和三组内容主题的不同，比照《庄子》分内篇、外篇和杂篇三篇，那么，郭店本《老子》及其底本应该也是分为三篇。如此，郭店《老子》三篇制的模式，完全不同于后来出现的两篇制的模式。那么，我们说《老子》存在三篇制的形式，有没有其他的佐证呢？有！《汉书·艺文志》道家类载"《老子徐氏经说》六篇"②，经、说篇数相应，盖是《老子》经三篇，徐氏说三篇，一共六篇。《老子》三篇制的形式，在唐朝时期依然存在。《旧唐书·经籍志》和《新唐书·艺文志》就有《老子》三篇制的明确著录。《旧唐志》子部道家类云"《道德经》三卷"③，《新唐志》也载"《老子道德经》二卷李耳，又三卷"④。

战国时期，抄写书籍于竹简，以"篇"计量，东晋末年之后，纸张逐渐推广，成为主要的文献载体，抄写文章以"卷"计量，则唐时计"卷"与战国计"篇"同。新旧《唐志》皆著录《老子》三卷，这是两条重要的信息。明确著录《老子》本经"三卷"，他书不见，而独见于新旧《唐志》，刘昫、欧阳修和宋祁皆为史学大家，治学严谨，其所录必有依据。《汉志》和《唐志》著录《老子》三篇或三卷，应与郭店《老子》分三篇有一定的关联，或许与郭店《老子》一致的《老子》版本曾经流传直到隋唐宋时期。学界曾疑宋朝郭忠恕《汉简》、夏竦《古文四声韵》所引先秦古文为伪造，但自郭店楚简出土后，人们方知二书所引《老子》古文多与之相同，可见宋时的确有人见过类似郭店竹简的战国典籍。

---

① 王博著：《关于郭店楚墓竹简老子的结构和性质》，陈鼓应主编：《道家文化研究》第 17 辑"郭店楚简"专号，北京：生活·读书·新知三联书店，1999 年版，第 149～166 页。
② 班固撰：《汉书》，长沙：岳麓书社，1993 年版，第 769 页。
③ 刘昫等撰：《旧唐书》，北京：中华书局，1973 年版，第 2028 页。
④ 欧阳修、宋祁著：《新唐书》，北京：中华书局，1973 年版，第 1514 页。

据上所述,我们可以将郭店《老子》、《徐氏经说》所据本《老子》、《旧唐书·经籍志》所录"《道德经》三卷"、《新唐书·艺文志》所录"《老子道德经》三卷"归入《老子》三篇制系统。

明人薛惠云:"然则今书分上下二篇者,乃其书之旧,而篇题曰经者,盖后人尊之之辞也。"①

二篇制的《老子》版本颇多,我们现今所能见到的《老子》文本,除开郭店《老子》为三篇制外,如《老子》帛书甲乙二本、汉简本、严遵本②、河上公本、傅奕本、想尔注本③、王弼本,以及其后的各种《老子》传世本,几乎都是二篇制的文本形式。

司马迁曾任太史令,掌管天下典籍,"百年之间,天下遗文古事,靡不毕集太史公"④,必定见过多种不同版本的《老子》,而他见得多的应该就是上下两篇制的形式,所以他在《史记·老子列传》里说:"于是老子乃著书上下篇,言道德之意五千余言而去。"⑤

《汉志》所录"《老子邻氏经传》四篇"所据本《老子》,亦应是二篇制形式,盖经传对应,"经"二篇,"传"二篇,凡计四篇。

与严遵、刘向同时的安丘望之所据本《老子》亦应是二篇制形式。晋

---

① 薛惠集解:《老子集解》,丛书集成初编本,长沙:商务印书馆,1939年版,第12页。

② 今所见严遵本虽《道篇》亡而《德篇》存,然《君平说二经目》犹在,明言"上经""下经"之分。见严遵著、王德有点校:《老子指归》,北京:中华书局,1994年版,第1页。

③ 以河上公本篇章相较,敦煌《老子想尔注》仅存《道经》第三章至第三十七章,《德经》全部和《道经》第一章、第二章俱失。然其卷末(即第三十七章后)题有"老子道经上想尔"七字。(见饶宗颐校证:《老子想尔注校证》,上海:上海古籍出版社,1991年版,第47页)则《想尔注》所据《老子》本是分上下二篇。刘大彬《茅山志》九《道山册》言:"《登真隐诀》陶隐居云:老子《道德经》,有玄师杨真人(即杨羲)手书张镇南古本。……今传五千文为正本,上下二篇,不分章。"(转引自饶宗颐校证:《老子想尔注校证》,上海:上海古籍出版社,1991年版,第3页)而敦煌天宝十年载写本卷末记"《道经》卅七章","五千文上下二卷","系师定"。(转引自饶宗颐校证:《老子想尔注校证》,上海:上海古籍出版社,1991年版,第4页)

④ 司马迁撰:《史记》,北京:中华书局,1998年版,第1188页。

⑤ 司马迁撰:《史记》,北京:中华书局,1998年版,第749页。

皇甫谧《高士传》"安丘望之"条云："著《老子章句》，故老氏有安丘之学。"①安丘望之，亦称毋丘望之，乃汉成帝时期老学大家，虽其《老子章句》在唐之后失传，但仍可考其所据《老子》为二篇制形式。《隋书·经籍志》"《老子道德经》二卷"条下注云："汉长陵三老毋丘望之注《老子》二卷。"②《旧唐书·经籍志》"《老子章句》二卷"条下注云："安丘望之撰。"③《新唐书·艺文志》亦载"安丘望之《老子章句》二卷"。④

《混元圣纪》卷三："刘歆《七略》：'刘向雠校中《老子》书二篇，太史书一篇，臣向书二篇，凡中外书五篇，一百四十二章。除复重三篇六十二章，定著二篇八十一章。《上经》第一，三十七章；《下经》第二，四十四章。'此则斟理之初篇章之本者也。但不知删除是何文句，所分章何处为限？中书与向书俱云二篇，则未校之前已有定本。"⑤

按《混元圣纪》所引，刘向校书时，所用两种版本"中《老子》书"和"臣向书"也是两篇制的形式。而刘向后来校定的版本亦为二篇制《老子》。不过，原来雠校用的《老子》"凡中外书五篇，一百四十二章"，减去"复重三篇六十二章"，按理说应该是"定著二篇八十章"，可是实际上定著的是"二篇八十一章"，这多出的一章应该是刘向整理时分某一章为二章所致。

稍晚于扬雄的西汉末、东汉初期的桓谭所见《老子》本亦是二篇制形式。《汉书·扬雄传》载桓谭语："昔老聃著虚无之言两篇，薄仁义，非礼学，然后世好之者尚以为过于五经，自汉文、景之君及司马迁皆有是言。"⑥

---

① 皇甫谧撰：《高士传》，北京：中国书店、中华书局，1936年版，第15页。
② 魏征等撰：《隋书》，北京：中华书局，1973年版，第1000页。
③ 刘昫等撰：《旧唐书》，北京：中华书局，1973年版，第2026页。
④ 欧阳修、宋祁著：《新唐书》，北京：中华书局，1973年版，第1515页。
⑤ 谢守灏著：《混元圣纪》卷三，《道藏》本第17册，上海：上海书店出版社，1988年版，第814页。
⑥ 班固撰：《汉书》卷八十七下《扬雄传下》，长沙：岳麓社，1993年版，第1551页。

东汉桓帝时陈国相边韶所见《老子》应是二篇制《老子》，边韶《老子铭》云："老子，姓李，字伯阳，楚相县人也。……其二篇之书，称天地所以能长且久者，以不自生也。"①

牟子《理惑论》所据本《老子》亦是二篇制形式，该文云："吾观《老氏》上下之篇。"又云："老氏《道经》，亦三十七篇。"②

汉代还有《老子》单篇别行者，即《老子》一篇制形式存在。《汉书·艺文志》载"《老子傅氏经说》三十七篇"，此处"三十七篇"或即牟子《理惑论》所云"老氏《道经》，亦三十七篇"。③ 则《傅氏经说》所据《老子》本，当是一篇制《老子》文本。

西汉后期刘向校书时也曾见过一篇制的《老子》。《混元圣纪》卷三："刘歆《七略》：'刘向雠校中《老子》书二篇，太史书一篇。'"④这一篇制的《老子》藏于太史之手，显然属于官府藏书，然不知其内容是《道经》还是《德经》。如果是《道经》内容，是否即《老子傅氏经说》所据本一系，抑或傅氏本即是刘歆《七略》所云《老子》"太史书一篇"？或者说是《老子傅氏经说》的传抄本？惜乎文献阙而难征。

河间献王刘德所得本（早于郭店《老子》，前已述及）、《庄子》所据本、《韩非子》所据本、《战国策》所据本、《韩诗外传》所据本、《淮南子》所据本、《文子》所据本和《盐铁论》所据本等，它们是几篇制的版本，因为资料缺乏，无法判定。

上面我们从分篇的角度探讨了《老子》存在一篇制、二篇制和三篇制三个版本系统。那么，这三个版本系统内部，再详细划分到章的单位，情况又是如何呢？我们继续考察。

---

① 洪适著：《隶释·隶续》，北京：中华书局，1985年版，第36页。
② 牟子著：《理惑论》，百子全书第四册，长沙：岳麓书社，1993年版，第3659～3661页。
③ 若如此，则刘向之前，已有分《道经》为三十七章者。
④ 谢守灝著：《混元圣纪》卷三，《道藏》本第17册，上海：上海书店出版社，1988年版，第814页。

三篇制的《老子》系统里，只有一个今所能见的文本，即郭店《老子》本，此外，尚有《汉志》所录的《徐氏经说》所据本，《旧唐志》所录"《道德经》三卷"本，和《新唐志》所录"《老子道德经》三卷"本。郭店《老子》按照竹简形制分为甲、乙、丙三组，而《汉志》和新旧《唐志》所录三种皆只存目而无书，前者无有可与之比较者，后三者又无法比较，故三篇制《老子》版本系统，在章的单元上的系统划分，只能存而不论。

一篇制《老子》版本系统，也是只存目而无书，故也无法进一步探讨。

接下来，我们主要考察一下两篇制《老子》版本系统在章的单元上的系统划分。

两篇制的《老子》版本，按照篇序来说，目前所见有两种：一种是《道》上《德》下系统，传世本《老子》大多是这一篇序，如傅奕本、河上公本、司马迁作《老子列传》所据本、刘向校定本、《想尔注》本、《理惑论》所据本；另一种是《德》上《道》下系统，如出土的帛书《老子》甲乙本、北大藏汉简本《老子》以及传世的严遵本。

现今有不少学者认为韩非《解老》《喻老》所据本是《德》上《道》下系统，理由是韩非解老、喻老时，都是先解喻见于今本《德经》里的章段，此说牵强。如果按照河上公本章段的顺序言，韩非解喻《老子》时所引章段非常混乱，在这种情况下，我们尚且无法确定韩非所据本《老子》是几篇制的版本，就更谈不上判定他所引的《老子》是《德》上《道》下系统了。

安丘望之《老子章句》所据本、刘向校书时所用的"中《老子》书"和"臣向书"虽然都是两篇制，但是因为文献不足，难以判定其是属于《道》上《德》下篇序还是《德》上《道》下篇序。

关于《老子》两篇制的篇序演变问题，在简帛四古本《老子》出土之前，因为所见的河上公本、傅奕本、王弼本等都是《道》上《德》下的篇序，学界毫不怀疑还有相反的篇序存在。帛书《老子》甲乙本出土之后，有学者认为自先秦至于两汉《道》上《德》下篇序和《德》上《道》下篇序并行不悖，如高亨先生。也有学者认为,《老子》两篇制的最初模式是《德》上《道》下,只是到了西汉后期,刘向校书时才改定为现在《道》上《德》下的篇序,如熊铁基先生。汉简本《老子》面世后,持有后一种观点的学者就更坚定了自己的立场。

高亨先生认为:"《老子》传本在战国期间,可能就已有两种,一种是《道经》在前,《德经》在后,这当是道家传本。《老子》本书论述道德,总是把'道'摆在第一位,把'德'摆在第二位,便是明证。另一种是《德经》在前,《道经》在后,这当是法家传本。《韩非子·解老》首先解《德经》第一章,解《道经》第一章的文字放在全篇的后部,便是明证。大概是道、法两家对于《老子》书各有偏重。《老子》上篇讲'道'的文字多些,所以后人称做《道经》。下篇讲'德'的文字多些,所以后人称做《德经》。《老子》所讲的'道'多属于宇宙论和本体论的范畴,所讲的'德'则多属于人生论和政治论的范畴。道家重视书中的宇宙论和本体论,并认为'德'从属于'道',所以把《道经》放在前面。法家重视书中的人生论和政治论,而用法家眼光来理解老子的言论,所以把《德经》放在前面。两家俱以自己不同的需要来对待《老子》。"[①]此说论及帛书《老子》上下两篇的篇序与传世本《老子》上下两篇的篇序的不同的原因,认为是出自不同的学派,及其取舍不同造成的。

邱德修先生认为,传世之古本《老子》都是北方的本子,尤以齐、赵为最。齐、赵所传的《老子》,甚至今天所能见到的《老子》抄本、刻本都是与古《老子》传本一脉相传,都是"道篇"为"上篇"、"德篇"为"下篇"的北方本《老子》。老子的学生因战乱的缘故遂向南北二方扩散避难。北派或是河上丈人这支所传,而南派却注入楚文化的洪流中,疑即帛书所呈现者。南派偏重在"德篇",北派偏重在"道篇",其后著于竹帛、写成

[①] 高亨、池曦朝著:《试谈马王堆汉墓中的帛书〈老子〉》,《文物》,1974年第11期,第1~7页。

定本时，即展现出北派的先"道"后"德"的"道德二篇"，而南派则为先"德"后"道"的"德道二篇"。①

高亨以学派的不同来论述帛书《老子》与传世本《老子》篇序不同的原因，而邱德修以地域的不同来论述二者篇序不同的原因，皆属臆测而无实据。

高亨先生又认为帛书《老子》甲乙两本各自有不同的来源，他说："甲乙两本文字相同的地方很多，但也有许多歧异。由此可见，帛书《老子》乙本不是抄自甲本，两本是根据不同的传本而抄写的。"②高明也持此说，他在《帛书老子校注序》说甲乙两本是"同墓出土两个来源不同的古本"③。但从甲乙两本分篇篇次、分章章序完全一致④来看，甲乙两本应是有同一个来源，即使乙本不是以甲本为底本而抄写的，也是以与甲本有亲缘关系的本子为底本抄写的。不然，不会有如此大程度的相似性。也就是说，甲乙两本属于同一个系统。

熊铁基先生认为："汉代和汉代以前的注老著作大多是德前道后，如韩非《解老》《喻老》，帛书本、严遵本，仅河上公本例外。《老子》后来演变为道上德下，应该最早出于刘向编书之时。"⑤

宁镇疆先生认为："帛书本的发现使我们认识到，分作两篇的《老子》本来是《德篇》在上而《道篇》在下。"⑥

丁四新先生认为，从战国晚期至汉初，竹简形成了《德》先《道》后的篇

---

① 邱德修著：《楚帛书〈老子〉"德"先"道"后问题蠡测》，《中华文化复兴月刊》，1977年第11期。
② 高亨、池曦朝著：《试谈马王堆汉墓中的帛书〈老子〉》，《文物》，1974年第11期，第1～7页。
③ 高明著：《帛书〈老子〉校注序》，北京：中华书局，1996年版，第5页。
④ 国家文物局古文献研究室编：《马王堆汉墓帛书（壹）》出版说明，北京：文物出版社，1980年版，第1页。
⑤ 熊铁基、刘玲娣著：《论"汉老子"》，《哲学研究》，2004年第4期，第52～58页。
⑥ 宁镇疆著：《〈老子〉早期传本结构及其流变研究》，上海：学林出版社，2006年版，第174页。

序,这具体见之于帛书本,不过在韩非子那里可以找到比较明显的根源。在帛书本的基础上,通过景帝立经从而形成了《老子》的定型本。最后,在西汉后期,由刘向将篇序改为上《道》下《德》,并定著为二篇八十一章。而刘向本即是各通行本的来源。①

我们认同高亨先生和邱德修先生关于战国期间《老子》文本有《道》前《德》后和《德》前《道》后两种篇序并行不悖的观点,但既不认同高亨先生"道家传本""法家传本"的"学派论",也不认同邱德修先生"北方本""南方本"的"地域论"。不管战国期间《老子》文本《道》前《德》后和《德》前《道》后(或《道》上《德》下和《德》上《道》下)两种篇序并行不悖是何原因,考之典籍,至少在战国后期,《老子》文本《道》前《德》后(或《道》上《德》下)的篇序形式是存在的。理由如下。

自战国后期至于西汉司马迁所处时代,作为典籍名的、与《老子》一书紧密关联的"道德"一词屡屡被提及,而且提及者对该词表示出了高度的推崇。

《吕氏春秋·异宝》云:"以和氏之璧与百金以示鄙人,鄙人必取百金矣。和氏之璧、《道德》之至言,以示贤者,贤者必取至言矣。"②《老子》一书,全是有关修身理国的至理名言。《异宝》篇作者,就是用最好的宝玉和氏璧,来与最好的记载有关修身理国的至理名言《道德》一书来对比,说明《道德》一书对人的重要性。后来的司马迁在《孔子世家》中记载的老子送孔子语"吾闻富贵者送人以财,仁人者送人以言。吾不能富贵,窃仁人之号,送子以言"③,其取意与《异宝》同。

《新语·术事》云:

---

① 丁四新著:《早期〈老子〉文本的演变、成型与定型——以出土简帛本为依据》,《中州学刊》,2014年第10期,第103~115页。
② 吕不韦等著,高诱注:《吕氏春秋》,诸子集成第六册,上海:上海书店出版社,1986年版,第102页。
③ 司马迁撰:《史记》,北京:中华书局,1998年版,第658页。

善言古者合之于今，能述远者考之于近。故说事者上陈五帝之功而思之亡身，下列桀、纣之败而戒之于己，则德可以配日月，行可以合神灵。登高及远，达幽洞冥，听之无声，视之无形，世人莫睹其兆，莫知其情，校修五经之本末，《道德》之真伪，既□其意，而不见其人。世俗以为自古而传之者为重，以今之作者为轻，淡于所见，甘于所闻，惑于外貌，失于中情。①

笔者以为其中"道德"二字不为伦理意义上之"道德"，应为先秦道家经典之"《道德》"，即《老子》一书。② 理由如下：

其一，动词"校修"应是针对书籍而言，伦理学之词与"校修"不相对应；更何况文中以儒家典籍"五经"与之对言。两汉时期论者（如汉文帝、司马迁、扬雄、班固等）多以儒家的"五经"或"六经"与道家的《老子》或黄老对言。《汉书·扬雄传》记载桓谭语："昔老聃著虚无之言两篇，薄仁义，非礼学，然后世好之者尚以为过于五经，自汉文、景之君及司马迁皆有是言。"③扬雄《法言·寡见》篇云："或问：'司马子长有言，曰五经不如《老子》之约也，当年不能极其变，终身不能究其业。'"④

班彪、班固父子评论司马迁学术思想时，俱以为司马迁重道家著作而轻儒家经典，亦以道儒典籍对言。《后汉书·班彪列传》载班彪《略论》云："迁之所记……其论术学，则崇黄老而薄五经。"⑤班固在《汉书·司马迁传赞》指责司马迁云："其是非颇谬于圣人，论大道则先黄老而后六经。"⑥

其二，"既□其意，而不见其人"，所缺之字盖与"明""知""晓"等字同义，乃云虽知古书之意，但不见作者之人。

---

① 陆贾撰：《新语》，百子全书第一册，长沙：岳麓书社，1993年版，第290页。
② 谭宝刚著：《老子及其遗著研究》，成都：巴蜀书社，2009年版，第2页。
③ 班固撰：《汉书》，长沙：岳麓书社，1993年版，第1551页。
④ 扬雄著：《法言》，诸子集成第七册，上海：上海书店出版社，1986年版，第19页。
⑤ 范晔、司马彪撰：《后汉书》，长沙：岳麓书社，1994年版，第569页。
⑥ 班固撰：《汉书》，长沙：岳麓书社，1993年版，第1183页。

其三，上文"善言古者合之于今，能述远者考之于近。故说事者上陈五帝之功而思之于身，下列桀、纣之败而戒之于己"，和下文"世俗以为自古而传之者为重，以今之作者为轻"，明言本篇主旨是考古今之事，察桀纣之败，总结治国修身之经验，既合于刘邦令陆贾著书之目的，也合于班固论道家"历记成败、存亡、祸福、古今之道"之宗旨。

其四，陆贾"听之无声，视之无形"正是套用《吕氏春秋·重言》"故圣人听于无声，视于无形，詹何、田子方、老聃是也"里的"听于无声，视于无形"，说的正是老子作为圣人之圣的一个理由。

刘安《淮南子》也多处"道德"连言，兹取与《老子》书极相合者如下。

《淮南子·精神训》：

> 上观至人之论，深原《道德》之意，以下考世俗之行，乃足羞也。故通许由之意，《金滕》《豹韬》废矣；延陵季子不受吴国，而讼间田者惭矣；子罕不利宝玉，而争券契者愧矣；务光不污于世，而贪利偷生者闷矣。故不观大义者，不知生之不足贪也；不闻大言者，不知天下之不足利也。①

《精神训》此处所论即"轻物重身"之意，同于杨朱"拔一毛以利天下而不为"，故下文云："使之左据天下图，而右手刎其喉，愚夫不为。由此观之，生尊于天下也。"这一思想与《老子》第十三章同，其文曰："宠辱若惊，贵大患若身。何谓宠辱若惊？宠为下，得之若惊，失之若惊，是谓宠辱若惊。何谓贵大患若身？吾所以有大患者，为吾有身，及吾无身，吾有何患。故贵以身为天下，若可寄天下。爱以身为天下，若可托天下。"（汉简本《老子》在第五十六章）岂非"上观至人之论，深原《道德》之意，以下考世俗之行，乃足羞也"乎？

《淮南子·齐俗训》：

---

① 刘安等著，高诱注：《淮南子》，百子全书第三册，长沙：岳麓书社，1993年版，第2861页。

>礼仪节行,又何以穷至治之本哉?世之明事者,多离《道德》之本,曰:"礼义足以治天下。"此未可与言术也。①

《齐俗训》此说是站在道家的立场上批判一些儒家人物背离老子《道德经》宗旨而主张"礼义足以治天下"的治国思想,后世班固《汉志》批判道家"及放者言之,则欲绝去礼学,兼弃仁义,曰独任清虚可以为治"正与之相对。此为儒道两派在治国理民思想上的不同。

《淮南子·齐俗训》又云:

>《道德》之论,譬犹日月也。江南河北,不能易其指;驰骛千里,不能易其处。②

《淮南子·泰族训》云:

>夫观六艺之广崇,穷《道德》之渊深,达乎无上,至乎无下,运乎无极,翔乎无形,广于四海,崇于太山,富于江河,旷然而通,昭然而明,天地之间无所系戾,其所以监观,岂不大哉!③

此条与上一条《齐俗训》所言,皆是推崇《老子》(即《道德经》)为放之四海而皆准的真理。

《泰族训》又云:

>故事不本于《道德》者,不可以为仪;言不合乎先王者,不可以为道;音不调乎《雅》《颂》者,不可以为乐。故五子之言,所以便说掇取也,非天下之通义也。④

---

① 刘安等著,高诱注:《淮南子》,百子全书第三册,长沙:岳麓书社,1993年版,第2896页。
② 刘安等著,高诱注:《淮南子》,百子全书第三册,长沙:岳麓书社,1993年版,第2899页。
③ 刘安等著,高诱注:《淮南子》,百子全书第三册,长沙:岳麓书社,1993年版,第2996页。
④ 刘安等著,高诱注:《淮南子》,百子全书第三册,长沙:岳麓书社,1993年版,第2997页。

稍晚于《淮南子》的《史记》，亦多处"道德"连言。

《史记·老庄申韩列传》云：

> 老子修道德，其学以自隐无名为务……于是老子乃著书上下篇，言道德之意五千余言而去，莫知其所终。……太史公曰：老子所贵道，虚无，因应变化于无为，故著书辞称微妙难识。庄子散道德，放论，要亦归之自然。申子卑卑，施之于名实。韩子引绳墨，切事情，明是非，其极惨礉少恩。皆原于《道德》之意，而老子深远矣。①

《史记·孟荀列传》云：

> 慎到，赵人。田骈、接子，齐人。环渊，楚人。皆学黄老道德之术，因发明序其指意。故慎到著十二论，环渊著上下篇，而田骈、接子皆有所论焉。②

《后汉书·刘赵淳于江刘周赵列传》云：

> 淳于恭……善说《老子》，清静不慕荣名……进对陈政，皆本《道德》，帝与之言，未尝不称善。③

淳于恭在汉章帝建初五年即公元80年病逝，《后汉书》明确载其以《老子》与《道德》对言，则在王弼之前一百五十年左右，《老子》已经被称为《道德》无疑。

按上所述可知，自战国后期至于西汉中期，虽然没有明确证据表明《老子》一书被典籍称为《道德》，但是，从上述典籍所评述之内容来看，其所称引之"道德"必是《老子》一书无疑。也就是说，战国后期至于西汉中期，必然存在《老子》名为《道德》的情况，不然，如果那时《老子》一书只有《德》前《道》后的顺序，那么为什么众多学者或典籍只言"道德"而不言"德道"？

---

① 司马迁撰：《史记》，北京：中华书局，1998年版，第749～753页。
② 司马迁撰：《史记》，北京：中华书局，1998年版，第822页。
③ 范晔、司马彪撰：《后汉书》，长沙：岳麓书社，1994年版，第559页。

熊铁基先生、丁四新先生和宁镇疆先生等皆以为二篇制的《老子》原本是《德》上《道》下,到刘向校书时,才改为现今通行的《道》上《德》下八十一章的篇序模式。

我们认为,刘向之前,就已经存在了《道》上《德》下的《老子》版本,理由如下。

其一,《老子河上公章句》成书于"汉文帝之后,董仲舒《春秋繁露》之前,时当西汉中前期",该说证据确凿,结论可信。①《河上公章句》所据《老子》已分《道》上《德》下二篇八十一章,则其所据底本应该也是《道》上《德》下的二篇制篇序。

其二,傅奕校订的《老子道德经古本篇》所据项羽妾冢本应该是《道》上《德》下的二篇制篇序。唐初太史令傅奕校定《老子道德经古本篇》,就是以项羽妾冢本为底本,参照其他本子校定。前文已论,项羽妾冢本之抄写时间,应该在刘邦称帝之前,与帛书《老子》甲本不相上下,在秦末之时。从其流传线索来看,或与河上公本是同一系统。河上公即《史记·乐毅列传》之河上丈人,河上丈人教安期生,安期生必得河上公本《老子》。而《史记·田儋列传》载蒯通"善齐人安期生,安期生尝干项羽,项羽不能用其策。已而项羽欲封此两人,两人终不肯受,亡去",项羽妾所持本,或来自安期生乎?如果是,则傅奕本与河上公本为同一版本系统。

今所见傅奕《老子道德经古本篇》乃是《道》上《德》下的二篇制八十一章本,如果傅奕所依据的项羽妾本不是《道》上《德》下的篇序,那么傅奕必然会有说明,故而我们认为项羽妾冢本也是《道》上《德》下的二篇制篇序。

其三,《史记·老子列传》载:"于是老子乃著书上下篇,言道德之意

---

① 黄钊著:《老子河上公章句成书时限考论》,《中州学刊》,2001年第2期,第69~78页。

五千余言。"司马迁在这里记载的"上下篇"和"道德之意"显然是对应关系。司马迁有黄老学家学渊源,他自己也有深厚的道家学养,熟悉道家发展的源流,曾多次阐述道家的传授谱系;他又熟读《老子》,曾多次引用《老子》,见于《史记·扁鹊仓公列传》①、《酷吏列传》②、《日者列传》③及《货殖列传》④。

其四,刘向校书之前,已有二篇制的篇序,说明刘向校书之前,已经有定本,谢守灏早已有论。《混元圣纪》卷三:"刘歆《七略》:'刘向雠校中《老子》书二篇,太史书一篇,臣向书二篇,凡中外书五篇,一百四十二章。除复重三篇六十二章,定著二篇八十一章。《上经》第一,三十七章;《下经》第二,四十四章。'此则斠理之初篇章之本者也。但不知删除是何文句,所分章何处为限?中书与向书俱云二篇,则未校之前已有定本。"⑤我们认为,刘向所见本也必有《道》上《德》下的篇序,不然,如果当时只存在《德》前《道》后的本子,刘向本人要另外改定其篇序,这对于《老子》一书的学术发展史来说是一件重大的变革,那么学识渊博且治学严谨的刘向必然会在其《别录》里有所说明。

薛季烜曾云:"古文《老子》道德上下经,无八十一章之辨。"⑥事实真的如此吗?难道直到战国后期,都不可能有八十一章本的《老子》吗?我们认为,完全是有可能有的。自战国中期以至秦末汉初,"八十一"之数就为人所尚,如地域之分野,篇章之划分,多以八十一之数为断。《史

---

① 《史记·扁鹊仓公列传》引:故《老子》曰:"美好者不祥之器。"
② 《史记·酷吏列传》引:《老氏》称:"上德不德,是以有德;下德不失德,是以无德。法令滋章,盗贼多有。"
③ 《史记·日者列传》引:此夫《老子》所谓"上德不德,是以有德"。又引:此《老子》之所谓"无名者万物之始"也。
④ 《史记·货殖列传》引:《老子》曰:"至治之极,邻国相望,鸡狗之声相闻,民各甘其食,美其服,安其俗,乐其业,至老死不相往来。"
⑤ 谢守灏撰:《混元圣纪》卷三,《道藏》本第17册,上海:上海书店出版社,1988年版,第814页。
⑥ 转引自宁镇疆著:《〈老子〉早期传本结构及其流变研究》,上海:学林出版社,2006年版,第62页。

记·孟荀列传》:"邹衍……以为儒者所谓中国者,于天下乃八十一分,居其一分耳。"①《史记·田儋列传》:"蒯通者,善为长短说,论战国之权变,为八十一首。"②按上,则在战国中后期,《老子》书作八十一章完全是有可能的。故谢守灏云刘向校书之前,已有定本。

那么,《老子》书名《道德经》又始于何时呢?杜光庭《道德真经广圣义》卷之一《叙经大意解疏序引》又云:"昔葛玄仙公谓吴王孙权曰:'《道德经》者,乃天地之至妙,有天道焉,有人道焉,有神道焉。大无不包,细无不入,宜遵之焉。'"③杜氏此引,不知出自何处,或是后人所依托。如确是有据,则《老子》书称《道德经》,其在皇甫谧和王弼之前乎?

验之以抄写于汉高祖刘邦称帝时期的汉简本《老子》和帛书乙本《老子》,前者已有篇题《老子上经》《老子下经》,后者已有篇题《德》《道》,则知汉末三国时期《老子》书称《道德经》,实属可能。

(二) 分章和章序

我们再在分篇和篇序不同的情况下,从《老子》的分章和章序上考察一下《老子》的系统问题。

一篇制的《老子》,如《汉志》所录"《老子傅氏经说》三十七篇",《混元圣纪》所载刘向校书时参考的"太史书一篇",皆仅存目而无书,故无法进行章的对比。三篇制的《老子》,只有今所见郭店《老子》,故无需对比以划分其系统。我们主要是考察一下两篇制模式下的《老子》在分章和章序上的系统划分。

1. 两篇制下的《德》前《道》后系统

(1) 马王堆帛书甲乙本的分章不明确系统

元人刘惟永以为《老子》书不分章,他在《道德真经集义》引褚伯秀言

---

① 司马迁撰:《史记》,北京:中华书局,1998年版,第821页。
② 司马迁撰:《史记》,北京:中华书局,1998年版,第940页。
③ 杜光庭撰:《道德真经广圣义》,南京:凤凰出版社,2017年版,第12页。

第二章 周秦两汉时期《老子》的传播、版本系统划分及汉简本《老子》的版本归属

云："盖古本不分章,后人误以失之。"① 但是,今所见《老子》最古本郭店楚简本不但从竹简形制的角度上看,可以分为甲、乙、丙三组(即三篇),而且每篇内部都有若干墨钉,被墨钉分开的前后部分与今本相应章段一致。如此,墨钉应是分章符号。帛书甲本《老子》与传世本《老子·德经》内容相应的部分,有十九个圆点符号,被圆点符号分开的前后部分也与传世本相应章段一致,可见帛书甲本的圆点符号也起分章的作用。帛书甲本《道经》部分只有开头有一个圆点符号。帛书乙本,不管是上篇(《德经》内容),还是下篇(即《道经》内容),除开两篇的开头各有一个墨钉(应该是标示分篇的符号)外,既没有墨钉,也没有圆点,因而无法辨识乙本是否分章。正因为如此,故有学者认为,《老子》原本不分章。我们认为,《老子》原本是分章的,这从郭店《老子》就可以看出来。只不过,帛书甲乙本的抄写者对分章并不特别重视。

帛书《老子》甲乙本都是《德经》内容在前,《道经》内容在后,而且在上篇及下篇内部,其文字章段的顺序二者也都完全一致,但是,因为甲本和乙本存在不少异文,有学者认为甲乙两本是来自不同的抄本,如高亨先生。我们认为,帛书甲乙两本之间是存在异文,但是这些异文不多,二者之间的文字相似度要远远高于帛书本与其他《老子》版本的相似度。这些异文的产生,应该是抄写者在不同时间②抄写形成的。从篇数、篇序以及相应章段顺序完全一致这一点来看,帛书甲乙两本即使抄自不同的底本,它们也必然是来自相同的系统。

(2)《德》前《道》后的分章明确系统

其一,《德》前《道》后上下两篇七十七章的汉简本《老子》。

北大汉简本《老子》有着明确的分篇和分章,上下两篇,七十七章:上篇四十四章,下篇三十三章。

---

① 转引自宁镇疆著:《〈老子〉早期传本结构及其流变研究》,上海:学林出版社,2006年版,第19页。

② 甲本抄写于刘邦称帝之前,乙本抄写于刘邦称帝期间,刘盈、刘恒称帝之前。

汉简本《老子》分为两篇，上篇题《老子上经》，内容同于传世本《德经》，下篇题《老子下经》，内容同于传世本《道经》。虽然在上下篇的篇序上，汉简本《老子》与传世本相反，但是在上篇或下篇的内部，汉简本《老子》的章序与传世本的完全一致。正因为如此，有学者认为，汉简本是《老子》的定型本。①

其二，《德》前《道》后上下两篇七十二章的严遵《老子指归》本。

今所见《老子指归》虽《道经》部分内容失传而只存《德经》部分内容，但是根据《君平说二经目》可知，《老子指归》所据《老子》是上篇为《德经》，四十章，下篇为《道经》，三十二章。

2. 两篇制《道》上《德》下的八十一章传世本《老子》

今所见秦汉至魏晋王弼时期的传世本《老子》，除开严遵本是《德》前《道》后的二篇制七十二章本外，其余皆为《道》上《德》下的二篇制八十一章本，如《老子河上公章句》、傅奕《老子道德经古本篇》、王弼本《老子道德经注》，这些版本的《老子》都是上篇（《道经》）三十七章，下篇（《德经》）四十四章。我们认为，这些版本其实都属于河上公本系统，是由河上公本衍生而来的。

王弼之后，对《老子》章段的划分，尚有元代吴澄的四卷六十八章划分，以及魏源的二篇六十八章划分等，这些皆可不论。

（三）立经本和子书本

丁四新先生认为："定型期的《老子》应当分为两种类型或者两个阶段，即经学化的《老子》本子和子学化的《老子》本子。前者以景帝立经本为代表，后者则以刘向本为代表。北大汉简本及《汉志》所载邻氏、傅氏和徐氏三家本，都应当源自景帝立经本。"②丁四新先生从"经"与"子"的角

---

① 丁四新著：《早期〈老子〉文本的演变、成型与定型——以出土简帛本为依据》，《中州学刊》，2014年第10期，第103～115页。
② 丁四新著：《早期〈老子〉文本的演变、成型与定型——以出土简帛本为依据》，《中州学刊》，2014年第10期，第103～115页。

度来划分《老子》文本系统,为《老子》版本的研究提供了一个新视角。

丁四新先生又认为:"刘向本即是今天所知的最早以《道》前《德》后为篇序的《老子》本子,此前一直是按照《德》前《道》后的篇序抄写的。"①刘向将《老子》篇序由《德》前《道》后改为《道》前《德》后的原因之一是"自汉武帝'罢黜百家,表彰六经'和重用儒术之后,《老子》的经学地位即发生动摇,而且很快从经书性质转变为子书性质。在此形势下,这需要从文本和解说两个方面改变《老子》的权威性。刘向是西汉后期最为重要的儒家经学家,他理应承担起将《老子》还原为子书的重任。《汉志》载录'刘向《说老子》四篇',与《老子邻氏经传》《老子傅氏经说》和《老子徐氏经说》三书在体例上迥然不同。毫无疑问,在刘向那儿,已将《老子》作为子书来看待了。而刘向将《老子》篇序改为《道》前《德》后,在一定程度上也可以看作对传统本子之权威性的挑战"②。

丁先生此说值得商榷。其一,目前尚无任何确证表明刘向之前没有《道》前《德》后篇序的《老子》文本。虽然我们现在所看到的最早的完整版的《老子》帛书甲乙本和汉简本都是《德》前《道》后,但是我们无法据此断定那时就绝对没有《道》前《德》后的《老子》文本存在。正如谢守灏所言"中书与向书俱云二篇,则未校之前已有定本",那么,这两种二篇制的《老子》文本,其篇序如何呢?是两种都是《德》前《道》后?还是都是《道》前《德》后?抑或是一本《德》前《道》后,一本《道》前《德》后?或许刘向校定的《道》前《德》后的篇序就是沿袭前人所定的篇序。《混元圣纪》引刘歆《七略》云刘向校定《老子》"《上经》第一,三十七章",而前有《汉志》载"《老子傅氏经说》三十七篇",后有牟子《理惑论》载"老氏《道经》亦三十七篇",则刘向所定,既有其来源,也有其余绪。其二,刘向校定本明确题《老子》

---

① 丁四新著:《早期〈老子〉文本的演变、成型与定型——以出土简帛本为依据》,《中州学刊》,2014年第10期,第103~115页。
② 丁四新著:《早期〈老子〉文本的演变、成型与定型——以出土简帛本为依据》,《中州学刊》,2014年第10期,第103~115页。

为"经",显然不是改定《老子》由经书而为子书,而是依然以"经典"看待《老子》。诚然,"刘向《说老子》四篇"在体例上与邻氏、傅氏和徐氏三家经传、经说迥然不同,很容易给人一种刘向欲以此向《老子》经典权威性挑战的印象。但是,刘向作《说老子》四篇乃是其私人的学术研究,而其校定《老子》乃是官方行为,从《七略》言及刘向校定《老子》"《上经》第一,三十七章;《下经》第二,四十四章"看,刘向还是承袭之前已有的视《老子》为经典的看法。由河上公本发展而来的,东汉后期的《老子想尔注》今敦煌残卷卷终题"道经上"①,以及牟子《理惑论》云"老氏《道经》"并可为证。此后,《老子》之经典地位未变,且有加强之势。故唐初陆德明作《经典释文》,《老子》依然选入其中。

不过,值得注意的是,本于刘向《别录》和刘歆《七略》的《汉志》载录有《老子邻氏经传》四篇、《老子傅氏经说》三十七篇、《老子徐氏经说》六篇,这三种版本的《老子》刘向应该是看得到的,可是,为什么刘向在校订《老子》时没有提及呢？并且,为什么藏于中秘而录于《汉志》的邻、傅、徐三家本《老子》和刘向《说老子》失传,而流传于民间的严遵本反而保存了下来呢？

按照丁四新先生的观点,在是"经"是"子"方面,《老子》文本经历了由子书而经书,再由经书而子书的演变过程。在这一过程中,汉景帝和刘向发挥了重要作用,前者将《老子》改"子"为"经",后者将《老子》改"经"为"子"。当然,丁四新先生说的《老子》由"经书"向"子书"的演变,是相对于汉武帝"罢黜百家,表彰六经"之后儒家经典地位的上升来说的。我们认为,《老子》版本的系统问题属于道家学派内部的问题,不必涉及其他学派之著作。但丁四新先生以"经学化"和"子学化"来论述《老子》定型本时期的两个阶段,为我们考察《老子》的版本系统提供了新视角。故而我们认

---

① 饶宗颐校证:《老子想尔注校证》,上海:上海古籍出版社,1991年版,第4页。

为,以书名是否题以"经"名来判定《老子》不同版本的系统划分,应该说是一个比较可行的办法。今试论之。

《老子》何时称经?又何时演变为《道德经》之名?古来就有争议。明代焦竑认为:"《老子》之称经,自汉景帝始。"薛惠云:"然则今书分上下二篇者,乃其书之旧,而篇题曰经者,盖后人尊之之辞也。"①晚清龚自珍则对古本《老子》分章、分篇及《道德经》之书名并有所疑,云:"《道经》《德经》,唐人所分。《老子》本不分章,亦不分上下篇,亦无《道德经》之名。"②晚清江瑔持先秦说,认为:"《老子》之书本名《道德经》。"近世马叙伦认为:"《老子》书称《道德经》,西京之季已然。"笔者也曾经认为,《老子》书称以"经"名,在司马迁之后、刘向之前。③当时汉简本《老子》尚未面世,汉简本《老子》出土后,则《老子》称"经"的问题需要重新考察。

其实,《老子》一书,自其定本(稷下本《老子》)诞生以来,在道家学派内部,就一直被当作经典来看待,稷下学者"皆学黄老道德之术,发明序其指意",而"皆有所论"是为明证。稷下学者虽然掀起一股阐发和注释《老子》的潮流,但无记载证明在那时《老子》已经称"经"。这一情况一直到汉简本《老子》的抄写时期。

我们前面已经考察出,汉简本《老子》抄写于汉高祖刘邦称帝期间,与帛书《老子》乙本抄写时间大体相当。汉简本《老子》明确题有"老子上经""老子下经",此则表明,《老子》一书至此已成定本,名为《老子》,分上下两篇,且题以"经"名。从这里可以判定,《老子》称"经",最迟在刘邦称帝期间,而不必等到汉景帝时期。汉景帝改《老子》为"经"的说法,从现有典籍来看,出自唐释道宣《广弘明集》卷一《吴主叙佛道三宗》(注云:"出《吴

---

① 薛惠集解:《老子集解》,丛书集成初编本,长沙:商务印书馆,1939年版,第12页。
② 转引自饶宗颐著:《书马王堆〈老子〉写本后》,上海:上海古籍出版社,1993年版,第297页。
③ 谭宝刚著:《老子及其遗著研究》,成都:巴蜀书社,2009年版,第131~143页。

书》。"），又见唐释道世《法苑珠林》卷六十八《辩圣真伪第一》。魏源对此已有批驳："《道藏》称汉景帝以老子意体宏深，改子为经，敕朝野诵习……皆臆造非古。"①马叙伦也以《吴志》未尝记载阚泽任《吴书》所云的尚书令，证《法苑珠林》所引《吴书》为道教徒伪托。②

如此，则以抄写于汉高祖刘邦时期的汉简本《老子》为参照，此前出现的各种版本的《老子》皆是子书的《老子》，包括河间献王刘德收藏的"七十子之徒所论"本、《文子》所据本、稷下定本、郭店楚简本、列子本、申子本、庄子学派本、荀子所据本、吕不韦门客所据本、韩非所据本、帛书甲本、项羽妾本（傅奕本所据底本）、帛书乙本等；此后的《老子》版本，或书名直接题以经名，或相关材料表明其有经名的《老子》，如汉简本、河上公章句本、《汉志》著录的邻氏傅氏徐氏三家本、刘向校定本、安丘望之章句本、想尔注本、牟子《理惑论》所据本等版本，自不用说已是经学化的《老子》。而《淮南子》所据本应该也是经学化的《老子》，这从其处处体现出的对《老子》的推崇可以看出来。刘向校书时所用"中《老子》书""太史书"和"臣向书"则难断定，但我更倾向于视其为子书化的《老子》。

另外，就秦汉时期的《老子》版本而言，还有一个问题值得我们注意，那就是，还可以将是出土文献的《老子》还是传世典籍的《老子》，作为划分《老子》版本系统的一个标准。传世的《老子》版本在历代流传过程中经过不断的传抄、编辑，抄手或编辑者总是有意无意地对其增删和修改，从而使其失去了原貌，而出土《老子》则没有这一情况的出现。如此，我们可以将不同的《老子》版本分成两个大的系统：一是《老子》出土版本系统，包括出土先秦版本③和出土秦汉版本④；一是《老子》传世版本系统，包括传

---

① 魏源撰：《老子本义》，诸子集成第三册，上海：上海书店出版社，1996年版，第6页。
② 马叙伦著：《老子校诂》，北京：古籍出版社，1956年版，第7页。
③ 如《老子》郭店楚简本。
④ 如《老子》帛书甲、乙本和汉简本。

世先秦版本①、传世秦汉版本②和魏晋及其之后版本③。

五、汉简本《老子》的亲缘版本

我们前面考察了不同《老子》版本的系统划分及汉简本《老子》的系统归属，那么，其他《老子》版本与汉简本《老子》的亲缘关系是怎样的呢？我们认为，在《老子》出土版本与传世版本两大系统之间，汉简本《老子》与帛书甲乙本之间的亲缘关系，要比其与传世各版本的近；在出土的秦汉时期的《老子》版本系统内部，汉简本《老子》与帛书乙本之间的亲缘关系，要比汉简本与帛书甲本之间的关系近；而汉简本与传世秦汉版本系统各本之间的关系，某些地方与傅奕本之间的关系更近，某些地方与严遵本之间的关系更近，某些地方与河上公本之间的关系更近，然与王弼本较为疏远。总的来说，汉简本《老子》与帛书乙本最近，其次是帛书甲本，再往下就是傅奕本、严遵本和河上公本。

那么，为什么《老子》汉简本与帛书乙本最近，其次是帛书甲本呢？这一问题我们可以先从义理上来考察，然后用文字差异来验证。

（一）从义理上看汉简本与帛书乙本甲本的关系更近

其一，《老子》汉简本、帛书乙本和帛书甲本三者都属于出土版本系统。如前所述，汉简本与帛书乙本、甲本都属于出土版本的《老子》，三者与传世版本相比，都较少经过后人的改动，都更多地保留了《老子》版本的原貌。

其二，《老子》汉简本、帛书乙本和帛书甲本三者在地域上相同，都出

---

① 如《文子》所据本、韩非子所据本。
② 如河上公本、《淮南子》所据本、严遵本、想尔本、牟子所据本，还有傅奕本。傅奕本虽完成于唐朝，但其所据主要底本是项羽妾本，故傅奕本更多地保留了秦汉时期的某些特点，从版本的价值上来说，应该倾向于认为其为秦汉时期的版本为宜。
③ 如王弼本、范应元本。

自楚地。帛书甲乙本出土地点为长沙,为湘楚之地。即使帛书甲乙本不是抄写于长沙,也应是在利氏家族籍贯荆楚一带。总之,帛书甲乙本都带有浓郁的楚国方言的特色。汉简本《老子》不是科学发掘所得,而是劫后收藏,其具体出土地点难以考知,但是汉简本《老子》也带有浓郁的楚国方言特色,前揭已明,兹不赘述。也就是说,汉简本出自楚地,或者说其抄手来自楚地。

其三,《老子》汉简本、帛书乙本和帛书甲本三者抄写时代相同。汉简本和帛书乙本都抄写于刘邦称帝期间,具有相同的时代特色,故二者之间的相似处要远远多于与其他版本之间的相似处。帛书甲本则抄写于刘邦称帝之前,与汉简本、帛书乙本的抄写时间比其他版本较为接近,因此,帛书甲本与汉简本、帛书乙本之间的相似度又要高于与其他版本的相似度。

其四,《老子》汉简本、帛书乙本和帛书甲本三者篇数、篇序完全相同,章序基本相同。帛书甲乙两本之间,无论是篇数篇序还是各篇内部的章序,都完全一致,所不同者,仅仅是二者之间有异文的差异。故乙本即使不是抄自甲本,那其底本也是与甲本同一来源。汉简本与帛书二本在篇数篇序上完全一致,所不同者是在各篇内部,汉简本与帛书甲乙本稍有章数章序的不同。而汉简本与帛书乙本之间文字的相似性,要远高于汉简本与帛书甲本之间的相似性。并且,汉简本与帛书乙本每篇都有篇题、末尾都有计字尾题,这种都书写有篇题和篇末计字尾题的抄写方式表明,汉简本与帛书乙本两种版本的抄手或者已有一种共同的抄写意识,甚或是接受相同的要求予以抄写的。

据上所述可知,汉简本与帛书乙本最近,其次是帛书甲本,然后是其他版本,这样一种亲缘关系,是由《老子》汉简本、帛书乙本和甲本三者都是秦汉时期的出土本、具有相同的地域性即楚地、具有相同的时代性即汉高祖刘邦称帝期间或异常接近此期间、具有篇序篇数完全一致和章序的基本一致等因素决定的。

(二)《老子》不同版本的异文表明汉简本与其他版本关系的远近①

汉简本第一章(对应王弼本、河上公本第三十八章,严遵本第一章,郭店本无此章,帛书甲乙本有)

(1)张岱年先生以为:"通行本三十八章'上德无为而无以为'句下有'下德为之而有以为'句,或作'下德为之而无以为'……帛书甲乙本俱无'下德'句,证明'下德'句乃系衍文。"②而韩非《解老》不解"下德"句,或其所见本无此句,与帛书甲乙本同。

《老子》郭店楚简本无通行本第三十八章内容。帛书甲乙本无"下德"句。汉简本、傅奕本、严遵本、河上公本和王弼本皆有"下德"句。河上公本和王弼本相同,皆作"上德无为而无以为,下德为之而有以为"。汉简本、傅奕本和严遵本三者相互间不同,也不同于王弼本及河上公本:严遵本作"上德无为而无不为,下德为之而有以为",傅奕本作"上德无为而无不为,下德为之而无以为",汉简本本作"上德无为而无以为,下德□之而无以为"。从有无"下德"句看,帛书甲乙本属于有一共同祖本的同一系统,而汉简本、傅奕本、严遵本、河上公本和王弼本属于另一共同祖本的同一系统。汉简本、傅奕本、严遵本在更大程度上接近早期《老子》原貌。

(2)王弼本第三十八章"则攘臂而扔之",河上公本、严遵本和傅奕本

---

① 下列所引《老子》不同版本的异文,均出自《北京大学藏西汉竹书(贰)》附录二《老子主要版本全文对照表》,见北京大学出土文献研究所编:《北京大学藏西汉竹书贰》,上海:上海古籍出版社,2012年版,第173~205页。为了节省篇幅,下列征引《老子》相同章段的不同版本异文时,除非特别需要,不是每一章都引原文或全部引出。每章比较的小标题上列出汉简本章序及对应的其他版本章序;为方便读者对照,征引《老子》章段文句时,首列王弼本,次列其他本;又因《老子》郭店本、帛书甲乙本、想尔本四本无章序标识,故在每章比较的小标题上仅标明四本的有无,不标章序。比较每章的结果,得出两条及其以上结论时,用(1)(2)(3)(4)(5)标出。

② 张岱年撰:《帛书老子校注·张岱年序》,高明:《帛书老子校注》,北京:中华书局,1996年版,第1页。

皆作"则攘臂而仍之",而汉简本、帛书乙本皆作"则攘臂而乃之",甲本缺一字作"囗攘臂而乃之"。

(3)王弼本、河上公本、严遵本和傅奕本皆作"乱之首""愚之始",而汉简本、帛书甲乙本皆作"乱之首""愚之首"。

(4)王弼本、河上公本"处其厚,不居其薄""处其实,不居其华",严遵本、傅奕本皆作"处其厚,不处其薄""处其实,不处其华",而汉简本、帛书甲乙本皆作"居其厚,不居其薄""居其实,不居其华"。

从版本的时间上来说,项羽妾冢本(傅奕本之底本)与帛书甲本抄写时间不相上下,皆在刘邦称帝之前的秦末甚至更前,汉简本与帛书乙本抄写于刘邦称帝时期。

从文字上来说,汉简本更接近于帛书甲乙本,而傅奕本和严遵本也稍近于汉简本。

以上出土文献《老子》汉简本与帛书甲乙本的相同,以及他们与传世的王弼本、河上公本、严遵本、傅奕本之间的差异,反映出了汉简本与帛书甲乙本一样,都出自楚地。

汉简本第二章(对应王弼本、河上公本、傅奕本第三十九章,严遵本第二章,郭店本无此章,帛书甲乙本有)

(1)王弼本、河上公本、傅奕本第三十九章"神无以灵将恐歇,谷无以盈将恐竭"后,有"万物无以生将恐灭"一句,而汉简本、帛书甲乙本及传世的严遵本皆无此一句,说明严遵本虽经二千余年,依然保留着古貌。

(2)王弼本、严遵本和傅奕本"故贵以贱为本,高以下为基",河上公本作"故贵〔必〕以贱为本,高必以下为基",而汉简本作"是故必贵以贱为本,必高以下为基",帛书甲本作"故必贵而以贱为本,必高矣而以下为基",乙本作"故必贵以贱为本,必高矣而以下为基"。汉简本和帛书甲乙本"贵""高"前皆有"必"字,是对"贵以贱为本""高以下为基"的完全肯定和不容置疑的态度。

汉简本与帛书甲乙本更有相近的亲缘关系。

汉简本第四章(对应王弼本、河上公本、傅奕本第四十一章,严遵本第三章,郭店本乙组简 9—12,帛书甲本残缺,乙本有)

(1) 王弼本第四十一章"上士闻道,勤而行之",河上公本、严遵本和傅奕本皆同。汉简本作"上士闻道,堇能行",郭店本作"上士昏道,堇能行于其中",帛书甲本缺,帛书乙本作"上□□道,堇能行之"。传世本"勤"字,在出土本中皆作"堇"。

汉简本整理者云:"'堇',帛乙同,读为'勤'。'勤能行',帛乙作'勤能行之',王本等作'勤而行之';郭简作'堇(僅)能行于其中',文义相差较大。"①其实,汉简本、郭店本和帛书乙本之"堇"字不必读为"勤"字,而应读如本字。《说文解字》云:"勤,劳也。慰其勤亦曰勤。从力,堇声。"《汉语大字典》:"qín……诚,《管子·五行》:'修概水上,以待乎天堇。'尹知章注:'堇,诚也。言天子能以中正自修,以概自平,上待天诚也。'"②闻道之后的践行,勤劳之践行与心诚之践行是两个不同的境界,前者是基础,后者是升华。既然是上士,则必是心诚之践行的境界!

(2) 王弼本"下士闻道,大笑之,不笑,不足以为道",河上公本、严遵本与王本同,傅奕本在"大笑之"前多一"而"字。汉简本作"下士闻道,大笑之,弗笑,不足以为道",郭店本作"下士昏道,大笑之,弗大笑,不足以为道矣",帛书甲本无,帛书乙本作"下士闻道,大笑之,弗笑,□□以为道"。从传世本的"不笑"到出土本的"弗(大)笑",反映的是语言的地域变迁,汉简本、郭店本和帛书乙本都是楚地文本,故用"弗(大)笑"。

(3) 王弼本"大音希声,大象无形。道隐无名",河上公本、严遵本和傅奕本皆与王本同。汉简本作"大音希声,天象无形。道殷无名",郭店本作"大音希声,天象无形",帛书甲本文字缺,帛书乙本作"大音希声,天象

---

① 北京大学出土文献研究所编:《北京大学藏西汉竹书(贰)》,上海:上海古籍出版社,2012 年版,第 125 页。

② 汉语大字典编辑委员会编:《汉语大字典》,成都:四川辞书出版社,2010 年版,第 450 页。

无形。道褒无名"。传世本的"大象",在汉简本、郭店本和帛书乙本中皆作"天象",从三见"天象"看,绝不是抄手笔误①,而是这二者有一共同来源的版本。当然,在这里,"大象"与"天象"在意义上没有区别,而是一致。

从文字上来看,汉简本更接近于帛书乙本。

汉简本第五章(对应王弼本、河上公本、傅奕本第四十二章,严遵本第四章,郭店本无此章,帛书甲乙本有)

(1) 王弼本第四十二章"人之所教,我亦教之",河上公本与王本同,严遵本作"人之所教,亦我教之",傅奕本作"人之所以教我,亦我之所以教人",汉简本作"人之所教,亦我而教人",郭店本无此句,帛书甲本作"故人□□教,夕議而教人",帛书乙本此句缺。帛书甲本中,"夕"与"亦"音近通假,"議"则为"我"字之误。

王本与河上本"人之所教,我亦教之"是并列复句,而严遵本、傅奕本、汉简本及帛书甲本"人之……,亦我……"皆是主谓结构的单句。正如汉简本整理者所说,傅本文义晓畅,最接近简帛本原意。②

(2) 此处从文句来看,汉简本与帛书甲本最为接近,其次是严遵本,再后是傅奕本。傅奕本此句应该是以项羽妾冢本为底本,参照严遵本,并在校勘时增添字句而成。

汉简本第九章(对应王弼本、河上公本、傅奕本第四十六章,严遵本第八章,郭店本甲组简5—6,帛书甲乙本有)

王弼本第四十六章"祸莫大于不知足,咎莫大于欲得",与今所见各本不同,他本多一句"罪莫……"。河上公本作"罪莫大于可欲,祸莫大于不知足,咎莫大于欲得",严遵本与河上公本同,傅奕本作"罪莫大于可欲,祸

---

① 汉简本《老子》整理者认为:"'天象',郭简、帛乙皆同,传世本作'大象';'天''大'二字形近易混,此处仍应读为'大象',但由简帛古本观之,'大象'写作'天象'由来已久。"见北京大学出土文献研究所编:《北京大学藏西汉竹书(贰)》,上海:上海古籍出版社,2012年版,第125页。

② 北京大学出土文献研究所编:《北京大学藏西汉竹书(贰)》,上海:上海古籍出版社,2012年版,第126页。

莫大于不知足,咎莫憯于欲得",汉简本作"故罪莫大于可欲,祸莫大于不知足,咎莫憯于欲得",郭店本作"罪莫厚乎甚欲,咎莫憯乎欲得,化莫大乎不智足",帛书甲本同于傅奕本作"罪莫大于可欲,祸莫大于不知足,咎莫憯于欲得",帛书乙本作"罪莫大□可欲,祸□□□□□□□□□□"。

汉简本除开多一"故"字,与傅奕本、帛书甲本同,帛书乙本从能见的文字来看,应该与甲本相差不大。因此,汉简本、帛书甲乙本及傅奕本,具有更接近的亲缘系统,而且与韩非《解老》在文句顺序和文辞上都一致,或许五本都是来自同一系统。

汉简本第十二章(对应王弼本、河上公本、傅奕本第四十九章,严遵本第十一章,郭店本无此章,帛书甲乙本有)

王弼本第四十九章"圣人无常心,以百姓心为心。善者吾善之,不善者吾亦善之,德善。信者吾信之,不信者吾亦信之,德信。圣人在天下,歙歙,为天下浑其心。〔百姓皆注其耳目〕①,圣人皆孩之",汉简本第十二章作"圣人恒无心,以百姓之心为心。善者虖亦善之,不善者虖亦善之,直善也。信者虖信之,不信者虖亦信之,直信也。圣人之在天下,㰦㰦然,为天下浑【心】。而百姓皆属其耳目焉,圣人而皆晐之",帛书甲本作"□□□□□以百□之心为□。善者善之,不善者亦善□□□□。□□□□□□□□□信也。□□之在天下,愉愉焉,为天下浑心。百姓皆属耳目焉,圣人皆□□",帛书乙本作"□人恒无心,以百省之心为心。善□□□□□□□□□善也。信者信之,不信者亦信之,德信也。圣人之在天下,歙歙焉,□□□□,□生皆注其□□□□□"。

汉简本、帛书乙本"恒无心"比传世本"无常心"为优,"善者……不善者"就表明永远没有私心杂念。帛书甲乙本中间无"吾"字,自汉简本开始以至传世各本,前后皆云圣人,而中间插入"吾"第一人称,相比之下,帛书本优。从"百姓皆属(注)(其)耳目"看,汉简本更接近于帛书甲本,帛书乙

---

① 王弼本无此句,他本皆有。

本则是后来传世本的来源本。

汉简本第十三章(对应王弼本、河上公本、傅奕本第五十章,严遵本第十二章,郭店本无此章,帛书甲乙本有)

王弼本第五十章"出生入死。生之徒十有三,死之徒十有三。人之生,动之死地亦十有三。夫何故?以其生生之厚。盖闻善摄生者,陆行不遇兕虎,入军不被甲兵。兕无所投其角,虎无所措其爪,兵无所容其刃。夫何故?以其无死地"。

河上公本作"出生入死。生之徒十有三,死之徒十有三。人之生,动之死地十有三。夫何故?以其生(求)生之厚。盖闻善摄生者,陆行不遇兕虎,入军不避(被)甲兵。兕无〔所〕投其角,虎无所措〔其〕爪,兵无所容其刃。夫何故?以其无死地"。

严遵本作"出生入死。生之徒十有三,死之徒十有三。而民生,动之死地十有三。夫何故?以其生生之厚。盖闻善摄生者,陆行不避兕虎,入军不被甲兵。兕无所投其角,虎无所措其爪,兵无所容其刃。夫何故哉?以无死地"。

傅奕本作"出生入死。生之徒十有三,死之徒十有三。而民之生生而动,动皆之死地亦十有三。夫何故?以其生生之厚也。盖闻善摄生者,陆行不遇兕虎,入军不被甲兵。兕无所投其角,虎无所措其爪,兵无所容其刃。夫何故也?以其无死地焉"。

汉简本作"出生入死。生之徒十有三,死之徒十有三。而民姓生焉,动皆之死地之十有三。夫何故也?以其姓生也。盖闻善摄生者,陵行不避兕虎,入军不被兵革。虎无所错其蚤,兕无所楯其角,兵无所容其刃。夫何故也?以其无死地焉"。

郭店本无此章。

帛书甲本作"□生□□□□□有□□□徒十有三。而民生生,动皆之死地之十有三。夫何故也?以其生生也。盖□□执生者,陵行不□矢虎,入军不被甲兵。矢无所楯其角,虎无所错其蚤,兵无所容□□。□何故也？以其无死地焉"。

帛书乙本作"□生入死。生之□□□□之徒十又三。而民生生，僮皆之死地之十有三。□何故也？以其生生。盖闻善执生者，陵行不辟兕虎，入军不被兵革。兕无所□□□□□□其蚤，兵□□□□□，□□□也？以其无□□□"。

（1）从文字上看，汉简本与帛书乙本最为接近，其次，帛书甲乙二本是颇为接近的具有亲缘关系的两个版本，而傅奕本则是众多传世本中最接近出土的汉简本和帛书甲乙本的《老子》文本。

（2）韩非《解老》所引，与傅奕本一致，或许二者是同一个版本系统，或如前所述，皆来自稷下定本（河上公本之前身）。

（3）汉简本、帛书乙本、严遵本的"不避兕虎"要比王弼本、河上公本、傅奕本的"不遇兕虎"更优。

（4）河上公本与王本相同处多于与其他版本相同处。

汉简本第十四章（对应王弼本、河上公本、傅奕本第五十一章，严遵本第十三章，郭店本无此章，帛书甲乙本有）

王弼本第五十一章"道生之，德畜之，物形之，势成之。是以万物莫不尊道而贵德。道之尊，德之贵，夫莫之命而常自然。故道生之，德畜之，长之育之，亭之毒之，养之覆之。生而不有，为而不恃，长而不宰，是谓玄德"。

河上公本作"道生之，德畜之，物形之，势成之。是以万物莫不尊道而贵德。道之尊，德之贵，夫莫之命而常自然。故道生之，德畜之，长之育之，成之孰之，养之覆之。生而不有，为而不恃，长而不宰，是谓玄德"。

严遵本作"道生之，德畜之，物形之，势成之。是以万物尊道而贵德。道尊德贵，夫莫之爵而常自然。道生之，德畜之，长之育之，成之熟之，养之覆之。生而不有，为而不恃，长而不宰，是谓玄德"。

傅奕本作"道生之，德畜之，物形之，势成之。是以万物莫不尊道而贵德。道之尊，德之贵，夫莫之爵而常自然。故道生之，德畜之，长之育之，亭之毒之,盖之覆之。生而不有,为而不恃,长而不宰,是谓玄德"。

汉简本作"道生之,德畜之,物刑之,热成之。是以万物奠道而贵德。道之奠,德之贵,夫莫之爵而恒自然。故道生之畜之,长之逐之,亭之孰之,养之复之。故生而弗有,为而弗持,长而弗宰,是谓玄德"。

帛书甲本作"·道生之而德畜之,物刑之而器成之。是以万物奠道而贵□。□之奠,德之贵也,夫莫之爵而恒自然也。·道生之畜之,长之遂之,亭之□之,□□□□。□□弗有也,为而弗寺也,长而弗宰也,此之谓玄德"。

帛书乙本作"道生之,德畜之,物刑之而器成之。是以万物尊道而贵德。道之尊也,德之贵也,夫莫之爵也,而恒自然也。道生之畜□□□之,亭之毒之,养之复□。□□□□□□□□□弗宰,是胃玄德"。

（1）传世本《老子》中的第二处"道生之,德畜之",在出土《老子》里皆作"道生之畜之",出土《老子》是对的,而传世本"道生之,德畜之"是抄手抄写错误,乃涉上文"道生之,德畜之"而误。理由：其一,上文的"道生之,德畜之,物形之,势成之"是三字成句且"道""德""物""势"分别为主语的排比句式,而此处是讲"道""生之畜之,长之逐之,亭之孰之,养之复之",是四字句的排比,且其主语都是"道"；其二,按帛书甲本"道生之畜之"前有一圆点,是为分章符号,该圆点之前文句与之后文句是相邻的两章,前一章是说"道"与"德"的,后一章是专门说"道"对万物的辅助作用。

（2）汉简本、帛书甲本、帛书乙本和严遵本"是以万物尊道而贵德",是无否定词的肯定句,而王弼本、河上公本及傅奕本是"是以万物莫不尊道而贵德",是采取双重否定的肯定句。

（3）从文辞上来比较,帛书甲乙本最为接近,其次,汉简本与帛书甲乙本之间最具有亲缘关系,而傅奕本和严遵本则是众多传世本中比较接近汉简本及帛书甲乙本的《老子》文本。

汉简本第二十章(对应王弼本、河上公本、傅奕本第五十七章,严遵本第十九章,郭店本甲组简 29—32,帛书甲乙本有)

（1）汉简本、帛书乙本作"以正之国",郭店本、帛书甲本作"以正之邦",传世本作"以正治国",简帛本的"之"为"治"的通假字。

（2）王弼本、严遵本和傅奕本作"法令滋章（彰）",而汉简本、郭店本和河上公本皆作"法物滋章（彰）",帛书甲本该处文字残阙,无法考知,帛书乙本尚可见"物滋章"三字,应同于汉简本等。

（3）王弼本、河上公本、严遵本和傅奕本"无欲",在汉简本、郭店本、帛书乙本皆作"欲不欲",语义更丰富,体现了一种更为主动的意愿。

汉简本第二十一章（对应王弼本、河上公本、傅奕本第五十八章,严遵本第十九章,郭店本无此章,帛书甲乙本有）

王弼本第五十八章有"其政闷闷,其民淳淳。其政察察,其民缺缺",河上公本、傅奕本、严遵本有类似语句,文辞稍有异而不影响文义。郭店本无此文句。帛书甲本作"□□□□□□□其正察察,其邦夬夬",帛书乙本作"其正闷闷,其民屯屯。其正察察,其□□□",汉简本作"其正昏昏,其民莙莙。其正计计,其国夬夬"。

传世本的"其民缺缺",在帛书甲本作"其邦缺缺",汉简本作"其国夬夬",帛书乙本相应文句字缺失,无法判断。

帛书甲本的"邦"与汉简本的"国"虽字异而义同,而传世本的"民"则与帛书甲本及汉简本的"邦""国"相去甚远。这说明,汉简本与帛书甲本较为接近,或有同一来源,汉简本的"国"字显然是为了避汉高祖刘邦的讳。

汉简本第二十七章（对应王弼本、河上公本、傅奕本第六十四章,严遵本第二十五章,郭店本无此章,帛书甲乙本有）

王弼本第六十四章"九层之台,起于累土",河上公本与之同,而汉简本作"九成之台,作于絫土",帛书甲本作"九成之台,作于赢土",乙本作"九成之台,作于纍土",郭店楚简本有此句而后三字缺失,作"九成之台,乍□□□"。以此而论,则汉简本近于帛书乙本,帛书乙本近于帛书甲本,帛书甲本近于郭店楚简本,及汉简本、帛书乙本、帛书甲本和郭店楚简本沿袭痕迹明显,或是一系。傅奕本作"九成之台,起于累土",颇近于汉简本,而严遵本作"九重之台,起于虆土",与诸本颇有不同。

又王弼本第六十四章"千里之行,始于足下",河上公本、傅奕本与王弼本同,而严遵本与汉简本同,皆作"百仞之高,始于足下",帛书甲本作"百仁之高,台于足□",帛书乙本作"百千之高,始于足下"。正如汉简本整理者所言,"仁"假为"仞","千"为"仞"字之讹,"台"读为"始"①,则汉简本、帛书甲乙本是相近一系。河北定县八角廊汉简《文子》1178 号简有"之高,始于足下",则近于《老子》汉简本和帛书甲乙本,传世本《文子·道德篇》有"百仞之台,始于下"句,应是误引"九成之台,作于絫土。百仞之高,始于足下",把二句合为一句。②

汉简本第二十九章(对应王弼本、河上公本、傅奕本第六十五章,严遵本第二十六章,郭店本无此章,帛书甲乙本有)

王弼本第六十五章有"故以智治国,国之贼;不以智治国,国之福。知此两者,亦稽式。常知稽式,是谓玄德",河上公本和严遵本同,皆作"以智治国,国之贼;不以智治国,国之福。知此两者,亦楷式。常知楷式,是谓玄德",傅奕本作"故以知治国,国之贼也;不以知治国,国之福也。常知此两者,亦稽式也。能知稽式,是谓玄德"。

郭店本无此章。

帛书甲本作"故以知知邦,邦之贼也,以不知知邦,□□德也。恒知此两者,亦稽式也。恒知稽式,此胃玄德"。

帛书乙本作"故以知知国,国之贼也,以不知知国,国之德也。恒知此两者,亦稽式也。恒知稽式,是胃玄德"。

汉简本作"故以智智国,国之贼也,以不智智国,国之德也。恒智此两

---

① 北京大学出土文献研究所编:《北京大学藏西汉竹书(贰)》,上海:上海古籍出版社,2012 年版,第 136 页。

② 如此,则今本《文子·道德篇》制作者应见过类似汉简本或帛书甲乙本《老子》的本子,可见今本《文子》操作时间之早。帛书甲乙本和汉简本皆作"百仞",此亦说明《文子》一书必有所本,且为汉代之前就已经流传的典籍。

者,亦楷式。恒智楷式,是谓玄德"。

(1) 传世本《老子》"不以智治国,国之福",在出土简帛本《老子》皆作"以不知知(智智)邦(国),邦(国)之德",前者是"不以……国之福",后者是"以不……国之德",简帛本文辞更为古朴。

(2) 王弼本"稽式",帛书甲乙本、傅奕本和王弼本同,亦作"稽式",而汉简本、河上公本和严遵本则作"楷式",二者形近而通,其义一致。

(3) 汉简本更接近于帛书乙本、帛书甲本,前者与后二者有更多的亲缘关系,应属于同一来源系统。

汉简本第三十七章(对应王弼本、河上公本、傅奕本第七十三章,严遵本第三十三章,郭店本无此章,帛书甲乙本有)

王弼本第七十三章"勇于敢则杀,勇于不敢则活。此两者,或利或害。天之所恶,孰知其故?是以圣人犹难之。天之道,不争而善胜,不言而善应,不召而自来,繟然而善谋。天网恢恢,疏而不失",河上公本与王本同。

帛书乙本、汉简本和严遵本俱无"是以圣人犹难之"一句,帛书甲本文字缺失而无法判断。传世本"勇于不敢则活"之"活"字,帛书甲乙本皆作"栝"字,汉简本则作"枯","栝"应是"活"之通假字,"不死"之义,与上文之"杀"相对。而"枯"与"栝"形近而讹,因此,汉简本应是从帛书乙本、帛书甲本发展而来,此又证汉简本与帛书乙本、帛书甲本为同一系统,或有亲缘关系。

从有无"是以圣人犹难之"一句,可知王弼本、傅奕本(所据项羽妾冢本)等是由河上公本一系发展而来。

汉简本第三十九章(对应王弼本、河上公本、傅奕本第七十五章,严遵本第三十五章,郭店本无此章,帛书甲乙本有)

王弼本七十五章"民之饥,以其上食税之多,是以饥。民之难治,以其上之有为,是以难治。民之轻死,以其上求生之厚,是以轻死。夫唯无以生为者,是贤于贵生"。

河上公本与王本同。

傅奕本作"民之饥者,以其上食税之多也,是以饥。民之难治者,以其上之有为也,是以难治。民之轻死者,以其上求生生之厚也,是以轻死。夫唯无以生为贵者,是贤于贵生也"。

郭店本无此章。

帛书甲本作"·人之饥也,以其取食税之多也,是以饥。百姓之不治也,以其上有以为□,是以不治。·民之轻死,以其求生之厚也,是以轻死。夫唯无以生为者,是贤贵生"。

帛书乙本作"人之饥也,以其取食税之多,是以饥。百姓之不治也,以其上之有以为也,□以不治。民之轻死也,以其求生之厚也,是以轻死。夫唯无以生为者,是贤贵生"。

汉简本作"人之饥也,以其取食脱之多也,是以饥。百姓之不治也,以上之有以为也,是以不治。民之轻死也,以其生之厚也,是以轻死。夫唯无以生为,是贤贵生也"。

(1) 前三句行为的主体,汉简本和帛书甲本、乙本皆依次为"人""百姓""民",而传世本仅严遵本与出土简帛本同,王本、河本、傅本则皆为"民"。

(2) 描述百姓饥饿的原因,汉简本和帛书甲本、乙本皆用"以其取食税之多",王本、河本、傅本皆用"以其上食税之多",简帛本之"其"是指无道的统治者,传世本的"其"指民众。简帛本"取食税之多"字,体现了老子对无道侯王强取豪夺百姓的严厉指责,传世本"上食税之多"则淡化了侯王对民众的攫取本质。

(3) 第二句表示主体的状态和原因时,出土的简帛本皆作"百姓之不治""有以为",而传世本皆作"民之(百姓)难治""有为",体现出了简帛本之间的亲缘关系,传世本之间的亲缘关系,以及传世的严遵本与出土的简帛本之间存在一种亲缘关系(严遵本与简帛本皆用"百姓"一词,而不是"民")。

出土的汉简本和帛书乙本、帛书甲本之间在文本上的相似度，要远远大于与传世的王本、河本、傅本及严本的相似度。

汉简本第四十二章（对应王弼本、河上公本、傅奕本第七十八、七十九章，严遵本第三十八章，郭店本无此章，帛书甲乙本有）

王弼本七十八章有"弱之胜强，柔之胜刚，天下莫不知，莫能行"句，河本与王本同，傅奕本稍有异，作"柔之胜刚，弱之胜强，天下莫不知，而莫之能行"。

帛书乙本作"水之朕刚也，弱之朕强也，天下莫弗知也，而□□□□也"，汉简本作"故水之胜刚，弱之胜强，天下莫弗知，而莫能居，莫能行"，严遵本作"夫水之胜强，柔之胜刚，天下莫不知，莫之能行"，帛书甲本文字多缺失，作"□□□□□胜强，天□□□□□□行也"。

（1）有学者认为："帛乙、汉简本、严本三本皆言水之胜刚强，三本相似性大，帛乙、严本皆为南方，则汉简本亦应出于南方，南方之人于水之作用最有体会。"①

汉简本和帛书乙本的"弱之胜（朕）强"（或严遵本的"柔之胜刚"），是对其前"水之胜（朕）刚"（或严遵本的"水之胜强"）这一自然现象的哲学解释，是从自然现象导出哲学意义，正符合《老子》"法自然"的规则。而王弼本和河上公本则改成了对文"弱之胜强，柔之胜刚"，傅奕本则又颠倒顺序，作"柔之胜刚，弱之胜强"。

（2）严遵本第三十五章"百姓"与汉简本、帛书甲乙本同，"水之胜强，柔之胜刚"与汉简本帛书乙本"水之胜刚，弱之胜强"相似，"不以责于人"与汉简本、帛书甲乙本同。这都说明，在传世本中，严遵本保留了更多的古本原貌。

从文辞来看，汉简本接近帛书乙本，帛书甲本亦同于乙本，严遵本则是与简帛本最为接近的传世本。

---

① 张传官：《简帛道家文献述论》，硕士学位论文，厦门大学，2008年版，第56页。

汉简本第四十八章(对应王弼本、河上公本、傅奕本第四章,想尔本有此章,郭店本无此章,帛书甲乙本有)

王弼本河上公本第四章"道冲而用之,或不盈",傅奕本作"道盅而用之,又不满",想尔本作"道冲而用之,又不盈",汉简本作"道冲而用之,有弗盈",帛书乙本句尾多一"也"字,作"道冲而用之,有弗盈也",帛书甲本字多缺失,无法判定。

从该章文句来看,汉简本与帛书乙本属同一版本系统,而王弼本与河上公本属于另一版本系统,傅奕本和想尔本则介于两大系统之间。

汉简本第四十九章(对应王弼本、河上公本、傅奕本第五章,想尔本有此章,郭店本无此句,帛书甲乙本有)

王弼本第五章有"多言数穷,不如守中",河上公本、傅奕本和想尔本皆与王本同。而汉简本与帛书甲乙本皆作"多闻数穷,不若守于中",此则为简帛本《老子》或为同一系统,而传世本为另一系统之证。《文子·道原》引之,作"多闻数穷,不如守中",介于传世本与出土本之间。

从该章文句来看,汉简本与帛书甲乙本属同一版本系统,而王弼本与河上公本属于同一版本系统,傅奕本和想尔本则介于两大系统之间。

汉简本第五十一章(对应王弼本、河上公本、傅奕本第八章,想尔本有此章,郭店本无此章)

王弼本第八章"上善若水。水善利万物而不争。处众人之所恶,故几于道。居善地,心善渊,与善仁,言善信,正善治,事善能,动善时。夫唯不争,故无尤"。

河上公本同于王弼本。

傅奕本作"上善若水。水善利万物而不争。居众人之所恶,故几于道矣。居善地,心善渊,与善人,言善信,政善治,事善能,动善时。夫唯不争,故无尤矣"。

想尔本作"上善若水。水善利万物,又不争。处众人之所恶,故几于道。居善地,心善渊,与善仁,言善信,政善治,事善能,动善时。夫唯不争,故无尤"。

汉简本第五十一章作"上善如水。水善利万物而有争。众人之所恶,故几于道矣。居善地,心善渊,予善天,言善信,正善治,事善能,动善时。夫唯不争,故无尤"。

帛书乙本作"上善如水。水善利万物而有争。居众人之所恶,故几于道矣。居善地,心善渊,予善天,言善信,正善治,事善能,动善时。夫唯不争,故无尤"。

帛书甲本作"上善治水。水善利万物而有静。居众之所恶,故几于道矣。居善地,心善渊,予善信,正善治,事善能,动善时。夫唯不静,故无尤"。

(1) 帛书甲本"水善利万物而有静""夫唯不静",两个"静"字,应该是"争"字的假借字,本字当为"争"字。

(2) 帛书甲本"予善信",应是"予善天,言善信"夺字而误。

(3) 傅奕本"与善人"应是汉简本、帛书乙本"予善天"讹变而来,"与"和"予"音近通假,"人""天"形近而误。河上公本、想尔本和王弼本"与善人"则又是沿袭傅奕本"与善人"讹变而来。

(4) 帛书乙本此章内容抄写最优,既无漏字,也无讹字。

汉简本第五十三章(对应王弼本、河上公本、傅奕本第十章,想尔本有此章,郭店本无此章,帛书甲乙本有)

王弼本第十章"载营魄抱一,能无离乎?专气致柔,能婴儿乎?涤除玄览,能无疵乎?爱民治国,能无知乎?天门开阖,能无雌乎?明白四达,能无为乎?生之畜之,生而不有,为而不恃,长而不宰,是谓玄德"。

河上公本作"载营魄抱一,能无离。专气致柔,能婴儿。涤除玄览,能无疵。爱民治国,能无知(为)。天门开阖,能无(为)雌。明白四达,能无知。生之畜之,生而不有,为而不恃,长而不宰,是谓玄德"。

想尔本作"载营魄抱一,能无离。专气致柔,能婴儿。涤除玄览,能无疵。爱民治国,而无知。明白四达,而无为。天地开阖,而为雌。生之畜之,生而不有,为而不恃,长而不宰,是谓玄德"。

傅奕本作"载营魄抱一,能无离乎? 专气致柔,能如婴儿乎? 涤除玄览,能无疵乎? 爱民治国,能无以知乎? 天门开阖,能为雌乎? 明白四达,能无以为乎? 生之畜之,生而不有,为而不恃,长而不宰,是谓玄德"。

帛书甲本作"□□□□□□□□□□□能婴儿乎? 脩除玄藍,能毋疵乎? 爱□□□□□□□□□□□□□生之畜之,生而弗有□□□□□□□德"。

帛书乙本作"戴营魄抱一,能毋离乎? 专气至柔,能婴儿乎? 脩除玄監,能毋有疵乎? 爱民栝国,能毋以知乎? 天门启阖,能为雌乎? 明白四达,能毋以知乎? 生之畜之,生而弗有,长而弗宰也,是胃玄德"。

汉简本作"载营魄抱一,能毋离乎? 专气致柔,能婴儿乎? 脩除玄鑑,能毋有疵乎? 爱民沽国,能毋以智乎? 天门启闭,能为雌乎? 明白四达,能毋以智乎? 故生之畜之,生而弗有,长而弗宰,是谓玄德"。

(1) 从文句来看,汉简本与帛书乙本最为接近。王本、河本与傅本"涤除玄览,能无疵(乎)",在汉简本和帛书乙本皆作"脩除玄鑑(監),能毋有疵乎",王本、傅本"明白四达,能无(以)为乎"(河本"明白四达,能无知"),汉简本、帛书乙本皆作"明白四达,能毋以智(知)乎",帛书甲本字虽缺失较多,但是也可看出,其与乙本文句较为接近。

(2) 传世本中的"无",在汉简本和帛书甲乙本中皆作"毋",传世本中的"不",在简帛本中皆作"弗"。"毋""弗"乃楚语,则可知,汉简本之抄写地域与帛书甲乙本大概一致。

(3) 河上公本与想尔本此章无疑问语气词"乎"字,且想尔本"明白四达"句与"天地开阖"句位置互倒。

(4) 河本作"明白四达,能无知",比较接近于汉简本和帛书乙本的"明白四达,能无以知"。

根据上述比较可知,《老子》各出土简帛本属于同一版本系统,各传世本属于另一版本系统。

汉简本第五十四章（对应王弼本、河上公本、傅奕本第十一章，想尔本有此章，郭店本无此章，帛书甲乙本有）

（1）传世之王本、河本、想尔本、傅奕本的"有器之用"，在出土的汉简本、帛书乙本皆作"有殖器之用也"，帛书甲本虽缺三字，但也可以看出，与乙本同。

（2）传世之王本、河本、想尔本、傅奕本的"凿户牖"三字后皆有"以为室"三字，而汉简本、帛书甲乙本"凿户牖"三字后皆无"以为室"三字。

根据上述比较可知，《老子》汉简本与帛书乙本、甲本更为接近，而与传世本远。《老子》各出土简帛本与各传世本分属于两个大的版本系统。

汉简本第五十五章（对应王弼本、河上公本、傅奕本第十二章，想尔本有此章，郭店本无此章，帛书甲乙本有）

（1）从文辞的顺序上看，简帛本与传世本不同，汉简本、帛书甲乙本皆是"五色……驰骋（驱骋）田猎……难得之货……五味……五音……是以圣人（声人）……"，而传世本皆作"五色……五音……五味……驰骋田猎……难得之货……是以圣人……"，这说明，出土简帛本是一大系统，传世本是另一大系统。这一变化，应是传世本经过后人的改动而形成的。从表述上看，传世本此章顺序无疑较出土本为优，但是，出土本保持了《老子》一书的原貌。

（2）帛书甲乙本"是以圣人（声人）"之后有"之治也"，而汉简本及传世本皆无此三字。盖自汉简本开始，此三字为后世抄手所遗漏。从表述上看，帛书甲乙本有此三字为优。

根据上述比较可知，《老子》各出土简帛本属于同一版本系统，各传世本属于另一版本系统。

汉简本第六十一章（对应王弼本、河上公本、傅奕本第二十章，想尔本有此章，郭店本有此章，见乙组简4-5，帛书甲乙本有）

王弼本第二十章"善之与恶，相去若何？人之所畏，不可不畏"，河上公本作"善之与恶，相去何若？人之所畏，不可不畏"，傅奕本和想尔本皆作"美之与恶,相去何若?人之所畏,不可不畏",郭店本作"美与恶,相去何若?人之所畏,亦不可以不畏人",帛书甲本字有缺失,作"美与恶,其相去何若?人之□□,亦不□□□□□",帛书乙本作"美与恶,其相去何若?人之所畏,亦不可以不畏人",汉简本作"美与恶,其相去何若?人之所畏,不可以不畏人"。

(1)郭店本、帛书甲乙本和汉简本"美与恶",在傅奕本和想尔本作"美之与恶",而在王弼本和河上公本又做"善之与恶"。

(2)郭店本、帛书乙本的"人之所畏,亦不可以不畏人"和汉简本"人之所畏,不可以不畏人",都比传世本王弼本、河上公本、想尔本和傅奕本的"人之所畏,不可不畏"多一关键的"人"字,文句更完整,文义更晓畅。

从文辞来看,汉简本与帛书乙本、甲本应有非常接近的亲缘关系,郭店本与秦汉三个出土简帛本《老子》也颇接近,傅奕本、想尔本则比王本与河上本更接近汉简本。

郭店本、帛书甲乙本和汉简本应该属于同一系统,而传世的王弼本、河上公本、想尔本和傅奕本则属于另一系统,而想尔本和傅奕本又保留了简帛本《老子》的一些古貌。

另外,包括汉简本《老子》在内的出土《老子》版本,与传世《老子》版本,还存在一个句式上的明显差异,如《老子》传世本"不+动词+宾语",汉简本、郭店本和帛书甲乙本多用"弗+动词",这说明汉简本与帛书甲乙本、郭店本既有地域上的相同性,也存在版本来源上的一致性。

王弼本、河上公本、傅奕本第四十一章、严遵本第三章有"下士闻道,(而)大笑之,不笑,不足以为道",郭店本作"下士昏道,大笑之,弗大笑,不足以为道矣",帛书甲本无,帛书乙本作"下士闻道,大笑之,弗笑,□□以为道",汉简本作"下士闻道,大笑之,弗笑,不足以为道"。

王弼本、河上公本第五十六章有"知者不言,言者不知",严遵本第十八章与上引王、河本同,傅奕本第五十六章则作"知者不言也,言者不知也",郭店本作"智之者弗言,言之者弗智",帛书甲本文字有缺失作"□□

弗言,言者弗知",帛书乙本作"知者弗言,言者弗知",汉简本则作"智者弗言,言者弗智。"

王弼本、河上公本、傅奕本第六十章有"非其神不伤人,圣人亦不伤人",严遵本第二十一章与上引王、河、傅本同,郭店本无此章段,帛书甲本作"非其神不伤人也,圣人亦弗伤□",帛书乙本作"非其神不伤人也,□□□弗伤也",汉简本第二十三章作"非其神不伤人也,圣人亦弗伤"。从文字的比较看,帛书甲乙本虽各有缺漏文字,但是二者应该是一致的,而汉简本除开无句尾"也"字外,又与帛书甲乙本高度一致。

王弼本第六十六章"是以圣人处上而民不重,处前而民不害。是以天下乐推而不厌",河上公本与王本同,严遵本作"故在上而民不重,居民之前而民不害。天下乐推而上之,而不知厌",傅奕本作"是以圣人处之上而民弗重,处之前而民不害也。是以天下乐推而不厌"。郭店本作"其才民上也,民弗重也;其才民前也,民弗害也。天下乐進而弗詀",帛书甲本作"故居前而民弗害也,居上而民弗重也。天下乐隼而弗厌也",帛书乙本作"故居上而民弗重也,居前而民弗害。天下皆乐谁而弗厌也",汉简本作"是以居上□民弗重,居前而民弗害。是以天下乐推而弗厌也"。

郭店本、帛书甲乙本皆在楚国,从相似度看,汉简本与帛书乙本、甲本等应是出自同一地域即楚国。

六、结论

据上所述,我们可以得出如下结论:

先秦到魏晋时期,《老子》一书存在众多版本。对于这些众多的《老子》版本,我们可以按照分篇篇数篇序、分章章序、是经书还是子书、是出土文献还是传世典籍等标准,将其进行系统划分。

根据分篇篇数篇序的情况,我们可以把《老子》划分为一篇制系统、二篇制系统和三篇制系统,以及无法判定篇数的系统。一篇制的《老子》包括《汉志》所录《老子傅氏经说》三十七篇本和刘向校书所用《老子》"太史书"本。二篇制的《老子》包括篇序确定的《德》前《道》后本和《道》前《德》后本，以及篇序无法判定的本子。《德》前《道》后本有分章不明确的帛书甲乙二本、分章明确的汉简本和严遵本；《道》前《德》后本有河上公本、傅奕本、想尔本、王弼本、司马迁著《史记·老子列传》所用本、刘向校定本、《理惑论》所据本等；篇序无法判定的二篇本有《老子邻氏经传》本、刘向校书所用"中《老子》书"本和"臣向书"本、安丘望之本、桓谭所据本。三篇制的《老子》包括郭店楚简本、《老子徐氏经说》所据本。篇数无法确定的本子包括《文子》所据本、韩非子所据本、刘安《淮南子》所据本等。

根据《老子》某一版本是经书还是子书的情况，可以将《老子》不同版本划分为经学化和子学化两种系统。子学化的《老子》版本，有河间献王刘德收藏的"七十子之徒所论"本、文子所据本、稷下定本、郭店楚简本、列子本、申子本、庄子学派本、荀子所据本、吕不韦门客所据本、韩非所据本、帛书甲本、项羽妾本（傅奕本所据底本）、帛书乙本等；经学化的《老子》版本，有汉简本、河上公章句本、《汉志》著录的邻氏傅氏徐氏三家本、刘向校定本、安丘望之章句本、想尔注本、牟子《理惑论》所据本。

另外，我们还可以根据《老子》某一版本是出土文献还是传世典籍的情况，将其划分为出土文献《老子》本和传世典籍《老子》本两种系统：出土文献《老子》本包括犹存的《老子》郭店楚简本、帛书甲乙本、汉简本四种，和已佚的项羽妾本；其余皆为传世本。

结合前面的划分方法和词句异文的比较可知：汉简本《老子》属于二篇制系统的具有明确章段划分的《德》前《道》后本；在众多的《老子》版本中，同样作为出土本的《老子》，汉简本与帛书乙本最为接近，其次是帛书甲本，而与郭店本较远；与传世本系统里的《老子》相比较，汉简本则有些地方与傅奕本更近，有些地方与严遵本更近，有些地方与想尔本更近，而与河上本及王弼本关系较远。

第三章　汉简本《老子》相关章段划分的考察

第一节　汉简本《老子》"方而不割"四句章段归属考

一、问题的由来

《老子》"方而不割"四句在汉简本中的章段归属不同于传世的王弼本、河上公本、傅奕本和出土的帛书乙本，但同于严遵本，这引起了学界的注意。另外，"方而不割"四句在不同《老子》版本中，其文辞也稍有不同。

汉简本《老子》作"方而不割，廉而不刑，直而不肆，光而不耀"，下接"治人事天，莫如啬……是谓深根固抵（柢），长生久视之道也"（内容相当于王弼本第五十九章），与之合为一章，为汉简本第二十二章。"方而不割"四句为该章之首。①

王弼本作"是以圣人方而不割，廉而不刿，直而不肆，光而不耀"，上接

---

① 北京大学出土文献研究所编：《北京大学藏西汉竹书（贰）》，上海：上海古籍出版社，2012年版，第133页。

"其政闷闷,其民淳淳……人之迷,其日固久",与之合为一章,为第五十八章。"方而不割"四句为该章之尾。①

河上公本作"是以圣人方而不割,廉而不害,直而不肆,光而不曜(耀)",上接"其政闷闷,其民醇醇……人之迷,其日固久",与之合为一章,为河上公本第五十八章(内容相当于王弼本第五十八章)。"方而不割"四句为该章之尾。②

傅奕本作"是以圣人方而不割,廉而不刿,直而不肆,光而不耀",上接"其政闵闵,其民偆偆……人之迷也,其日固久矣",与之合为一章,在傅奕本中为第五十八章(内容相当于王弼本第五十八章)。"方而不割"四句为该章之尾。③

严遵本作"方而不割,廉而不刿,直而不肆,光而不耀",下接"治人事天,莫如啬……深根固蒂,长生久视",与之合为一章,在严遵本中为第二十章(内容相当于王弼本第五十九章)。"方而不割"四句为该章之首。④

郭店楚简本既没有"方而不割"四句,也没有如王弼本"其政闷闷,其民淳淳……人之迷,其日固久"等句。但是有相当于王弼本的第五十九章,作"纷人事天,莫若啬……□□□□□长生旧视之道也",在乙组简1-3。⑤ 该章虽然有数字残缺,但是从章这一单位的角度看,仍然是独立的完整的一章。

帛书甲本则残损严重,无"方而不割"四句,其相应位置的上下章也都不完整,上章作"□□□□□□□其正察察,其邦夬夬。祸,福之所倚;

---

① 王弼著,楼宇烈校释:《老子道德经注校释》,北京:中华书局,2008年版,第151~152页。
② 王卡点校:《老子道德经河上公章句》,北京:中华书局,1993年版,第225~227页。
③ 傅奕著:《道德经古本篇》,熊铁基、陈红星主编:老子集成第1卷第5册,北京:宗教文化出版社,2011年版,第53页。
④ 严遵著,王德有点校:《老子指归》,北京:中华书局,1994年版,第65页。
⑤ 荆门市博物馆编:《郭店楚墓竹简》,北京:文物出版社,1998年版,第118页。

福,祸之伏……",下章作"……可以有国,有国之母,可以长久。是胃深根固氐,长□□□□道也",故难断其归属。①

帛书乙本有"方而不割"四句,作"是以方而不割,兼而不刺,直而不绁,光而不眺",其上下段文字皆存,虽有残缺,但可据以推定其字数,其上段文字作"其正闵闵,其民屯屯……□之迷也,其日固久矣",其下段文字作"治人事天,莫如啬……是胃□根固氐,长生久视之道也"。② 从其前有"是以"二字来看,"方而不割"四句在帛书乙本中应该是与其上段文字合为一章的。

按上所述可知,"方而不割"四句的章段裁划有以下两种情况:

一种为"方而不割"四句前有"是以(圣人)"数字,二者一起作为总结此前内容的文字,属于相当于王弼本的第五十八章,为该章章尾。如王弼本、河上公本、傅奕本、帛书乙本。

另一种为"方而不割"四句前无"是以(圣人)"数字,但其被划归相当于王弼本的第五十九章,为该章章首。如在汉简本和严遵本中,既没有承接上文之意的总结语词"是以",也没有章首发语词"夫惟"或"夫"。但是,从全书用以标识章节的圆点来看,在汉简本中,"方而不割"四句与"治人事天莫若啬"合为一章,为汉简本第二十二章,相当于王弼本第五十九章。而在严遵本中,此四句也是与"治人事天莫如啬"合为一章,且明确标章题名为"方而不割篇"。③

关于"方而不割"四句的章段归属,学界有两种不同的观点。

一种观点认为,"方而不割"四句应该归属下章,汉简本《老子》整理者之一韩巍先生说:

---

① 国家文物局古文献研究室编:《马王堆汉墓帛书(壹)》,北京:文物出版社,1980年版,第5页。
② 国家文物局古文献研究室编:《马王堆汉墓帛书(壹)》,北京:文物出版社,1980年版,第91页。
③ 严遵著,王德有点校:《老子指归》,北京:中华书局,1994年版,第65页。

此四句是形容有国治民者道德修养的理想状态,应该低调收敛,避免锋芒外露。传世本五十九章的主旨在"治人事天莫若啬"一句,"啬"即收敛、爱惜之义,"方而不割"四句正与"啬"的宗旨相合。相比之下,此四句与传世本五十八章内容上的联系似乎不是那么明显。①

另一种观点认为,"方而不割"四句应属上章,丁四新先生说:

比照诸本,可知"方而不割"四句在汉简本中的裁划位置是不恰当的,本应属上章;相对来说,通行本将其归入第五十八章,这是颇为合理的。②

那么,"方而不割"四句到底是归属相当于王弼本的第五十八章(即汉简本第二十一章)且为其章尾呢,还是归属相当于王弼本的第五十九章(即汉简本第二十二章)且为其章首呢?

要考察这一问题,我们就需要探明"方而不割"四句的含义是什么,以及相当于王弼本的第五十八章和第五十九章的主旨各是什么。只有弄清了"方而不割"四句本身的含义及其上下章段的主旨,才能正确判断其位置的章段归属。

二、"方而不割"四句的含义

我们先看"方而不割"四句的含义。

除开有无表示上下承接关系的连词之外,"方而不割"四句在各本中还存在异体字和假借字的区别。严遵本、傅奕本和王弼本完全一致,都作

---

① 韩巍著:《西汉竹书〈老子〉的文本特征和学术价值》,北京大学出土文献研究所编:《北京大学藏西汉竹书(贰)》附录三,上海:上海古籍出版社,2012年版,第213~214页。
② 丁四新著:《从出土简帛本看早期〈老子〉篇章的演变及其成型与定型》,北京大学出土文献研究所编:《古简新知——西汉竹书〈老子〉与道家思想研究》,上海:上海古籍出版社,2017年版,第175页。

"方而不割,廉而不刿,直而不肆,光而不耀"。而汉简本、帛书乙本、河上公本与上列三本不同,王弼本中的"刿",汉简本作"刖",帛书乙本作"刺",河上公本作"害";王弼本中的"廉",帛乙本作"兼",是"廉"的假借字;王弼本中的"肆""耀",帛书乙本分别作"紲""眺","紲"与"肆"、"眺"与"耀"均是音近通假;至于河上公本的"曜",乃是"耀"的异体字,于全章章义的理解以及"方而不割"四句的位置归属没有多大的影响。

方,方正、正直,《广雅·释诂一》:"方,正也。"《汉书·王莽传上》:"莽色厉而言方,欲有所为,微见风采。"颜师古注:"外示凛厉之色,而假为方直之言。"①

割,《说文》:"割,剥也。从刀,害声。"《广韵》:"剥也,害也,断也,截也。"《尔雅·释言》:"割,裂也。"邢昺疏:"割,谓以刀裂之也。"《玉篇·刀部》:"割,截也。"②

廉,事物的棱,棱角,《广雅·释言》:"廉,棱也。"《礼记·聘义》:"廉而不刿,义也。"孔颖达疏:"廉,棱也;刿,伤也。言玉体虽有廉棱,而不伤割于物;人有义者亦能断割而不伤物,故云义也。"

刖,《说文》:"刖,绝也。从刀,月声。"泛指截断。《睡虎地秦墓竹简·为吏之道》:"严刚毋暴,廉而毋刖。"③

刺,《说文》:"刺,君杀大夫曰刺。刺,直伤也。从刀,从朿,朿亦声。"顾蔼吉《隶辨》:"(朿)碑变从夾。《左传·成十六年》'刺公子偃',《释文》云:'刺本又作刾。'相仍积习,有所从来。"④

刿,《说文》:"刿,利伤也。从刀,岁声。"《方言》卷三:"凡草木刺人,自

---

① 汉语大字典编辑委员会编:《汉语大字典》,成都:四川辞书出版社,武汉:湖北辞书出版社,1990年版,第2173页。
② 汉语大字典编辑委员会编:《汉语大字典》,成都:四川辞书出版社,武汉:湖北辞书出版社,1990年版,第351页。
③ 汉语大字典编辑委员会编:《汉语大字典》,成都:四川辞书出版社,武汉:湖北辞书出版社,1990年版,第327页。
④ 汉语大字典编辑委员会编:《汉语大字典》,成都:四川辞书出版社,武汉:湖北辞书出版社,1990年版,第333页。

关而东,或谓之刿。"《广韵·祭韵》:"刿,伤也,割也。"①

害,《说文》:"伤也。从宀从口。宀、口,言从家起也。丯声。"《诗·大雅·荡》:"枝叶未有害,本实先拨。"郑玄笺:"枝叶未有折伤。"②

直,《说文》:"正见也。从乚从十从目。"《说文解字注》:"正见也。《左传》曰:'正直为正,正曲为直。'其引申之义也。见之审则必能矫其枉,故曰'正曲为直'。从十目乚,谓以十目视,隐者无所逃也。三字会意。"

肆,《易·系辞下》:"其言曲而中,其事肆而隐。"李鼎祚《集解》引虞翻曰:"肆,直也。"韩康伯注:"事显而理微也。"《史记·乐书》:"肆直而慈爱者宜歌《商》。"裴骃《集解》引郑玄曰:"肆,正也。"③

从上面的字词释义看,割、刑、刿、刺、害皆有"伤害"义。

"方而不割,廉而不刿,直而不肆,光而不耀"四句,其强调的重点是"不割,不刿,不肆,不耀",即强调以德服人,不伤害他人,而不是以势逼人。那么,其真实含义是什么呢?

《韩非子·解老》解此四句云:

> 所谓方者,内外相应也,言行相称也。所谓廉者,必生死之命也,轻恬资财也。所谓直者,义必公正,心不偏党也。所谓光者,官爵尊贵,衣裘壮丽也。
>
> 今有道之士,虽中外信顺,不以诽谤穷堕;虽死节轻财,不以侮罢羞贪;虽义端不党,不以去邪罪私;虽势尊衣美,不以夸贱欺贫……故曰:"方而不割,廉而不刿,直而不肆,光而不耀。"④

---

① 汉语大字典编辑委员会编:《汉语大字典》,成都:四川辞书出版社,武汉:湖北辞书出版社,1990年版,第357页。
② 汉语大字典编辑委员会编:《汉语大字典》,成都:四川辞书出版社,武汉:湖北辞书出版社,1990年版,第929页。
③ 汉语大字典编辑委员会编:《汉语大字典》,成都:四川辞书出版社,武汉:湖北辞书出版社,1990年版,第3167页。
④ 韩非著,王先慎解集:《韩非子集解》,诸子集成第五册,上海:上海书店出版社,1986年版,第100～101页。

韩非认为,方,即表里一致,言行端正;廉,即重视生命,轻视钱财;直,坚持正义,心无偏党;光,即官爵尊贵,服饰亮丽。有道之士,虽然自己表里一致,令人顺服,但是不以此诽谤穷困堕落之人。虽然看重生命名节,轻视钱财,但不因此欺侮罢去官职之人和羞辱贪婪之人。虽然自己坚持正义,不结党营私,但不因此屏去邪恶者,加罪自私者。虽然自己身居高位服饰亮丽,但不因此而在卑贱者面前夸耀,欺负贫困者。这就是韩非所云"方而不割"四句的含义。

我们再看河上公和王弼的相关注释。

《老子道德经河上公章句》云:

> 害,伤也。肆,申也。圣人行方正者,欲以率下,不以割截人也。圣人廉清,欲以化民,不以伤害人也。今则不然,正己以害人也。圣人虽直,曲己从人,不自申也。圣人虽有独见之明,当如暗昧,不以曜乱人也。①

王弼注云:

> 以方导物,令去其邪,不以方割物。所谓大方无隅。廉,清廉也。刿,伤也。以清廉导民,令去其污,不以清廉刿伤于物也。以直导物,令去其僻,而不以直激拂于物也。所谓大直若屈也。以光鉴其所以迷,不以光照求其隐慝也。所谓明道若昧也。此皆崇本以息末,不攻而使复之也。②

河上公、王弼之解,言虽不同而其义一致,"率下""化民""导物""导民""鉴迷""不割截""不伤害""不照慝"等语词表明,《老子》本义是说圣人从积极的、正面的角度去做表率,以教化他人,引导他人,照亮他人,而不

---

① 王卡点校:《老子道德经河上公章句》,北京:中华书局,1993年版,第227页。
② 王弼注,楼宇烈校释:《老子道德经注校释》,北京:中华书局,2008年版,第152页。

是从消极的、负面的角度去伤害他人,揭露他人的阴暗与邪恶。

韩非、河上公、王弼皆得《老子》之真义,皆云为政者应以德服人,做人表率,但不以此苛求他人,也即在施政上需要宽容他人。

然也有稍不同之解说者。

《文子·上义》云:

> 老子曰:自古及今,未有能全其行者也。故君子不责备于一人,方而不割,廉而不刿,直而不肆,博达而不訾,道德文武不责备。于人以力,自修以道,而不责于人,易偿也。自修以道,则无病矣。夫夏后氏之璜,不能无瑕,明月之珠,不能无秽,然天下宝之者,不以小恶妨大美。今志人之所短,忘人之所长,而欲求贤于天下,即难矣。①

《淮南子·氾论训》也有似《文子·上义》的章段,云:

> 自古及今,五帝三王,未有能全其行者也。故《易》曰:"小过,亨,利贞。"言人莫不有过,而不欲其大也。夫尧、舜、汤、武,世主之隆也;齐桓、晋文,五霸之豪英也。然尧有不慈之名,舜有卑父之谤,汤、武有放弑之事,五伯有暴乱之谋。是故君子不责备于一人,方正而不以割,廉直而不以切,博通而不以訾,文武而不以责。②

从文辞上看,《文子·上义》古朴义丰,而《淮南子·氾论》通俗浅显,《氾论训》盖袭自《上义》,而增删其事,变异其辞。

《文子·上义》与《淮南子·氾论训》也是虽其文辞有异,但其所论有关"方而不割"文句的义理一致,都是说对人对事不可求全责备,要志人之长忘其之短,小恶不妨大美。

《文子·上义》《淮南子·氾论训》所释与《韩非子·解老》《河上公章句》及王弼注所解相比,其侧重点发生了变化,韩非、河上公、王弼重在强

---

① 文子著,王利器疏义:《文子疏义》,北京:中华书局,2009年版,第484页。
② 刘安等著,高诱注:《淮南子》,诸子集成第七册,上海:上海书店出版社,1986年版,第226页。

调以德服人,做人表率,而《上义》《氾论训》重在强调对人不可求全责备。

《淮南子·道应训》亦有两章文字涉及了王弼本第五十八章的内容,且这两章文字在《道应训》中是连续的两章,而作者又引用同为王弼本第五十八章中的章首、章尾文字分别作结说理。《道应训》云:

> 昔赵文子问于叔向曰:"晋六将军,其孰先亡乎?"对曰:"中行、知氏。"文子曰:"何乎?"对曰:"其为政也,以苛以察,以切为明,以刻下为忠,以计多为功。譬之犹廓革者也,廓之,大则大矣,裂之道也。"故老子曰:"其政闷闷,其民纯纯。其政察察,其民缺缺。"

> 景公谓太卜曰:"子之道何能?"对曰:"能动地。"晏子往见公,公曰:"寡人问太卜曰:'子之道何能?'对曰:'能动地。'地可动乎?"晏子默然不对。出,见太卜,曰:"昔吾见句星在房、心之间,地其动乎?"太卜曰:"然。"晏子出。太卜走往见公曰:"臣非能动地,地固将动也。"田子阳闻之,曰:"晏子默然不对者,不欲太卜之死;往见太卜者,恐公之欺也。晏子可谓忠于上而惠于下矣。"故老子曰:"方而不割,廉而不刿。"

"赵文子问于叔向"章是讲述为政者不可太过苛察,而应宽厚为政。

"景公谓太卜"章按照田子阳对晏子的评论之语,是说晏子对他人不求全责备,既能警醒他人,又能宽容他人,不让他人受到伤害。

前揭韩巍先生以"方而不割"四句正与"啬"的宗旨相合而认为"方而不割"四句应归属于下章(即王弼本第五十九章)。实际上,将"方而不割"四句与第五十九章之"啬"联系起来的最早应是北宋的苏辙。

苏辙作有《老子解》,其解《老子》五十八章云:

> 天地之大,世俗之见有所眩而不知也。盖福倚于祸,祸伏于福。譬如昼夜寒暑之相代,正之为奇,差之为妖;譬如老稚生死之相继,未始有止,而迷者不知也。夫惟圣人出于万物之表,而揽其终始,得其大全而遗其小察。视之闷闷,若无所明,而其民醇醇,各全其性矣。

> 若夫世人不知道之全体，以耳目之所知为至，彼方且自以为福，而不知祸之伏于后。为且自以为善，而不知妖之起于中。区区以察为明，至于察甚，伤物而不悟其非也。可不哀哉？知小察之不能尽物，是以虽能方、能廉、能直、能光，而不用其能，恐其陷于一偏而不反也。此则世俗所谓闷闷也。①

苏辙在此处解释了为政者"闷闷"以政的原因是"圣人出于万物之表，而揽其终始，得其大全而遗其小察"，虽然未对"方而不割"四句作更多的解释，只是稍微带过，但是从其所云"知小察之不能尽物，是以虽能方、能廉、能直、能光，而不用其能，恐其陷于一偏而不反也。此则世俗所谓闷闷也"可以看出，苏辙所见本"方而不割"四句在相当于王弼本的第五十八章。

不过，苏辙在解释第五十九章时，却以"方而不割"四句来解释"治人事天莫若啬"之"啬"：

> 凡物方则割，廉则刿，直则肆，光则耀。唯圣人方而不割，廉而不刿，直而不肆，光而不耀，此所谓啬也。夫啬者，有而不用者也。
>
> 世患无以服人，苟诚有而能啬，虽未尝与物较，而物知其非不能也，则其服之早矣。物既已服，敛藏其用，至于殁身而终不试，则德重积矣。德积既厚，虽天下之刚强无不能克，则物莫测其量矣。如此而后可以有国。彼世之小人，有尺寸之柄而轻用之，一试不服，天下测知其深浅而争犯之，虽欲保其国家，不可得也。吾是以知啬之可以有国，可以有国，则有国之母也。孟子曰："存其心，养其性，所以事天也。"以啬治人，则可以有国者也。以啬事天，则可以深根固蒂者是也。古之圣人，保其性命之常，不以外耗内，则根深而不可拔，蒂固而不可脱，虽以长生久视可也。盖治人事天，虽有内外之异，而莫若啬

---

① 转引自焦竑撰，黄曙辉点校：《老子翼》，上海：华东师范大学出版社，2011年版，第142页。

则一也。①

从"世患无以服人,苟诚有而能啬,虽未尝与物较,而物知其非不能也,则其服之早矣"看,苏辙亦谓《老子》以己之德做人表率,而非以己之德苛求于人,非以势逼人,盖亦得《老子》之真义。

苏辙以第五十八章之章尾"方而不割"四句解第五十九章之章首,其义颇通,此则说明第五十八章与第五十九章有着紧密的联系。

今有学者高明先生注"方而不割"四句云:

> 帛书甲本此节经文残毁,乙本保存完好。与今本勘校,世传各本皆在"是以"之下有"圣人"二字……乙本无"圣人"二字,今本除严本外,其他皆有之,究属孰是? 从前后文意分析,前文则谓:"正复为奇,善复为妖。人之迷也,其日固久矣。"后边则接"是以方而不割,廉而不刺,直而不肆,光而不耀",显然这是老子教导人们为了适应这种鲜为人知的变化,应自我进行严于律己、宽以待人之道德修养,非指天赋予圣人的特有美德。……从而可见,帛书乙本无"圣人"二字,似与经文内容更为贴切。今本多出"圣人"二字,释义颇多牵强,当据帛书经文订正。②

高明说"方而不割,廉而不刺,直而不肆,光而不耀""非指天赋予圣人的特有美德",又说"帛书乙本无'圣人'二字,似与经文内容更为贴切。今本多出'圣人'二字,释义颇多牵强,当据帛书经文订正",此说不确。《老子》一书多将有道之圣人、王侯与众人或普通人君进行对比,以突出圣人、王侯高深的智慧,详见下文(第四小节)所论。"方而不割……"是圣人特有的美德,是普通人君或大众所没有的,所以"方而不割"四句之前更应该加上"圣人"二字作其主语。这样,既可以将圣人与前面的众人进行对比,

---

① 转引自焦竑撰,黄曙辉点校:《老子翼》,上海:华东师范大学出版社,2011年版,第144~145页。

② 高明撰:《帛书老子校注》,北京:中华书局,1996年版,第113~114页。

以突出圣人高深的智慧，又可以使本章在表达上语意连贯文从字顺。所以，帛书乙本、汉简本、严遵本均应据传世本补上"圣人"二字。实际上，在《老子》一书中，不管有无"圣人"二字，能够达到"方而不割……"思想境界的，只能是有道的圣人，普通人君或大众是达不到的。

《道应训》引多处《老子》之语作结，然如按王弼本或河上公本章节顺序言，其涉及《老子》章节依次为①：第二章、第五十六章、第七十章、第五十七章、第十四章、第九章、第二十八章、第十章、第四章、第七十三章、第七十四章、第二十八章、第五十二章、第九章、第二十五章、第十三章、第五十五章、第五十二章、第五十四章、第一章、第三十六章、第五章、第三章、第二十二章、第七十八章、第二十二章、第四十五章、第五十六章、第七十八章、第二十七章、第二章、第二十一章、第六十二章、第七章、第四十四章、第三十九章、第二十三章、第二十八章、第二十章、第十九章、第二十七章、第十章、第七十一章、第五十二章、第十二章、第四十三章、第四十七章、第二十七章、第十六章、第七十五章、第五十八章、第十八章、第十五章、第三十七章。《道应训》引《老子》时，为什么会出现这样一种顺序？尤其是《老子》的同一章节中的不同文句会在不同位置中出现，如第二章、第九章、第五十六章、第七十八章分别出现两次，而第二十八章还出现三次。这样一种情况的出现，或许与《道应训》的文体有关。因为《道应训》的文体是述事以明理，即在述事之后，以《老子》中的某一文句来作一总结说明道理，与《韩非子·喻老》有点类似。《道应训》所述之事并非按照一定的顺序，似是漫无目的地述说，而述说之后所引用来说理的《老子》文句当然也无法按照传世本《老子》文本的顺序排列了。

《道应训》所述之事有两件与《老子》第五十八章有关，一件是赵文子问于叔向"晋六将军其孰先亡"？一件是晏子对太卜答景公问的处理方式。前者用"其政闷闷，其民纯纯。其政察察，其民缺缺"作结，后者用"方

---

① 《道应训》引《老子》之语作结时多摘取某章之一二句而非全章。

而不割,廉而不刿"作结。

从上述典籍中记载的对"方而不割"四句的训释看,重点在"不割、不刿、不肆、不耀","不割、不刿"更多的是强调圣人或王侯不苛求他人不伤害他人,是圣人或王侯站在为他人考虑的角度①,而"不肆、不耀"则是强调圣人或王侯"适动静之节,省思虑之费"和"爱其精神,啬其智识",是圣人或王侯站在保养自己精神的角度考虑。《道应训》"景公谓太卜"章以田子阳的口气说晏子既不想让欺骗景公的太卜犯欺君之罪而死,又不想让景公受欺骗,只引用了前两句"方而不割,廉而不刿",显然不是晏子自己"啬"的问题了,而是晏子既要揭穿太卜最初的谎言让景公不受欺骗,又要让太卜不遭受惩罚;这既体现出了晏子对景公的忠心,又体现了晏子对太卜的恩惠,使二者都没有受到伤害。

三、王弼本第五十八章和第五十九章的主旨

我们再看王弼本第五十八章和第五十九章的主旨。

考察第五十八章和第五十九章的主旨,不能脱离其他章节而孤立地看问题,而是要将之与第五十七章、第六十章、第六十一章联系起来。实际上,第五十七章、第五十八章、第五十九章、第六十章、第六十一章这五章是一个联系紧密的整体,围绕一个共同的主题"治国取天下"之事进行论述。而第五十七章是这个整体的总纲,其下环环相扣,层层深入,论述圣人该如何"治国取天下"。第五十七章虽然有"以奇用兵"四字,但其后文字并不涉及这一内容,则"以奇用兵"四字盖为整齐句式而已。

第五十七章的"以正治国……以无事取天下"是总论点,其论据有二:其一是追求治国之"正",从反面的角度来论证"以正治国"的重要性,即"天下多忌讳而民弥贫,民多利器国家滋昏,人多伎巧奇物滋起。法令滋彰,盗贼多有";其二是追求取天下之"无事",从正面的角度来论证如何

---

① 即汉简本第十二章"圣人恒无心,以百姓之心为心"。

"以无事取天下",即"我无为而民自化,我好静而民自正,我无事而民自富,我无欲而民自朴"。

第五十八章是对治国之"正"的展开论述。该章的主旨是圣人或王侯为政应当宽厚,不可严苛;其哲学基础是祸福相依,其对圣人或王侯的要求是"方而不割,廉而不刿,直而不肆,光而不耀"。

第五十九章是对取天下之"无事"的展开论述。该章的主旨即是"治人事天莫若啬","爱其精神,啬其智识"。

第六十章是对"以正治国"的补充,即以"无为治国",再次重申应为政宽厚,不得严苛,如此方可"两不相伤,德交归焉"。

第六十一章是对"以无事取天下"的补充,即大国在处理外交事务时,当"居下、以静"。

四、考之相关典籍及《老子》文本可知,"方而不割"四句应归属相当于王弼本的第五十八章

经过以上梳理,我们再看看"方而不割"四句的位置归属。

我们认为,"方而不割"四句,应该归属相当于王弼本的第五十八章且为该章之章尾,而不属于第五十九章。理由如下。

其一,以郭店楚简本《老子》例之,"方而不割"四句不归属相当于王弼本的第五十九章。

郭店楚简本《老子》既有相当于王弼本第五十七章的内容(即"以正治邦"章,在甲组简29—32;相应内容在汉简本为第二十章):

■以正治邦,以奇用兵,以亡事(第29简)取天下。吾可以智其然也?夫天多忌讳而民尔畔,民多利器而邦慈昏,人多(第30简)智而奇勿慈起,法勿慈章,盗贼多又。是以圣人之言曰:我无事而民自富,(第31简)我无为而民自化,我好静而民自正,我谷不谷而民自朴。レ

又有相当于王弼本第五十九章的内容(即"治人事天莫若啬"章,在乙组简1—3;相应内容在汉简本为第二十二章):

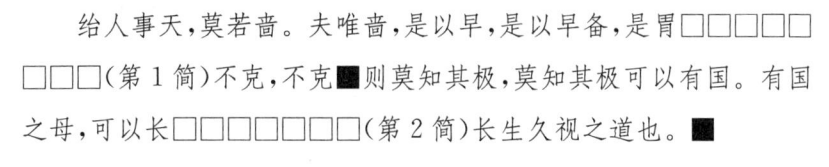

  给人事天,莫若啬。夫唯啬,是以早,是以早备,是胃□□□□□□□(第1简)不克,不克■则莫知其极,莫知其极可以有国。有国之母,可以长□□□□□□□(第2简)长生久视之道也。■

却缺失了二者之间的相当于王弼本第五十八章的内容(当然也包括"方而不割"四句)。

  在楚简本中,"以正治邦"章(相当于王弼本第五十七章)抄写在甲组第29—32枚竹简上,前有表示分章的墨钉,后有表示分篇的钩;"给人事天,莫若啬"章(相当于王弼本第五十九章)抄写在乙组第1—3枚竹简上,该章首句"给人事天,莫若啬"数字抄写在乙组第一枚简上,尾句"长生久视之道也"在第三枚简前半,且其后有表示分章的墨钉。这样的抄写形式表明,"以正治邦"章(相当于王弼本第五十七章)和"给人事天,莫若啬"章(相当于王弼本第五十九章)都是独立而完整的章。

  在楚简本中,王弼本的"其政闷闷……人之迷,其日固久"与"方而不割"四句一起缺失,因此,即使我们无法确定"方而不割"四句与"其政闷闷……人之迷,其日固久"是否应该合为一章,但是完全可以确定"方而不割"四句与"治人事天莫若啬……长生久视之道也"不在一章,即"方而不割"四句并不归属相当于王弼本的第五十九章(即汉简本第二十二章)。

  其二,从《淮南子·道应训》所据本看,"方而不割"四句应归属相当于王弼本的第五十八章。

  《淮南子·道应训》引用了《老子》众多章节,其中有相当于王弼本的第五十八章的内容,既有该章之首四句"其政闷闷,其民纯纯。其政察察,其民缺缺",也有该章之章尾"方而不割"四句中的前两句"方而不割,廉而不刿",但是却没有相当于王弼本的第五十九章的内容。这说明,《道应训》制作者所据《老子》,是将"方而不割"四句与"其政闷闷……人之迷,其日固久"等合为一章的,即"方而不割"四句归属相当于王弼本的第五十八章(即汉简本第二十一章)。

其三,从《文子·上义》与《淮南子·氾论训》所据本看,"方而不割"四句应归属相当于王弼本的第五十八章。

如前所述,《文子·上义》与《淮南子·氾论训》都涉及了相当于王弼本的第五十八章的"方而不割,廉而不刿"文句,其述说故事的主旨都是为政者不可苛责于人,不可求全责备于人,而这一主旨恰与我们前面分析的相当于王弼本第五十八章的主旨一致,而与相当于王弼本第五十九章的主旨相去较远,这说明《文子·上义》与《淮南子·氾论训》制作者认为"方而不割,廉而不刿"文句与相当于王弼本第五十九章的内容联系不大,不可能归属第五十九章,而应归属相当于王弼本的第五十八章。

其四,王弼本第五十八章有内证表明"方而不割"四句属于第五十八章。

《老子》一书,为了说明圣人或王侯有着比普通人要高深得多的智慧,喜欢将有道者王侯、圣人与普通人君或大众进行对比。这样的对比在《老子》书里有三种情况:

第一种是有"众人""人"字眼而无"圣人"字眼的章节。如王弼本第八章"处众人之所恶,故几于道",是说圣人愿意处于众人不愿意处的"恶",所以接近于"道"。①

第二种是有"圣人"字眼而无"众人"字眼的章节,如第十二章、第二十二章。

第三种是既有"圣人"(或"我")字眼也有"众人"(或"俗人""民""人")等字眼的章节,如第二十章、第五十七章、第五十八章、第六十四章、第七十二章等。

王弼本第五十八章则是将两种为政方式、此两种方式下的两种民风、两种为政者及两种较为具体的做法进行对比。两种为政方式是"其政闷

---

① 以下只列相当于王弼本的章数,不复作注解。

闷"和"其政察察";两种民风是"其民淳淳"和"其民缺缺"。两种为政者是谁呢?就是"人"("人之迷"之"人",就是普通人君)和"圣人"(有道之圣人或王侯)。两种具体做法:一种是"迷",苛察为政;一种是"方而不割,廉而不刿,直而不肆,光而不耀",为政宽厚。

我们这样说是有古注作依据的。前引《老子道德经河上公章句》第五十八章注云:"圣人行方正者,欲以率下,不以割截人也。圣人廉清,欲以化民,不以伤害人也。今则不然,正己以害人也。""今则不然,正己以害人也"是省略句,省略了主语"人君"一类,如果将其补充完整就是:"今则不然,(人君)正己以害人也。"从《河上公章句》第五十八章注可以看出,《老子》在该章明显是将"圣人"与"现今"普通人君进行了对比。

"人之迷,其日固久矣",一般的人君不懂得祸福相依的道理,所以为政苛察;而圣人深明祸福相依之理,故为政宽厚。用这样一种对比,说明"其政闷闷"的重要性和"祸福相依"的深刻哲理。如果"方而不割"四句属于下章即王弼本第五十九章,那么第五十八章就缺乏有道者之王侯或圣人与普通人君或大众之间的对比,显然是不完整的。

高明先生曾说:"帛书乙本无'圣人'二字,似与经文内容更为贴切。今本多出圣人二字,释义颇多牵强,当据帛书经文订正。"①我们前面已经指出,《老子》一书,多将有道之圣人、王侯与众人或普通人君进行对比,以突出圣人、王侯高深的智慧,这种对比有三种文字表达方式,而帛书乙本相当于王弼本第五十八章的内容无"圣人"二字就属于前列第一种情况。今本有"是以(圣人)"数字不但于文义不牵强,反而更为顺畅。

五、结论

据上所述,我们可以得出如下结论。

"方而不割"四句在汉简本《老子》中不但因其章段归属不妥,造成义

---

① 高明撰:《帛书老子校注》,北京:中华书局,1996年版,第113~114页。

理不明,而且因其缺乏承上连词及表示动作或状态的主体,造成语句难通。"方而不割,廉而不刿,直而不肆,光而不耀"四句不应划归汉简本《老子》第二十二章(相当于王弼本第五十九章),而应划归汉简本《老子》第二十一章(相当于王弼本第五十八章),并且在该四句之前应据传世本补上"是以圣人"四字。

第二节 汉简本《老子》"大制无畔"章段归属考

一、问题的由来

《老子》"大制无畔"一句在汉简本中的章段归属不同于传世的王弼本、河上公本、想尔本和傅奕本,但同于出土的帛书甲乙本。并且,"大制无畔"一句在不同的《老子》版本中,其文辞表述也有不同。这一问题引起了学界的关注。

汉简本《老子》作"大制無(下文简化作"无")畔",其之前有一标示分章的符号圆点"·",其之后下接"将欲取天下而为之,吾见其不得已。天下神器,非可为。为之者败之,执之者失之。物或行或随,或热或炊,或强或桦,或怀或隋。是以圣人去甚,去奢,去泰"(内容对应王弼本第二十九章),与之合为一章,为汉简本的第七十章。"·大制无畔"为该章章首。[①]

王弼本作"故大制不割",上接"知其雄,守其雌,为天下溪;为天下溪,常德不离,复归于婴儿。知其白,守其黑,为天下式;为天下式,常德不忒,复归于无极。知其荣,守其辱,为天下谷;为天下谷,常德乃足,复归于朴。

[①] 本文所引与《老子》"大制不割"或"大制无割"或"大制无畔"有关的上下文字,皆转引自《北京大学藏西汉竹书(贰)》附录二《〈老子〉主要版本全文对照表》,见北京大学出土文献研究所编:《北京大学藏西汉竹书(贰)》,上海:上海古籍出版社,2012年版,第200~201页。

朴散则为器,圣人用之则为官长",为第二十八章,"故大制不割"为该章章尾。①

河上公本同于王弼本,且河上公本标题第二十八章名为"反朴"。②

想尔本作"是以大制无割",上接"知其雄,守其雌,为天下奚;常德不离,复归于婴儿。知白,守其黑,为天下式;常德不贷,复归于无极。知其荣,守其辱,为天下谷;为天下谷,常德乃足,复归于朴。朴散为器,圣人用为官长",与之合为一章,内容对应王弼本第二十八章,"是以大制不割"为该章章尾。

傅奕本作"大制无割",上接"知其雄,守其雌,为天下溪;为天下溪,常德不离,复归于婴儿。知其白,守其黑,为天下式;为天下式,常德不忒,复归于无极。知其荣,守其辱,为天下谷;为天下谷,常德乃足,复归于朴。朴散则为器,圣人用之则为官长",与之合为一章,内容对应王弼本第二十八章,"大制无割"为该章章尾。

郭店楚简本无此句及对应章段,但帛书甲乙本有。

帛书甲本作"夫大制无割",下接"将欲取天下而为之,吾见其弗□□。□□□器也,非可为者也。为者败之,执者失之。物或行或随,或炅或□□□□或坏或擒。是以声人去甚,去大,去楮"(内容对应王弼本第二十九章)。

帛书乙本作"夫大制无割",下接"将欲取□□□□□□□□得已。夫天下神器也,非可为者也。为之者败之,执之者失之。○物或行或隋,或热或碎,或陪或堕。是以圣人去甚,去大,去诸"(内容对应王弼本第二十九章)。

在帛书甲乙本中,虽然没有明显的标示性符号表明"夫大制无割"与

---

① 王弼注:《老子道德经》,诸子集成第三册,上海:上海书店出版社,1986年版,第16页。
② 王卡点校:《老子道德经河上公章句》,北京:中华书局,1993年版,第113～115页。

其下接内容(对应王弼本第二十九章)合为一章,但是"大制无割"之前有一句首发语词"夫"字,这表明"大制无割"与其下接内容(对应王弼本第二十九章)是合为一章的,且"夫大制无割"为该章章首。

从以上情况来看,"大制无眅"(或"大制不割",或"大制无割")一句在《老子》不同版本中的位置有两种:一种是在相当于通行本第二十八章的章尾,是对第二十八章内容的归纳和总结,如王弼本、河上公本、想尔本和傅奕本;一种是在相当于第二十九章的章首,似乎是第二十九章需要展开论述的核心主题,如汉简本和帛书甲乙本。那么,"大制无眅"(或"大制不割",或"大制无割")一句的这两种章段归属情况,到底哪一种正确呢?

关于这一问题,目前学术界的主流观点认为,"大制无眅"在汉简本中的章段归属(即在汉简本第七十章,相当于王弼本第二十九章)是合理的。汉简本的整理者韩巍先生认为:

> "大制无割"四字,传世本属上章,且多数版本句首多一"故"字,显示与上文的承接关系。汉简本"大制无眅(割)"四字属下章,而且前无"故"字。"大制无割"是指剪裁衣服的最高境界不需要切割,与传世本四十一章"大方无隅""大象无形"句式相同。此处强调的是"无为",与传世本二十九章"天下神器非可为"的主旨密合,而与二十八章"守雌""归朴"的主旨相去较远。本章用此句开头,也符合《老子》一书用比喻"起兴"、引出正文议论的惯例。值得注意的是,传世本"故"字,帛书两本皆作"夫",为句首语气词,因此帛书本"夫大制无割"五字很可能也是属于下章;若按通行做法将其划归上章,则章末文意未尽即戛然而止,显得非常突兀。①

---

① 韩巍著:《西汉竹书〈老子〉的文本特征和学术价值》,见北京大学出土文献研究所编:《北京大学藏西汉竹书(贰)》附录三,上海:上海古籍出版社,2012年版,第214页。

丁四新先生持与韩巍氏相同的观点。不过,他并没有提出自己的理由,他说:

> "大制无畇(割)"一句,汉简本在第七十章章首,下接"将欲取天下而为之"一段文字(对应通行本第二十九章),但是通行本将其编在第二十八章末尾,并在"将欲"前增一"故"字,从而与上文构成了因果关系。汉简本将"大制无畇(割)"句划入第七十章,在笔者看来是比较恰当的。①

那么,"大制无畇"(或"大制不割",或"大制无割")一句到底是归属相当于王弼本的第二十八章(即汉简本第六十九章)且为其章尾呢?还是归属相当于王弼本的第二十九章(即汉简本第七十章)且为其章首呢?

要考察"大制无畇"(或"大制不割",或"大制无割")一句的章段归属,我们就要弄清楚"大制无畇"(或"大制不割",或"大制无割")一句的真实含义,以及相当于王弼本第二十八章的主旨和第二十九章的主旨。

韩巍认为"大制无畇"(或"大制不割",或"大制无割")一句归属汉简本第七十章(对应王弼本第二十九章)的理由在于:"'大制无割'是指剪裁衣服的最高境界不需要切割……此处强调的是'无为',与传世本二十九章'天下神器非可为'的主旨密合,而与二十八章'守雌''归朴'的主旨相去较远。"韩巍氏此说值得商榷。

二、"大制无割"(或大制无畇,或大制不割)的真实含义

韩巍氏用"剪裁衣服的最高境界不需要切割"来解释"大制无割"是不

---

① 丁四新著:《从出土简帛本看早期〈老子〉篇章的演变及其成型与定型》,见北京大学出土文献研究所编:《古简新知——西汉竹书〈老子〉与道家思想研究》,上海:上海古籍出版社,2017年版,第175页。

妥当的,他说的"大制无割"与传世本四十一章"大方无隅""大象无形"在句式上相同也是不符合事实的。

韩巍氏"'大制无割'是指剪裁衣服的最高境界不需要切割"的观点可能是受蒋锡昌先生的影响。蒋锡昌云:"《说文》:'制,裁也。''裁'之本义训为制衣,此指圣人统治天下以制百物而言。"①蒋氏据《说文》训"制"为"裁"是对的,蒋氏说"'裁'之本义训为制衣"也是对的;但是,据"裁"的本义训为制衣,来解释"大制无割"是指剪裁衣服的最高境界不需要切割,这一观点就不妥。

要求得"大制无割"的真实含义,我们只有从"制"的本义入手去探讨,才能得到合理的解释。因为"制"的本义的训释,才是我们理解"大制无割"一句与其之上文辞"朴散则为器,圣人用之则为官长"句二者的意义以及二者之间关系的关键所在。

对于"制"的本义,蒋氏没有说,其他学者也没有说。

"制"的本义是什么呢？制,《说文》:"制,裁也。从刀从未。未,物成有滋味,可裁断。一曰止也。𣂤,古文制如此。"朱骏声《说文通训定声》:"按以刀断木,从未犹从木也……古文从彡,象斫木纹。"林义光《文源》:"未,古枚字,枝干也。古制、折通用。"②

按照以上说法,制的本义是用刀斫木,或者说是对木材加以砍削雕斫,进一步说是把木材加工制成器具。《淮南子·主术训》载:"贤主之用人也,犹巧工之制木也。"《主术训》作者用能工巧匠制作木器来比喻贤明的君主善于任用人才以治国理政,这里用的就是"制"的本义。制的本义即有以刀断木和裁断的意思,则由此引申为对事物的决断,以及对国家和社会的治理。故《韩非子·难二》云:"管仲善制割。"这应该是赞扬管仲决断事物和治理国家的能力。

---

① 蒋锡昌著:《老子校诂》,长沙:商务印书馆,1937年版,第192页。
② 汉语大字典编辑委员会编:《汉语大字典》,成都:四川辞书出版社,武汉:湖北辞书出版社,1990年版,第335页。

可见，"制"虽然可以用"裁"来训释①，但其本义是用刀砍削雕斫木材以制作成器具，绝非"裁衣"。那么，"大制无割"的意思就是：雕斫木材制作器具的最高境界就是对木材不加砍削切断，而是保持木材的原样。引申到政治哲学上就是，治理国家的最高境界就是"循道""反朴"。

那么，未经刀斧砍削尚未制作成器具的原木材叫什么呢？叫"樸"（简化字中作"朴"）。樸，《说文·木部》："樸，木素也。"段玉裁注："素，犹质也。以木为质，未雕饰，如瓦器之坯然。"②《论衡·量知》："物实无中核者谓之郁，无刀斧之断者谓之樸。"③据王充"无刀斧之断者谓之樸"和段玉裁"以木为质，未雕饰"可知，樸的本义就是未经加工成器的原木材。而经过刀斧砍削加工而成的木制品就是器具，所以《老子》第二十八章载："樸散则为器。"未经加工的事物，也就是事物的本真。《玉篇·木部》："樸，真也。"《老子》第十九章："见素抱朴，少私寡欲。"《吕氏春秋·论人》："故知知一，则复归于樸。"高诱注："樸，本也。"④抓住事物的本真即本来面目或真相，一切问题就迎刃而解，这就是"樸散则为器，圣人用之则为官长"。其中的"之"不是"樸散则为器"一事，而是"樸"本身，即事物的本真、真相、源头，道家谓之道。

解释到这里，我们就会发现，"朴（樸）"的本义（未经加工成器的原木材）与"制"的本义（用刀砍削雕斫原木以成各种器具）是前后呼应的。据此可知，"大制无割"一句，与其上文"樸散则为器，圣人用之则为官长"是紧密相连的不可分割的整体，二者必相联属而不能强行分割以分置于不同的章段。也就是说，"大制无割"一句，与"樸散则为器，圣人用之则为官

---

① 之所以用"裁"来训释"制"，是因为"裁"有"割断"的意思；但是，"制"绝没有"裁衣"的意思。

② 许慎撰，段玉裁注：《说文解字注》，杭州：浙江古籍出版社，1998年版，第252页。

③ 王充著：《论衡》，长沙：岳麓书社，1991年版，第195页。

④ 汉语大字典编辑委员会编：《汉语大字典》，成都：四川辞书出版社，武汉：湖北辞书出版社，1990年版，第1291页。

长"一句的章段归属应该一致,或者都属于相当于王弼本的第二十八章(即汉简本第六十九章),或者都属于相当于王弼本的第二十九章(即汉简本第七十章),断不可将二者强行分割,使二者分别归属不同的章。而"朴散则为器,圣人用之则为官长"一句,不管是传世的王弼本、河上公本、想尔本、傅奕本,还是出土的汉简本、帛书甲乙本,都是归属于上章,即归属相当于王弼本的第二十八章(对应汉简本第六十九章),那么,"大制无割"一句,也应该归属相当于王弼本的第二十八章(对应汉简本第六十九章),而不是归属相当于王弼本的第二十九章(对应汉简本第七十章)。

实际上,从"为天下谷,常德乃足,复归于朴"到"朴散则为器,圣人用之则为官长",再到"故大制不割",其语意连贯顺畅,如水之流下,浑然天成。

韩巍氏说"大制无割"与传世本四十一章"大方无隅""大象无形"在句式上相同也应该是承袭蒋锡昌先生的说法。仔细考察,这一说法也欠妥当。"制""割"带有动词性,而"方""隅""象""形"则都是纯粹的名词,两相比较可知,二者在句式上不是完全相同的。当然,《老子》中的"大 A 无 B"句式,只是体现出《老子》哲学充满了辩证法思想,与其所说"正言若反"相符合。

三、通行本《老子》第二十八章的主旨

那王弼本第二十八章(即汉简本第六十九章)的主旨是什么呢？要弄清楚这一章的主旨,参透其中"知……守……"的意思至关重要。

有学者认为"知……守……"即"悟道而守道":

> 此承上章行道之妙,而言圣人不以知道为难,而以守道为要妙也。古德云:"学道,悟之为难;既悟,守之为难。"然行道之妙,实出于守道之要耳。盖此中"知"字,即悟也。"知雄守雌"者,物无与敌谓之雄,柔伏处下谓之雌。[①]

[①] 憨山著,梅愚点校:《老子道德经解》,武汉:崇文书局,2015年版,第62页。

后之学者,亦多因循此义。如有学者释"知其雄,守其雌,为天下溪……知其白,守其辱,为天下谷"云:"深知雄强,却安于雌柔,作为天下所遵循的蹊径……深知明亮,却安于暗昧,作为天下的川谷。"①有学者又解之云:"明知雄者刚鸷,甘守雌者柔易,愿做天下沟溪……明知荣者的盛誉,甘守辱者的卑屈,愿做天下空谷寂峪。"②

以上学者的解释具有其正确性,但是,"著书辞称微妙难识"③的老子,其"知……守……为……"有更为深刻的含义。"知……守……为……"皆是圣人悟道守道的行为和结果,不应将其分开来解释,就如后世学者所云"知行合一"之义。我们认为,"知……守……为……"中的"知",不是"知道""悟道"之"知",而是"欲念""想念""想要""欲要"的意思。"知"有"欲,欲念"的意思。《广韵·支韵》:"知,欲也。"《礼记·乐记》"好恶无节于内,知诱于外,不能反躬,天理灭矣。"郑玄注:"知,犹欲也。"④如此,则"知其雄,守其雌,为天下溪……知其白,守其辱,为天下谷"应该解释为:"想要今后自己变得雄健强大,现在就要保持雌柔卑弱的姿态,就像世间的溪谷一样处下不争;像世间的溪谷一样处下不争,就永远会有所得,就像纯朴无知的婴儿,虽然弱小,但是得到大人们的爱护抚养,终究会成长强大。想要今后自己万事明白,现在就要事事糊涂,这样才能成为天下的范式;成为天下的范式,就能永远有所得,这样就能无穷尽地生活下去。想要今后自己拥有无上的荣光,现在就要能够忍受十分的屈辱,就像世间的溪谷一样处下与世无争;像溪谷一样处下与世无争,就能永远有所得,就能过上自己想要的质朴真实的生活。"如此,则《老子》第二十八章"知……守……",与第三十六章"将欲……必固……"在表述

---

① 陈鼓应注译:《老子今注今译》,北京:商务印书馆,2003年版,第186页。
② 黄克剑著:《老子疏解》,北京:中华书局,2017年版,第287页。
③ 司马迁撰:《史记》,北京:中华书局,1998年版,第753页。
④ 汉语大字典编辑委员会:《汉语大字典》,成都:四川辞书出版社,武汉:湖北辞书出版社,1990年版,第2581页。

上类似。

在《老子》的思想中,雌雄、黑白、辱荣等事物对立的两个方面是可以相互转化的,这样的辩证思想在《老子》书中多有表述。如第二章"天下皆知美之为美,斯恶矣;皆知善之为善,斯不善已。故有无相生,难易相成……",第二十章"唯之与呵,相去几何?善之与恶,相去若何",第四十一章"明道若昧,进道若退,……大白若辱……大方无隅……大象无形",第四十五章"大成若缺,其用不弊。大盈若冲,其用不穷。大直若屈,大巧若拙,大辩若讷。躁胜寒,静胜热,清静为天下正"。

正因为事物对立的矛盾的双方可以相互转化,所以说雌雄、黑白、辱荣等对立的双方之间在哲学上是统一的,它们之间是没有界限的。所以,圣人欲要"雄""白""荣",则需"守雌""守黑""守辱"。

或许有人说,此种解释无疑就是"欲望论""阴谋论",与老子"见素抱朴,少私寡欲"的思想背道而驰,绝非老子的原意。其实,老子并不是完全没有欲望,只不过他的欲望不是为了满足个人的私欲,而是有关提升自身修养和治理好国家社会的欲望,"少私寡欲"就是明证。这或许是老子以民众和国家社会为重的"欲望论"和"阴谋论"。故朱熹云:

> 老子之学,大抵以虚静无为、冲退自守为事。故其为说,常以懦弱谦下为表,以空虚不毁万物为实。其为治,虽曰"我无为而民自化",然不化者则亦不之问也。……

> 老氏之学最忍,它闲时似个虚无卑弱底人,莫教紧要处发出来,更教你枝梧不住,如张子房是也。子房皆老氏之学。如峣关之战,与秦将连和了,忽乘其懈击之;鸿沟之约,与项羽讲和了,忽回军杀之,这个便是他柔弱之发处。可畏!可畏!它计策不须多,只消两三次如此,高祖之业成矣。①

---

① 朱熹著,黎靖德编:《朱子语类》卷一百二十五,北京:中华书局,1986年版,第2986、2987页。

朱熹对《老子》之学的概括颇为精辟:"老子之学,大抵以虚静无为、冲退自守为事。故其为说,常以懦弱谦下为表,以空虚不毁万物为实。……老氏之学最忍,它闲时似个虚无卑弱底人,莫教紧要处发出来,更教你枝梧不住。"对于朱熹这一观点,我们可以从《老子》书中找到相关的证据。第七章"是以圣人后其身而身先,外其身而身存",第三十九章"故贵以贱为本,高以下为基。是以侯王自谓孤、寡、不谷",第六十六章"江海所以能为百谷王者,以其善下之,故能为百谷王。是以欲上民必以言下之,欲先民必以身后之。是以圣人处上而民不重,处前而民不害。是以天下乐推而不厌,以其不争,故天下莫能与之争",《老子》的这些论述,实际上是向世人说明圣人是如何由弱而强、由雌而雄、由后而先、由贱而贵、由下而高的。

那么,在《老子》思想中,圣人是如何由弱而强、由雌而雄、由后而先、由贱而贵、由下而高的呢？或者说,圣人由弱而强、由雌而雄、由后而先、由贱而贵、由下而高的途径是什么呢？

韩非子《解老》《喻老》虽然没有明确涉及通行本《老子》第二十八章的内容,但是,其《解老》涉及了与第二十八章相关内容思想一致的另一章,即通行本第六十七章的内容,可以供我们作一参考:

> 凡物之有形者易裁也,易割也。何以论之？有形,则有短长;有短长,则有小大;有小大,则有方圆;有方圆,则有坚脆;有坚脆,则有轻重;有轻重,则有白黑。短长、大小、方圆、坚脆、轻重、白黑之谓理,理定而物易割也。故议于大庭而后言则立,权议之士知之矣。故欲成方圆而随其规矩,则万事之功形矣。而万物莫不有规矩。议言之士,计会规矩也。圣人尽随于万物之规矩,故曰:"不敢为天下先。"不敢为天下先,则事无不事,功无不功,而议必盖世,欲无处大官,其可得乎？处大官之谓为成事长。是以故曰:"不敢为天下先,故能为成事长。"①

---

① 商鞅、韩非子著:《商君书·韩非子》,长沙:岳麓书社,1990年版,第132页。

"圣人尽随于万物之规矩"意为圣人循道而理事;"不敢为天下先"意为不敢在道之前行事,也即循道而理事。可见,"圣人尽随于万物之规矩"与"不敢为天下先"其义相同,故韩非从《老子》中引用后者以解释前者。接着韩非又说:"不敢为天下先,则事无不事,功无不功,而议必盖世,欲无处大官,其可得乎?处大官之谓为成事长。是以故曰:'不敢为天下先,故能为成事长。'"这与《老子》第二十八章"朴散则为器,圣人用之则为官长"的思想完全一致。

《淮南子·道应训》云:

> 赵简子以襄子为后,董阏于曰:"无恤贱,今以为后,何也?"简子曰:"是为人也,能为社稷忍羞。"异日,知伯与襄子饮,而批襄子之首。大夫请杀之。襄子曰:"先君之立我也,曰:能为社稷忍羞。岂曰能刺人哉!"处十月,知伯围襄子于晋阳,襄子疏队而击之,大败知伯,破其首以为饮器。故老子曰:"知其雄,守其雌,其为天下溪。"①
>
> ……
>
> 文王砥德修政,三年而天下二垂归之。纣闻而患之,曰:"余夙兴夜寐,与之竞行,则苦心劳形,纵而置之,恐伐余一人。"崇侯虎曰:"周伯昌行仁义而善谋,太子发勇敢而不疑,中子旦恭俭而知时。若与之从,则不堪其殃;纵而赦之,身必危亡。冠虽弊,必加于头。及未成,请图之。"屈商乃拘文王于羑里。于是散宜生乃以千金求天下之珍怪,得骊虞、鸡斯之乘,玄玉百工,大贝百朋,玄豹、黄罴、青犴、白虎文皮千合,以献于纣。因费仲而通。纣见而说之,乃免其身,杀牛而赐。文王归,乃为玉门,筑灵台,相女童,击钟鼓,以待纣之失也。纣闻之,曰:"周伯昌改道易行,吾无忧矣。"乃为炮烙,剖比干,剔孕妇,杀谏者。文王乃遂其谋。故老子曰:"知其荣,

---

① 刘安等著,高诱注:《淮南子》,百子全书第三册,长沙:岳麓书社,1993年版,第2903页。

守其辱，为天下谷。"①

《道应训》此处叙述了两个历史故事，并引用了《老子》第二十八章的两句不同文辞以概括寓意，其实说的是一个意思，即侯王显示弱小忍受羞辱冲退自守，而由弱变强，由雌而雄。可见，示弱或懦弱谦下就是圣人或侯王由弱变强、由雌而雄的途径。

文中"能为社稷忍羞"对于赵襄子和文王周伯昌来说，即《老子》第七十八章所云"是以圣人云：受国之垢，是谓社稷主。受国不祥，是为天下王"。对于智伯和商纣王来说，即《老子》第二十章所云"唯与呵，其相去几何？美与恶，其相去何若？"

在第二十八章中，《老子》在"知其雄，守其雌""知其白，守其黑""知其荣，守其辱"三节之后，分别以"复归于婴儿""复归于无极""复归于朴"结尾。婴儿为人之初，无极为太极之先，朴为道之始，实际上三者说的都是回归道之初，也就是"反朴"。这就是《老子》第二十八章的主旨。《老子道德经河上公章句》标该章题名为"反朴"，乃是深得《老子》之本旨。

在道家思想中，"道""朴""一"同义，重视"道"的思想及其有效作用在《老子》不同章段中多有表述。除开第二十八章"朴散则为器，圣人用之则为官长"（其中"之"不是指"朴散则为器"一事，而是指"朴"本身，即"道"）外，还有第三十二章"道常无名。朴虽小，天下莫能臣也。侯王若能守之，万物将自宾"，第三十七章"道常无为，而无不为。侯王若能守之，万物将自化。化而欲作，吾将镇之以无名之朴。无名之朴，夫亦将无欲。不欲以静，天下将自定"，第三十九章"昔之得一者：天得一以清，地得一以宁，神得一以灵，谷得一以盈，万物得一以生，侯王得一以为天下贞。其致之：天无以清将恐裂，地无以宁将恐发，神无以灵将恐歇，谷无以盈将恐竭，万物无以生将恐灭，侯王无以贵高将恐蹶。故贵以贱为本，高以下为基。是

---

① 刘安等著，高诱注：《淮南子》，百子全书第三册，长沙：岳麓书社，1993年版，第2909页。

以侯王自谓孤、寡、不谷。此非以贱为本邪？非乎。故致数舆无舆。不欲珠珠如玉，珞珞如石"，都体现了圣人或侯王"得一""守朴""反朴""执一""守道"等的重要作用。

四、通行本《老子》第二十九章的主旨

我们再看《老子》第二十九章的主旨。关于此章主旨，学者多有论述。《老子道德经河上公章句》对此章主旨的论述颇为精辟：

> 欲为天下主也，欲以有为治民，我见其不得天道人心已明矣。天道恶烦浊，人心恶多欲。器，物也。人乃天下之神物也。神物好安静，不可以有为治。以有为治之，则败其质朴。强执教之，则失其情实，生于诈伪也。……有所安必有所危。明人君不可以有为治国与治身也。①

王弼云：

> 万物以自然为性，故可因而不可为也，可通而不可执也。物有常性，而造为之，故必败也。物有往来，而执之，故必失矣。②

明代学者憨山《老子》第二十九章主旨云：

> 此言圣人道全德备，应运出世，为官为长，当任无为无事，而不可有为太过也。③

今之学者陈鼓应先生云：

> 本章为老子对于"有为"之政所提出的警告：治理国家，若以强力作为或暴力把持，都将自取败亡。……所以理想的政治应顺任自

---

① 王卡点校：《老子道德经河上公章句》，北京：中华书局，1993年版，第118~119页。
② 王弼注，楼宇烈校释：《老子道德经注校释》，北京：中华书局，2008年版，第76页。
③ 憨山著，梅愚点校：《老子道德经解》，武汉：崇文书局，2015年版，第64页。

然,因势利导,要舍弃一切过度的措施,去除一切酷烈的政举;凡是奢费的行径,都不宜施张。①

"将欲取天下而为之,吾见其不得已。天下神器,不可为也,为者败之,执者失之。"这是本章的关键语句,其所反映的正是本章的主旨。其中的"为"字,就是"有为""强力作为"的意思。这就是说:君王治理天下,如果强力而为,那是不会成功的;天下是神圣的,不能强力而为,不能抓住不放;强力而为的就会失败,抓住不放的就会失去。这是《老子》告诫侯王治理国家当去"有为"而行"无为"。这就是《老子》第二十九章的主旨。故《老子道德经河上公章句》直接标该章题名为"无为",乃是深得《老子》之本旨。

五、结论

据上考察我们可以得出以下结论。

"制"的本义是砍削雕斫原木制成器具,"朴(樸)"的本义是未经加工雕斫尚未制成器具的原木,二者前后呼应。"大制无割"指的是雕斫木材制成器具的最高境界是对原木不加砍削切断,而是保持其原貌;在哲学上就是"反朴"。"大制无割"一句与其上"朴散则为器,圣人用之则为官长"一句是紧密相连的整体,二者应该归属相同的章段,而不可分割置于不同的章段。"朴散则为器,圣人用之则为官长"不管是在传世本还是在出土本中,都是归属于上章即王弼本第二十八章(对应汉简本第六十九章),那么,"大制无割"一句也应该归属于王弼本第二十八章(对应汉简本第六十九章)。

《老子》第二十八章的主旨是"反朴"(即"抱朴"),第二十九章的主旨是"无为",虽然"大制无畔"(或"大制不割",或"大制无割")与"反朴"(即"抱朴"),以及"无为"都有联系,但是,其强调的是"反朴"(即"抱朴"),与

---

① 陈鼓应注译:《老子今注今译》,北京:商务印书馆,2003年版,第191页。

《老子》第二十八章的主旨一致,而与第二十九章的主旨"无为"尚有一定区别。故我们认为,"大制无眅"(或"大制不割",或"大制无割")应属于汉简本第六十九章(对应王弼本第二十八章),且为其章尾。汉简本将其归为第七十章(对应王弼本第二十九章)是错误的。我们应该在"大制无眅"(或"大制不割",或"大制无割")四字前加上"故"字,置于汉简本第六十九章章尾(对应王弼本第二十八章)。

余论:"大制无眅"一句被划分错误的原因分析

通过上面的考察,我们知道,"大制不割"(或"大制无眅",或"大制无割")在传世本如王弼本、河上公本、想尔本、傅奕本等中的章段归属是对的,而在出土本如汉简本、帛书甲乙本中的章段划分是错误的。那为什么会出现如汉简本、帛书甲乙本那样的错误划分呢?我们认为,汉简本、帛书甲乙本中"大制无眅"或"大制无割"一句的章段划分错误,主要是从思想意义看,"大制无眅"或"大制无割"既有"反朴"的意思,也有"无为"的意思,尽管"反朴"成分要多于"无为"的成分。一者数之始而道之全,朴者器之初而道之用。"反朴"就是"抱朴","抱"与"执"同,"朴"与"一"同,则"反朴""抱朴""执一"以及"得一"义同。

从"朴"到"反朴"("抱朴",或"执一"),这中间就有"无为"的过程,正因为有了"无为"的过程,才有"反朴"("抱朴",或"执一")的结果。从政治哲学的角度来说,"反朴"是圣人或侯王取得天下的手段或途径,而"无为"是圣人或侯王在取得天下后治理天下的手段或途径,在圣人或侯王取天下和治天下的过程中,"反朴"和"无为"二者不可须臾相离。故《老子》以"反朴"为主旨的第二十八章和以"无为"为主旨的第二十九章紧密相连,而中间起承上启下作用的,就是"朴散则为器,圣人用之则为官长。故大制无眅(大制不割,或大制无割)"二句。而其中的"大制无眅"(或"大制不割",或"大制无割")一句,既有"反朴"("抱朴",或"执一")的思想,又有"无为"的思想,自然容易被老子后学或划归上章,或划归下章。

而"执一""无为"正是老子及先秦道家的核心思想。传世本《文子·道德》在论述"执一""无为"时就引用了相当于通行本《老子》第二十九章的内容:

> 文子〔平王〕问曰:古之王者,以道莅天下,为之奈何?老子〔文子〕曰:执一无为,因天地与之变化。"天下,大器也。不可执也,不可为也。为者败之,执者失之。"执一者,见小也,见小故能成其大也。无为者,守静也,守静能为天下正。处大,满而不溢;居高,贵而无骄。处大不溢,盈而不亏;居上不骄,高而不危。盈而不亏,所以长守富也;高而不危,所以长守贵也。富贵不离其身,禄及子孙,古之王道具于此矣。①

文子〔平王〕问自古以来侯王要循道赢取天下治理天下应该如何做?老子〔文子〕以"执一无为"作答。

"执一者,见小也;见小故能成其大也。"说的是圣人或侯王应该处处显示自己弱小(懦弱谦下,冲退自守),以便自己成长强大,最后赢取天下。"执一"以"见小",这就是圣人或侯王赢取天下的途径和方式。

"无为者,守静也,守静能为天下正。"说的是圣人或侯王应该无欲无求清静自守,这样才能治理好天下。"无为"以"守静",这就是圣人或侯王治理好天下的途径和方式。

实际上,历代注解《老子》的学者中,有学者对"朴散则为器,圣人用之则为官长。故大制无割"或"大制无割"的章段归属颇不确定,如北宋学者吕惠卿。吕注通行本第二十八章云:

> 复归其朴,朴者,真之全而物之混成者也。唯其混成而未为器,

---

① 李定生、徐慧君校释:《文子校释》,上海:上海古籍出版社,2004年版,第199～200页。

故能大能小，能曲能直，能短能长，能圆能方，无施而不可，则无极不足以言之也。然则守其雌、守其黑、守其辱足矣，安用知其雄与白与荣哉！……朴散则为器，器之为物，能大而不能小，能曲而不能直，能短而不能长，能圆而不能方，故圣人用之为官长而已，非容乃公、公乃王之道也。若夫抱朴以制天下，其视天下之理，犹庖丁之视牛，未尝见全牛也，行之于所无事而已，恢恢乎其于游刃固有余地矣，何事于割哉？故曰大制不割。①

吕氏注解《老子》第二十八章颇为精到，然而他在注通行本第二十九章时，又论及本属上章的"大制不割"，吕氏云：

圣人抱朴以治天下，故大制不割，则其取天下常以无事而已。取之也者，得天下之心，使之不去者也。则将欲取天下而为之者，非所以取天下也。非所取而取之，吾是以见其不得也。②

这表明，在吕氏的解释中，他对"大制不割"的位置归属尚不确定，或者说，他有认为"大制不割"一句或属于《老子》第二十九章的意识。

更有甚者，有学者认为"朴散则为器，圣人用之则为官长。故大制无割"不是《老子》原文，而是后学注文混入。古棣、周英云：

各本在三段③之后，皆有以下三句："朴散则为器，圣人用之则为官长。是以大制不割。"这是混入正文的注语。《老子》书中"朴"字是道的别名（但也说过"我无欲而民自朴"，那也是就民德符合道的纯朴特征而言），因此是不能散的，否则它就变成天下万物而不复存在了，

---

① 吕惠卿著，张钰翰点校：《老子吕惠卿注》，上海：华东师范大学出版社，2015年版，第33页。
② 吕惠卿著，张钰翰点校：《老子吕惠卿注》，上海：华东师范大学出版社，2015年版，第34页。
③ 是指《老子》第二十八章"知其雄，守其雌""知其荣，守其辱""知其白，守其黑"三段。见古棣、周英著：《老子通上部·老子校诂》，长春：吉林人民出版社，1991年版，第172页。

就不是常道了。按照老子哲学的基本精神,他是不会说"朴散则为器,圣人用之则为官长"这种话的。这大概是读者不了解《老子》的"朴"和"复归于朴"的本意,而照着普通的琢璞为器的意思加上的注语。"是以大制不割",又与"朴散则为器"不相联属。这可能是读者对"守其辱""守其黑"加的注语。从前面的训释也可以看出:三段井然有条,意义已经完整,不应再有"朴散则为器……"的蛇足。①

我们认为,"朴散则为器,圣人用之则为官长。是以大制不割",既不是混入正文的注语,也不是"知其雄,守其雌""知其荣,守其辱""知其白,守其黑"三段的蛇足,而是《老子》原文,是老子对"知其雄,守其雌""知其荣,守其辱""知其白,守其黑"三段在哲学高度上的总结和提升;它既是《老子》第二十八章主旨"反朴"的重要体现,又在一定程度上有"无为"的意思,从而引出以"无为"为主旨的第二十九章。

---

① 古棣、周英著:《老子通上部·老子校诂》,长春:吉林人民出版社,1991年版,第175页。

第四章　从汉简本看《老子》不同版本的异文所反映的历史文化现象

第一节　从汉简本看《老子》"天大，地大"和"道大"先后顺序的演变及其原因

一、问题的缘起

《老子》汉简本第六十六章在论述"域中有四大"时，云："天大，地大，道大，王亦大。或中有四大，而王居一焉。"①相应文句《老子》传世本如王弼本、河上公本及傅奕本皆在第二十五章，王弼本作："故道大，天大，地大，王亦大。域中有四大，而王居其一焉。"河上公本与王本同。而傅奕本稍异，作："道大，天大，地大，人亦大。域中有四大，而王处其一尊。"帛书甲乙本《道经》部分也有该段文字，甲本作："□□，天大，地大，王亦大。国中有四大，而王居一焉。"乙本作："道大，天大，地大，王亦大。国中有四大，而王居一焉。"乙本完整，而甲本缺失二字，但比较他本可知，甲本所缺

---

① 下列所引《老子》不同版本的异文，均出自《北京大学藏西汉竹书（贰）》附录二《〈老子〉主要版本全文对照表》，见北京大学出土文献研究所编：《北京大学藏西汉竹书（贰）》，上海：上海古籍出版社，2012年版，第173～205页。

失二字为"道大"无疑。传世本和帛书甲乙本述说"四大"的顺序皆与汉简本不同,但也有与汉简本"四大"顺序相同的《老子》版本,那就是1993年出土的郭店楚简本,楚简《老子》作:"天大,地大,道大,王亦大。域中又四大安,王居一安。"从上述情况来看,《老子》不同版本,关于"四大"的顺序有两种:一种是传世本和帛书甲乙本顺序,作"道大,天大,地大,王亦大","道大"在"天大,地大"之前;一种是汉简本和楚简本顺序,作"天大,地大,道大,王亦大","天大,地大"在"道大"之前。《老子》不同版本有关"四大"的这两种不同顺序引起了学界的关注。

郭店楚简本是1993年经过科学的考古发掘出来的,其面世以后,"域中四大"的顺序不同于传世本和帛书本,引起了学界的讨论。较早对楚简《老子》"天大,地大,道大,王亦大"中天、地、道的顺序与通行本《老子》第二十五章中的顺序不同进行关注的是孙以楷先生。

孙先生的主要观点有二。第一,通行本(含王本、河上公本以及历代各种版本)与帛书本都是道、天、地、王的顺序。但郭店竹简《老子》却偏偏改成了"天大,地大,道大,王亦大",这是在所有各种《老子》版本中,唯一把"道"置于"天""地"之后的。第二,楚简《老子》"天大,地大,道大,王亦大"的顺序是郭店一号楚墓墓主(孙先生认为即是东宫之师)擅自改动的结果,原因是东宫之师是一位崇信儒学的学者,他不能容忍"道大"居于"天大""地大"之上。出于同一原因,东宫之师把原本《老子》"可以为天地母"改为"可以为天下母"。儒家学者不能同意道为天地之母说,只能说道是天下万物之母说。①

孙先生的郭店《老子》"是在所有各种《老子》版本中,唯一把'道'置于'天''地'之后的"观点值得商榷。诚然,孙先生属文是在郭店《老子》整理出版后不久,当时汉简本尚未面世,《老子》实物版本中的确只有郭店《老子》是这样一种顺序。现在汉简本《老子》出土后,孙先生的观点不攻自

---

① 孙以楷著:《老子通论》,合肥:安徽大学出版社,2004年版,第143页。

破。其实，除开汉简本、郭店本两个实物本《老子》是"天大，地大"在"道大"之前外，传世典籍中有一些引文表明《老子》还存在"天大，地大"在"道大"之前的版本，并且可能还流传到宋代。如《淮南子·道应训》载："故《老子》曰：'天大，地大，道大，王亦大。域中有四大，而王处其一焉。'"①宋代学者的一些引文里也有"天大，地大"在"道大"之前的顺序，如宋褚伯秀的《南华真经义海纂微》卷一百五之《杂篇天下第三》所引、宋真德秀《西山文集》卷四十七所引、宋何梦桂《潜斋集》卷十一所引，也作此顺序。这说明直到宋代，可能还存在一些秦汉时期的《老子》版本。甚至晚清魏源的《老子本义》也是"天大，地大"在"道大"之前的顺序②，不知魏源据自何本？

自先秦至于晚清，包括实物《老子》版本和引文，凡七见"天大，地大，道大，王亦大"顺序，以楚简《老子》最早，而汉简本则是有此种顺序最早且最为完整的《老子》版本。

而"道大"在"天大，地大"之前的顺序的版本众多，包括马王堆帛书《老子》甲本和乙本、河上公本、王弼本、景龙碑本、傅奕本等等，而以帛书《老子》甲本为最早。

作为道家学派的开山之作《老子》，在关键问题上其祖本的顺序毫无疑问只有一种，可现在竟然出现了两种顺序不同的本子，这二者中必有一种是原始本，另一种是改动本。但到底哪一种是原始本，哪一种是改动本呢？又为什么要改动呢？我们认为，有关《老子》"四大"先后顺序，"天大，地大，道大，王亦大"是原始本顺序，"道大，天大，地大，王亦大"则是改动后的顺序。我们可以通过对相关文献的考察得出这一结论。

---

① 刘安等著，高诱注：《淮南子》，百子全书第三册，长沙：岳麓书社，1993年版，第2905页。
② 魏源撰，黄曙辉点校：《老子本义》，上海：华东师范大学出版社，2010年版，第55页。

二、先秦秦汉时期五种《老子》版本抄写时间的考察

我们现今能见到的各种《老子》版本中,较早的有楚简《老子》、韩非子《解老》《喻老》所据本、帛书《老子》甲乙本、刘安《淮南子》所据本,此外还有我们虽然不能见到的原有本,但可以据相关《老子》版本加以考察的项羽妾本《老子》。以上都是西汉及其之前出现的《老子》本子,但韩非子《解老》《喻老》中没有我们需要论述的相关内容,所以韩非所据本可以不论。

《淮南子》所据本《老子》的抄写时间当在该书呈献给汉武帝之前,即公元前139年之前。楚简和帛书《老子》的抄写时间学界都已经考定,楚简《老子》抄写于公元前四世纪晚期,帛书甲本抄写于刘邦称帝之前,乙本抄写于刘邦称帝期间。那项羽妾本《老子》抄写于何时呢?虽然我们现在无法见到项羽妾本的原貌,但是我们可据傅奕《老子道德经古本篇》考其大概。因为傅奕《老子道德经古本篇》主要是根据项羽妾本《老子》辅助以其他版本校勘而来。一般来说,在进行古籍校勘时,避讳字不进行改动。因此从傅奕《老子道德经古本篇》中的避讳情况可以考察项羽妾本《老子》的避讳情况,进而判定项羽妾本《老子》的抄写时间。

项羽生于公元前232年,卒于公元前202年,项羽死时31岁。假设项羽死时该妾25岁左右,以她寿命为80岁计算,即项羽死后她又活了56年,则项羽妾下葬于公元前147年,即汉景帝在位晚期。那么项羽妾本《老子》抄写时间在此之前,则有可能避景帝、文帝、惠帝、吕后和高帝等人的讳。将帛书《老子》甲、乙二本和傅奕本对勘,傅奕《老子道德经古本篇》有"彻"字(第七十九章"有德司契,无德司彻"),有"盈"字(第九章"持而盈之"),有"邦"字(第五十四章"以邦观邦"),不避武帝、惠帝和高帝讳,而将唯一的"启"字改为"开"字(第五十二章"启其兑"改为"开其兑"),将所有的"恒"字改为"常"字。据以上所述避讳字的情况,可以推知项羽妾本应该抄写于文帝时(景帝刘启当时为太子)。

这样我们就有了先秦秦汉时期五种《老子》版本抄写的时间:郭店楚

简本,抄写时间要早于公元前四世纪末期;帛书甲本,抄写时间在刘邦称帝之前;帛书乙本,抄写时间在刘邦称帝后,刘盈、刘恒称帝之前,具体是公元前202年到公元前195年之间;项羽妾本,抄写时间在文帝时,即公元前180年到公元前157年。至于汉简本《老子》,我们前面已经考定其抄写时间在刘邦称帝期间,兹不赘述。这些《老子》版本多集中在秦末汉初,这也反映了当时推行黄老的政治气候和环境。

三、东宫之师非"楚简《老子》顺序"改动者

（一）从东宫之师与楚简《老子》的关系看,东宫之师非"天大,地大,道大,王亦大"顺序改动者

其一,按照孙先生的观点,郭店一号楚墓墓主是太子之师,墓中典籍是教育太子的教材。从楚王选择太子师的标准是求"善"①来看,东宫之师应该不会违背自己为人师的"善"的标准而改动教材。又从申叔时论教育太子的教材内容和目的来看,楚简《老子》如果是教材,那就属于"语""故志"一类,若东宫之师加以改动,则违背了使太子"明其德,而知先王之务用明德于民"和"知废兴者而戒惧"的教育目的②,可见东宫之师不会擅自改动。

其二,更重要的是按照上古刑法,东宫之师个人是绝不敢擅自改动教材的。我们知道,古代对欺君之罪的处罚是相当严厉的,楚国就有鲜明的例子。公元前689年,卞和满怀诚信先后向楚厉王、楚武王两次献宝③,尚且被不识货的楚王斥为行骗而遭刖刑,何况是有意改动教育太子的教

---

① 《国语·楚语上·申叔时论傅太子》载:"庄王使士亹傅太子箴,辞曰:'臣不才,无能益焉。'王曰:'赖子之善善之也。'"见左丘明撰,李维琦标点:《国语》,长沙:岳麓书社,1988年版,第151页。
② 左丘明撰,李维琦标点:《国语》,长沙:岳麓书社,1988年版,第151页。
③ 韩非著,王先慎集解:《韩非子集解》,诸子集成第五册,上海:上海书店出版社,1986年版,第66页。

材呢？博学的东宫之师能不懂得这一点吗？他个人敢擅自改动教材吗？

其三，孙先生认为东宫之师是一位崇信儒学的学者，他不能容忍"道大"居于"天大""地大"之上而擅自改动《老子》的顺序，简单地说这是东宫之师出于门户之见而改动。但是这种门户之见的依据有多大呢？一般来说，随墓下葬的书籍应是墓主生前喜爱之物，或是社会上受到尊崇而为墓主珍视之物，其思想内容体现了墓主的价值取向。郭店一号楚墓出土了大量儒家典籍，据此我们固然可以说东宫之师是一位崇信儒学的学者。但是东宫之师崇信儒学，就必然是一位道家学说的反对者吗？不，绝对不！因为同墓下葬的还有道家著作和儒道思想结合的摘抄文体《语丛》。儒道著作的同墓下葬说明墓主是一位儒道著作兼喜、儒道思想并蓄的学者，不太可能有门户之见。

假设我们承认孙先生的东宫之师是出于门户之见的观点是对的，那么为什么简本中还有比此类反儒思想更激烈的语句，如"道恒无名。朴虽微，天地弗敢臣"，而他没有改动呢？更进一步说，既然他崇信儒学，就会恪守儒家信条，如果擅自改动文献，不是违背儒家的诚信原则了吗？

按照孙先生的说法，楚简《老子》是节选出来教育太子的本子，既然是节选，主动权就在老师手里。如果东宫之师有门户之见，他完全可以不选自己不能容忍的章节。这样做既干脆又省心，又能保全自身，如果选择了再改动，既劳神费力，又犯欺君之罪的大忌。

如果说"天"的至上性是儒家的专利，崇信儒家的东宫之师存在门户之见的话，作为纯粹的道家的庄子和刘安难道就没有门户之见吗？庄子是纯而又纯的道家了，我们不说《庄子》外杂篇，单说《庄子》内篇里就有强烈的"大天"意识。[①] 刘安是西汉道家的代表，他难道没有门户之见？为何在给《老子》作注时不改动呢？如按照孙先生所言，郭店楚简《老子》顺序是改动过的，刘安本与郭店楚简本顺序相同，那么刘安本也是改动过

---

① 详见下文。

的。但作为道家学者为何要选择有损道家尊严的、改动过的本子来作注，而不选择当时社会上流行的本子呢？① 唯一的解释就是刘安本与郭店楚简本顺序是《老子》的原貌，而坚持"尊天而保真"②(《淮南子·要略》)的刘安绝不会去改动。孙以楷先生本人也认为："返本归源，恢复天真，这是淮南王和庄子共同倡导的。"③

（二）从流传情况看，东宫之师非楚简《老子》"天大，地大，道大"顺序改动者

春秋后期到战国中期《老子》曾经被广泛征引（如叔向、孔子、墨子都曾经征引过），《老子》是当时社会上普遍流行的典籍，至少在学界和上层有相当影响。东宫之师即使要改动，也只能改动自己的本子。他不可能改动社会上流传的其他本子，而其改动的顺序又因随墓下葬而消失（直到今天出土我们才能看到），汉简本《老子》抄写者、刘安、魏源以及宋朝褚伯秀、真德秀、何梦桂等人是不可能看到的，但他们所据本子的顺序为何与郭店本如此一致呢？可见汉简本主人、刘安等必有所本。汉简本、刘安本如果不是来自郭店本，则应当是来自我们不知的另一底本，而其祖本或许与郭店本是同一个系统。

孙以楷先生认为："《淮南子》成书于汉景帝中后期和汉武帝初年。"④ 那么《道应训》最早作于景帝中期，即公元前150年左右，则其所据本《老子》抄写时间当在此前。

刘安都城在寿春。战国末期，楚考烈王迁都来此地。"二十二年，与

---

① 帛书甲乙本应该是汉初流行的本子，刘安完全有可能看到。
② 刘安等著，高诱注：《淮南子》，百子全书第三册，长沙：岳麓书社，1993年版，第2999页。
③ 孙以楷、陈广忠著：《道家文化寻根》，合肥：安徽人民出版社，2001年版，第288页。
④ 孙以楷、陈广忠著：《道家文化寻根》，合肥：安徽人民出版社，2001年版，第276页。

诸侯共伐秦，不利而去。楚东徙都寿春。"①我们认为，帛书甲、乙本是朝廷颁行给軑侯的，刘安本的顺序与此迥然不同，则刘安本绝非来自朝廷颁赐。那么，刘安本可能有两个来源系统：一是战国末期楚国贵族在迁都时自郢带来寿春，在辗转流传中落到刘安手里；二是淮南国本是道家文化的发源地，具有浓郁的道家文化传统，当地本流传着老子后裔或后学传习的"四大""楚简《老子》顺序本"，传习者后来成为刘安宾客，进而献给刘安，且或许此人就是《道应训》的制作者。不管是哪一种来源，都是没有经历西汉王朝的改造和利用的，其原貌的保持度要比帛书本大得多。所以，《道应训》所引与楚简本顺序一致。

《汉书·楚元王传》云："上(指汉宣帝)复兴神仙方术之事，而淮南有《枕中鸿宝苑秘书》。书言神仙使鬼物为金之术，及邹衍《重道延命方》，世人莫见，而更生父德武帝时治淮南狱得其书。"②刘安之书，自然也应包括《道应训》所据《老子》，世人莫见，都为秘藏，这也说明其书非西汉王朝颁行和改动本。

刘安之书后为本好黄老术的刘德所得，刘向为其子，幼而诵读。刘向撰有《说老子》四篇，应与其家学渊源及得刘安书有关。宋人所引和魏源《老子本义》所据本，其来源或可沿此追溯，只是东汉至宋这期间流传的情况已无法考察。

(三) 从上古的重天思潮和道家对此思潮的传承来看，"天"的第一位思想存在于道家的潜意识中，此乃道家的"重天"情节，东宫之师没必要去改动

1. 老子前的重"天"思想

重"天"思想古已有之，且成为一种思潮，深入人们思想当中。

---

① 司马迁撰：《史记》，北京：中华书局，1998年版，第594页。
② 班固撰：《汉书》，长沙：岳麓书社，1993年版，第850页。

《吕氏春秋·古乐》记载"昔葛天氏之乐……五曰《敬天常》"，张揖曰："葛天氏，三皇时君号也。"①葛天氏乃上古传说中的人物，可见敬"大"思想相当悠久。

郭沫若认为，殷时代已经有至上神的观念，起初称为"帝"，后来称为"上帝"，大约在殷周之际称为"天"。② 这是很正确的。在殷商人的传说里，其祖先与"天"有密切的关系，《诗经·商颂·玄鸟》："天命玄鸟，降而生商。"③政权要长久存在，就得服膺于天，《尚书·盘庚上》："先王有服恪谨天命。……罔知天之断命。……天其永我命于兹新邑。"④商族的灭亡则是天的意志，《尚书·西伯戡黎》："天既讫我殷命。……天弃我。……天曷不威？……我生不有命在天？……责命于天。"⑤

"关于天的思想，周人也是因袭了殷人的。"⑥周人认为，自己取代殷是"受命于天"，《大盂鼎》云："丕显文王，受天有大命。在武王嗣文作邦，辟厥匿，抚有四方。"⑦

又如《尚书·大诰》云："于天降威，用宁王遗我大宝龟，绍天明。……休于文王兴我小邦周，……天明畏，弼我丕丕基。"⑧《尚书·康诰》云："天乃大命文王殪戎殷，诞受厥命与厥邦厥民。"⑨《尚书·酒诰》云："惟天降命，肇我民，惟元祀。"⑩

但是周初有识之士亲眼所见殷人对天如此恪谨却仍然逃脱不了灭亡的命运，因而对天命产生了怀疑。

---

① 吕不韦等著，高诱注：《吕氏春秋》，诸子集成第六册，上海：上海书店出版社，1986年版，第51页。
② 郭沫若著：《青铜时代》，北京：中国人民大学出版社，2005年版，第6页。
③ 阮元校刻：《十三经注疏》，北京：中华书局，1980年版，第622页。
④ 阮元校刻：《十三经注疏》，北京：中华书局，1980年版，第168页。
⑤ 阮元校刻：《十三经注疏》，北京：中华书局，1980年版，第177页。
⑥ 郭沫若著：《青铜时代》，北京：中国人民大学出版社，2005年版，第13页。
⑦ 郭沫若著：《青铜时代》，北京：中国人民大学出版社，2005年版，第13页。
⑧ 阮元校刻：《十三经注疏》，北京：中华书局，1980年版，第198～199页。
⑨ 阮元校刻：《十三经注疏》，北京：中华书局，1980年版，第203页。
⑩ 阮元校刻：《十三经注疏》，北京：中华书局，1980年版，第206页。

如《尚书·康诰》云:"天畏非忱,民情大可见,小人难保。……惟命不于常。"①

周人一面尊崇天,一面又怀疑天。怀疑之余,他们认为天也不是绝对可靠的,于是提出了"德",认为王者应该"明德慎罚",以此"敬天保民"方能"天禄永终"。

如《尚书·君奭》云:"天不可信,我道惟宁王德延。"②《尚书·召诰》云:"天亦哀于四方民,其眷命用懋,王其急敬德。……王敬作所,不可不敬德。……王其德之用,祈天永命。"③

后世儒家继承了周人尊崇"天"的一面,而道家却继承了周人既尊崇"天"又怀疑"天"的一面。可见,尊崇"天"并非儒家所专有,就像《诗》《书》等"六经"并非儒家所专有一样。儒家重"天",众人皆知,勿用烦言,下面着重述说道家的重"天"思想。

2. 老子作为史官,深受传统重"天"思潮的影响

老子虽然欲重构以道为本体和本原的哲学体系,但潜意识里仍然摆脱不了传统思想的惯性,重"天"思想在《老子》书中就不时流露出来,因此"天"和"天地"的概念在他的著作中经常出现。如:

汉简本《老子》第四十九章云:"天地不仁,以万物为刍狗;圣人不仁,以百姓为刍狗。天地之间,其犹橐籥乎?虚而不屈,动而愈出。"对应王弼本《老子》第五章。对于此章前半部分,于鬯解释为:"以万物为刍狗,天地以为不仁也;以百姓为刍狗,圣人以为不仁也。"④此说的当。此谓"天地"钟爱万物,"天地"永无终穷。

汉简本《老子》第五十章云:"玄牝之门,是谓天地之根。"对应王弼本《老子》第六章。"天地"为万物生成之根本。

---

① 阮元校刻:《十三经注疏》,北京:中华书局,1980年版,第203~205页。
② 阮元校刻:《十三经注疏》,北京:中华书局,1980年版,第223页。
③ 阮元校刻:《十三经注疏》,北京:中华书局,1980年版,第212~213页。
④ 于鬯撰:《香草续校书(上册)》,北京:中华书局,1963年版,第3页。

汉简本《老子》第六十四章云："希言自然。故飘风不终朝,骤雨不终日。孰为此? 天地弗能久,而况于人乎?"对应王弼本《老子》第二十三章,王本作："希言自然。故飘风不终朝,骤雨不终日。孰为此者? 天地。天地尚不能久,而况于人乎?"在老子思想中,"天地"仍然是不可否认的至上者。

汉简本《老子》第七十三章云："天地相合,以输甘露,民莫之令而自均安。"对应王弼本《老子》第三十二章,王本作："天地相合,以降甘露,民莫之令而自均。"降甘露者为"天地"而非"道",唯有"天地"才为天下之民带来祥瑞。

汉简本《老子》第三十一章云："天之救之,若以慈卫之。"对应王弼本《老子》第六十七章,作："天将救之,以慈卫之。"在老子心目中,最高的救世主为"天"而非"道","天"救世的最好途径是"慈",即魏源所说之"仁"。① 从上举汉简本《老子》第七十三章和第三十一章(分别对应王本第三十二章和第六十七章),也可知于邕之说不误。

我们说老子"重天",并不否认老子"重道",他有时将"道"置于第一位,此无须赘言;有时将"天"放在第一位,如上所述。这就是老子思想中的矛盾性,这种矛盾性就像周人既尊崇"天",又怀疑"天"而提出"德"的概念一样,老子提出了"道"的概念。老子重视"天地"的原因有四。一是传统思想观念的影响。二是老子是史官出身,观天道是瞽史的职业领域②,因天地之则是其职业特点。出于职业思维的作用,老子总是不自觉地以"天"为重。三是出于老子作书的目的。我们知道老子是史官,《周礼·天官·宰夫》云："六曰史,掌官书以赞治。"整个《老子》一书,无不是站在最高统治者立场上维护其终极利益。而至迟自周以来,"天"就与最高统治者有着紧密的联系,周王自称为"天子"是为明证。所以老子总是不忘他所赞治的对象,这样他常将"天"置于最高的地位完全是当时一种意识形

---

① 魏源撰:《老子本义·论老子》,诸子集成第三册,上海:上海书店出版社,1996年版,第2页。

② 《国语·周语中》载单襄公语:"吾非瞽史,焉知天道?"

态的反映。因此,我们说"楚简《老子》顺序本"是《老子》原貌这一论点是有思想依据的,这种顺序不但不违背老子思想,反而更符合老子著书的目的。既然如此,东宫之师根本无需去改动《老子》原有"四大"之顺序。

3. 黄老道家和庄子学派的重天思想

黄老道家重视"天地",应是传承老子思想而来。此在马王堆帛书《黄帝四经》多有所见。

《十六经·立命》:"吾受命于天,定位于地,成名于人。唯余一人,□乃配天……允地广裕,吾类天大明。吾畏天爱地亲【民】,□无命,执虚信。吾畏天爱【地】亲民,立有命,执虚信。"①《大戴礼记·五帝德》载宰我问帝舜于孔子时,孔子说帝舜能"畏天而爱民"。② 二者所说何其相似。"畏"者,"敬"也,可见"敬天爱民"是儒道共有的核心思想。

《十六经·前道》:"圣人举事也,合于天地,顺于民,祥于鬼神。"③以"合于天地"为举事的第一目的。

《称》:"知天之所始,察地之理,圣人弥论天地之纪。"④

"天"在"道"之上的思想在《庄子》一书中也屡屡可见。

《天地》:"技兼于义,义兼于德,德兼于道,道兼于天。"⑤"兼"者,包含之意,"道兼于天"就是"天包含道",可见在《庄子》里"天"是第一位的。

《天道》:"夫帝王之德,以天地为宗,以道德为主,以无为为常……是故古之明大道者,先明天而道德次之,道德已明而仁义次之……夫天地者,古之所大也。而黄帝、尧、舜之所共美也。故古之王天下者,奚为哉?

---

① 裘锡圭主编,湖南省博物馆、复旦大学出土文献与古文字研究中心编纂:《长沙马王堆汉墓简帛集成(四)》,北京:中华书局,2014年版,第151页。
② 王聘珍撰:《大戴礼记解诂》,北京:中华书局,1983年版,第122页。
③ 裘锡圭主编,湖南省博物馆、复旦大学出土文献与古文字研究中心编纂:《长沙马王堆汉墓简帛集成(四)》,北京:中华书局,2014年版,第168页。
④ 裘锡圭主编,湖南省博物馆、复旦大学出土文献与古文字研究中心编纂:《长沙马王堆汉墓简帛集成(四)》,北京:中华书局,2014年版,第178页。
⑤ 郭庆藩著:《庄子集释》,诸子集成第三册,上海:国学整理社、世界书局,1935年版,第182页。

天地而已矣。"①此处论"天"远在"道"之上。

《则阳》："是故天地者,形之大者也。"②说明在古人的思想中,形之大者的"天"才是最容易让人接受的最大者。

《天下》："以天为宗,以德为本,以道为门,兆于变化,谓之圣人。"③与《天道》所论相同。

如果说以上出自《庄子》外杂篇,非庄子本真,则《庄子》内篇也可寻得。

《齐物论》："天地与我并生,而万物与我为一。"④庄子讲大我时,多以"天地"为喻,不同于讲精神逍遥以"道"为喻。可见在庄子的潜意识中是以"天"为最大者。

《德充符》："夫天无不覆,地无不载,吾以夫子为天地,安知夫子之犹若是也!"⑤又云："眇乎小哉,所以属于人也;敖乎大哉,独成其天。"⑥

又庄子追求的最高的"钧"是"天钧"(《逍遥游》),最高的"倪"是"天倪"(《齐物论》),最高的"乐"是"天乐"(《天地》),所有这些不都体现了庄子以"天"为至高无上之思想吗?

可见以"天"为第一位的思想在道家著作中是很常见的。一些学者认为,只有儒家才以"天"为第一位、以"道"为第二位,而道家必以"道"为第一位、以"天"为第二位,这一观点是不正确的。

---

① 郭庆藩著：《庄子集释》,诸子集成第三册,上海：国学整理社、世界书局,1935年版,第207、210、212页。
② 王先谦著：《庄子集解》,诸子集成第三册,上海：国学整理社、世界书局,1935年版,第174页。
③ 郭庆藩著：《庄子集释》,诸子集成第三册,上海：国学整理社、世界书局,1935年版,第461页。
④ 郭庆藩著：《庄子集释》,诸子集成第三册,上海：国学整理社、世界书局,1935年版,第39页。
⑤ 郭庆藩著：《庄子集释》,诸子集成第三册,上海：国学整理社、世界书局,1935年版,第92页。
⑥ 郭庆藩著：《庄子集释》,诸子集成第三册,上海：国学整理社、世界书局,1935年版,第99页。

(四)从汉武帝时刘安献书所载内容和董仲舒《贤良对策》言有所指看,"天大,地大,道大,王亦大"是《老子》原始顺序本

我们说"天大,地大,道大,王亦大"是《老子》原始顺序本,帛书《老子》顺序是改动本,还有两个重要的证据。

其一,如前所言,刘安《淮南子·道应训》里相关内容与楚简《老子》完全一致。这种一致是不是一种巧合呢?不是!刘安献书是在建元二年即公元前139年,该书乃新出之作。① 刘安献书时的政治环境是武帝即位不久,建元元年十月武帝即开始罢黜诸子,当时诏举"贤良方正直言极谏之士,丞相绾奏:'所举贤良,或治申、商、韩非、苏秦、张仪之言,乱国政,请皆罢。'奏可"②。这当是武帝对窦太后干预国政推行黄老之术的第一次反应。刘安献书是否有迎合武帝目的,此不具论,但他在《淮南子·要略》里说得很清楚,作"《原道》者……欲一言而寤,则尊天而保真。……《道应》者,揽掇遂事之踪,追观往古之迹,察祸福利害之反,考验乎老、庄之术,而以合得失之势者也。"③从刘安自述看,《道应训》所引《老子》语句之顺序安排绝不是为了迎合武帝之语,而是为了"一言而寤""尊天而保真"。

其二,更为重要的是,元光二年五月(公元前133年),武帝亲自诏举贤良(窦太后在建元六年即公元前135年去世),在武帝的一再鼓舞下,董仲舒在《贤良对策》中提出了"天者,群物之祖也……故圣人法天而立道……道之大原出于天,天不变道亦不变"的观点。结合当时情况,董仲舒所言必有所指,我们认为是针对汉初改动《老子》而发。

---

① 司马迁撰:《史记》,北京:中华书局,1998年版,第921页。又见班固撰:《汉书》,长沙:岳麓书社,1996年版,第946页。
② 班固撰:《汉书》,长沙:岳麓书社,1993年版,第58页。
③ 刘安等著,高诱注:《淮南子》,百子全书第三册,长沙:岳麓书社,1993年版,第2999~3000页。

董仲舒和刘安都以博洽多闻而知名,他们所言必有凭据。

综合以上各种情况,我们可以推知东宫之师绝不是《老子》"天大,地大,道大,王亦大"顺序的改动者,也就是说,"天大,地大,道大,王亦大"顺序才是《老子》"四大"顺序的原貌。

四、帛书《老子》甲本顺序改动和推广的原因

我们可以从战国以降到汉武帝时期强力政权对典籍尤其是对诸子百家语的控制情况梳理出线索。

(一) 先秦秦汉时期强力政权采取的控制思想文化的措施

一个政权为了维护其统治长期存在,必要加强其在思想文化上的控制。这一现象自战国早中期开始。班固《汉书·艺文志》云:"战国纵横,真伪分争,诸子之言纷然淆乱。"① 诸子百家之语和儒家典籍是各个政权禁止的主要对象,这一时期主要是采取暴力的方式。吴起在楚国"破驰说之言纵横者"②,商鞅在秦国"教秦孝公……燔诗书而明法令"③,这些都是在典籍中有明确记载的早于秦始皇和李斯"焚书坑儒"的钳制文化、控制思想的极端例子。与商鞅同时的孟子也云:"诸侯恶其害己也,而皆去其籍。"④ 可见此种情况不独在楚国、秦国,其他诸侯国也都存在,原因正如孟子所言,"诸侯恶其害己也"。

秦汉时期延续了对诸子百家典籍的控制。其一,始皇帝时,李斯奏"请史官非秦记皆烧之。非博士官所职,天下敢有藏《诗》《书》、百家语者,

---

① 班固撰:《汉书》,长沙:岳麓书社,1993年版,第758页。
② 司马迁撰:《史记》,北京:中华书局,1998年版,第759页。
③ 韩非著,王先慎集解:《韩非子集解》,诸子集成第五册,上海:上海书店出版社,1986年版,第67页。
④ 焦循撰:《孟子正义》,诸子集成第一册,上海:上海书店出版社,1986年版,第399页。

悉诣守、尉杂烧之。……令下三十日不烧，黥为城旦"①。其二，"汉兴，改秦之败，大收篇籍，广开献书之路"②，刘邦改始皇之焚书为收书，更加高明而得人心。《汉书·高帝纪》记载，"天下既定，命萧何次律令，韩信申军法，张苍定章程，叔孙通制礼仪，陆贾造《新语》"③，这是西汉第一次大规模的图书整理工作，虽然没有明确说到诸子书，但有诸子书是毫无疑问的。其三，"迄孝武世……于是建藏书之策，置写书之官，下及诸子传说，皆充秘府"④，刘安初入朝时⑤所献《淮南子》就被武帝秘藏，《汉书·淮南王传》载："初，安入朝，献所作《内篇》，新出，上爱，秘之。"⑥其四，《汉书·董仲舒传》载董仲舒在《贤良对策》中劝武帝"罢黜百家"："《春秋》大一统者，天地之常经，古今之通谊也。今师异道，人异论，百家殊方，指意不同，是以上亡以持一统；法制数变，下不知所守。臣愚以为诸不在六艺之科孔子之术者，皆绝其道，勿使并进。"⑦其五，汉成帝时，刘向校对经传诸子诗赋，对百家典籍又是一次根据刘汉政权的需要而进行的大整理。其六，刘汉政权牢牢控制百家语书籍，不独对异姓，即使对同姓宗室也是如此。成帝时，东平思王刘宇求书被拒即是明证。《汉书·宣元六王传》云：

> 后年来朝，上疏求诸子及《太史公书》，上以问大将军王凤，对曰："今东平王幸得来朝，不思制节谨度，以防危失，而求诸书，非朝聘之义也。诸子书或反经术，非圣人；或明鬼神，信怪物；《太史公书》有战国纵横诡谲之谋，汉兴之初谋臣奇策，天官灾异，地形厄塞：皆不宜在诸侯王。不可予。不许之辞宜曰：'五经圣人所制，万事靡不毕载。王审乐道，傅相皆儒者，旦夕讲诵，足以正身虞意。夫小辩破义，小道

---

① 司马迁撰：《史记》，北京：中华书局，1998年版，第107页。
② 班固撰：《汉书》，长沙：岳麓书社，1993年版，第758页。
③ 班固撰：《汉书》，长沙：岳麓书社，1993年版，第29页。
④ 班固撰：《汉书》，长沙：岳麓书社，1993年版，第758页。
⑤ 《史记》本传云："及建元二年，淮南王入朝。"刘安初入朝在公元前139年。
⑥ 班固撰：《汉书》，长沙：岳麓书社，1993年版，第946页。
⑦ 班固撰：《汉书》，长沙：岳麓书社，1993年版，第1107~1108页。

不通,致远恐泥,皆不足以留意。诸益于经术者,不爱于王。'"对奏,天子如凤言,遂不与。①

以上情况说明秦汉时期中央政权对书籍严格控制,某一类书是否能够传播,完全取决于当时中央政权根据自己的需要是否予以颁行。始皇及武帝以后诸子书籍是重点控制对象,其原因如王凤所言"诸子书或反经术,非圣人;或明鬼神,信怪物……皆不宜在诸侯王。不可予。"即使要颁行某一类书,也会根据自己的需要予以删取损益,然后再颁行各地。汉高祖到武帝之前,其统治指导思想是黄老道家,黄老书较为流行,因此出土的此一时期的典籍多以道家为主。

(二) 帛书《老子》甲本的抄写和改动是出于亡秦斗争的需要

楚简《老子》随墓下葬的时间,现在学界比较一致的看法是在公元前四世纪末期②,即公元前305年前后,那么其底本的编纂和抄写年代当更早。总之有一点可以确定,楚简《老子》的抄写时间上距吴起变法不远。楚简《老子》能够随墓下葬,说明该书既是士人阶层崇尚的,又是社会上流行的。而作为教育太子的教材抄写在吴起变法之后,则说明该书不是楚王室"破""烧""去"的对象,而是选用的对象,肯定有利于楚王室的统治。我们认为,楚简《老子》"天大,地大"居于"道大"之前的顺序有利于楚王室宣扬"受命于天"思想,这或许是东宫之师为何选择楚简《老子》作为教材,楚简《老子》为何得到楚王室的支持和选择的原因。道家文化能够在楚地萌芽发展和传播,与楚王室的认可和支持不无关系。据孟子指出的诸侯"破""烧""去"诸子百家语的原因是"恶其害己也,而皆去其籍",我们可以推知,当时强力政权对于书籍的态度是有利者则选用,无利者则去掉,不

---

① 班固撰:《汉书》,长沙:岳麓书社,1993年版,第1443页。
② 王博撰:《美国达慕思大学郭店〈老子〉国际学术讨论会纪要》,陈鼓应主编:《道家文化研究》第17辑"郭店楚简"专号,北京:生活·读书·新知三联书店,1999年版,第2页。

存在加以改动而为己用的情况。如此，既然楚王室选择楚简《老子》作为教材，则不会去改动，从而说明楚简《老子》顺序本应是原始本，进而可知帛书甲本是改动本。

那么接下来就要问，"帛书《老子》甲本顺序本"是什么时候改动的？谁进行了改动？为什么要改动？改动的本子又为何得到推广？

与东宫之师个人不敢擅自改动相反，一个政权为了政治上的需要则是有可能按照其意志改动的。我们认为，"帛书《老子》顺序本"可能是在公元前209年陈胜起义之后到公元前202年刘邦称帝之前改动的，帛书甲本抄写时间大概也在此期间。

尹振环先生根据避讳情况说帛书甲本的抄写时间可能在公元前245年之前，因为它既不避秦始皇的"正"字讳，也不避其父秦庄襄王的"楚"字讳。可是帛书甲乙二本的随墓下葬时间是在公元前168年，这中间相距80年左右，经历了"焚书坑儒"的浩劫，如果是民间收藏，怕是不能保存的。如果是秦政府官藏，那么西汉政府怕是不会将其赐予轪侯的。

从版本上看，最早抄写《老子》"四大"的"道大，天大，地大，王亦大"顺序的是帛书甲本，其次是同墓出土的乙本，再下就是傅奕《老子道德经古本篇》所依据的项羽妾本。高亨先生认为，帛书《老子》甲、乙两本都不避刘盈和刘恒的讳，乙本有意避刘邦的讳，而不避刘盈和刘恒的讳，可证它是刘邦称帝以后，刘盈、刘恒称帝以前抄写的。甲本不避刘邦的讳，可证它是刘邦称帝以前抄写的。① 这个推断是非常正确的。但是甲本在刘邦称帝以前抄写的，到底能上推到什么时候？这是应该研究的。按1980年出版的《马王堆汉墓帛书（壹）》"出版说明"，甲本抄写用的字体是秦篆，则该本不会来自六国，应是出自秦国人或秦统一以后秦朝人所写。用秦篆抄写的出土秦朝法律竹简很多，但子书却较少，因为自商鞅变法到秦始皇

---

① 高亨、池曦朝著：《试谈马王堆汉墓中的帛书〈老子〉》，《文物》，1974年第11期，第2页。

"焚书坑儒",子书都属于被焚烧的对象,即使要保存,也只是严格限制在博士官手里。① 因此在秦政府统治的地区,慑于秦法律的严酷,恐怕没有人敢私自抄写和隐藏作为子书的《老子》。而秦政府,由于历来推行侵略扩张、严刑峻法、赋税苛重的政策,与《老子》一书的主张极不合拍,则秦政府也不会容忍《老子》一书在其所辖范围内存在,更不会抄写后颁行天下。那么帛书《老子》甲本就只可能通过一个特殊的群体得以留存:反对秦朝暴政的张楚政权或六国旧贵族以及刘邦、项羽等亡秦将领。正如《史记·儒林列传》所言:"陈涉之王也……缙绅先生之徒负孔子之礼器往委质为臣者,何也?以秦焚其业,积怨而发愤于陈王也。"② 道家作为诸子之一,其学其书自然也是被秦禁止之列,那么现在道家也完全可能以此为契机来实现自己的崛起。实际上在亡秦的谋臣武将中,就有不少属于道家的人物,如张良、陈平、曹参、田叔、召平等,当然这些人物并不是庄子一系那样的清虚派道家,而是学黄老术的黄老道家。

"天下苦秦久矣!"③然而皇帝作为"天子"的神圣尊严和秦统一六国的壮烈气势依然在人们心中留下深刻的印象;自古以来最高统治者宣传的"君权神授"和"受命于天"的观念干扰着亡秦将领们的信心和意志。因此需要一种思想观念的改变来坚定亡秦将领们的决心,为亡秦活动寻找合法的理论依据。要否认秦朝皇帝至高无上的地位,就要否认"天"的至高无上的地位。秦末,整个社会上流传着秦朝残暴"无道"的怨言,如陈涉起事会集豪杰,三老、豪杰皆曰:"将军身披坚执锐,伐无道,诛暴秦。"④又如郦食其曾对沛公云:"必聚徒合义兵诛无道秦。"⑤《史记·淮南王安列传》载伍被之语曰:"往者秦为无道,残贼天下。"⑥可见,欲以"有道"取代

---

① 司马迁撰:《史记》,北京:中华书局,1998年版,第107页。
② 司马迁撰:《史记》,北京:中华书局,1998年版,第1113页。
③ 司马迁撰:《史记》,北京:中华书局,1998年版,第671页。
④ 司马迁撰:《史记》,北京:中华书局,1998年版,第672页。
⑤ 司马迁撰:《史记》,北京:中华书局,1998年版,第957页。
⑥ 司马迁撰:《史记》,北京:中华书局,1998年版,第1102页。

"无道"是当时民众的普遍思想,亡秦将领中的贤能之士不可能不认识到这一点。同时陈涉发出的"王侯将相,宁有种乎"的呼声也表达了民众对暴秦"天命"的愤懑和冲击。因此我们可以这样推测:自秦焚书以来,儒家遭到毁灭性的打击而一时难以恢复,同时因受统治者打击的惯性的影响也不受人重视;法家因其苛刻严酷遭人唾弃;道家因其既站在王侯利益的立场上,又因其强调缓和的手段有益于人们,而逐步得到社会的垂青。但是原始的道家思想在某些方面依然需要经过改造方可利用。诸侯亡秦之时,刘邦手下的黄老道家人物将《老子》加以抄写。他们基于《老子》一书中关于"天"和"道"到底谁是第一位的矛盾性而将其改动,于是作为原始顺序的楚简《老子》"天大,地大,道大,王亦大"被改成了帛书《老子》甲本"道大,天大,地大,王亦大"顺序,而这一改动的目的,是为"伐无道,诛暴秦"①的亡秦斗争寻找理论依据。如果这一推测不误,便是帛书《老子》甲本顺序的由来。既然是亡秦力量为了亡秦斗争的需要而改动和推广,那么在抄写时就完全没有必要去避秦始皇和秦庄襄王两人的讳了。并且,此一段时期是胡亥、子婴在位时期,子楚、嬴政都已去世了。

倡议抄写和改动《老子》一书来为亡秦斗争服务的人,依现有典籍难以核实,如必要追寻其倡议抄写者,我们认为非萧何莫属。因为知道利用《老子》书来为亡秦斗争服务的人应该符合以下条件:第一,深受道家思想影响或熏陶,其言行必有道家之风范;第二,颇具政治远见,深知图书典籍所载思想对意识形态的作用;第三,为刘邦亲信中之政治家,能够对刘邦施加影响。满足这三个因素的就只有萧何。请看,其一,萧何乃沛丰人,沛为老子诞生地和老子晚年归隐处,素来为道家文化的故乡,萧何受道家文化的影响毋庸置疑。其二,史迁虽然未明言萧何为道家人物或学黄老之术,但其言行实属道家之列。《史记·萧相国世家》载:"何置田宅

---

① 司马迁撰:《史记》,北京:中华书局,1998年版,第672页。

必居穷处,为家不治垣屋。曰:'后世贤,师吾俭;不贤,毋为势家所夺。'"①"置田宅必居穷处……毋为势家所夺"正是汉简本《老子》第十七章所云"善建不拔,善抱不脱,子孙以其祭祀不绝"(对应王弼本第五十四章"善建者不拔,善抱者不脱,子孙以祭祀不辍")。"俭"则是《老子》三宝之一。"为家不治垣屋"说明萧何深明汉简本《老子》第五十二章所云"金玉盈室,莫能守"(对应王弼本第九章"金玉满堂,莫之能守")之义。并且,从曹相国时百姓之歌可知,萧何与曹参都是道家政治哲学的信奉者:"萧何为法,觏若画一,曹参代之,守而勿失。载其清净,民以宁一。"②《汉书·刑法志》也云:"当孝惠、高后时……萧、曹为相,填以无为,从民之欲而不扰乱,是以衣食滋殖,刑罚用稀。"③其三,刘邦属下中,只有萧何独具慧眼,对图书典籍等文献的价值有相当深刻的认识:"沛公至咸阳,诸将皆争走金帛财物之府分之,何独先入收秦丞相御史律令图书藏之。……汉王所以具知天下阸塞,户口多少,强弱之处,民所疾苦者,以何具得秦图书也。"④其四,萧何最为刘邦所亲信,地位又高,是最能够推动和影响刘邦的人物。更为重要的是,《汉书·刑法志》云:"汉兴,高祖……任萧、曹之文,用良、平之谋,骋陆、郦之辩,明叔孙通之仪,文武相配,大略举焉。"⑤其中的"任萧、曹之文"应该是包括二人提倡诵习的道家文献在内的图书典籍和律令规章制度。从以上情况来看,说萧何是汉初道家文献抄写的倡议者应该没有多大问题。

帛书《老子》甲本的抄写和改动带有很强的政治含义,除开上面说的关于"天、地、道"顺序的改动外,从同幅帛上所抄写的其他两篇道家文献也可以看出来。与《老子》甲本抄写在一起的还有《五行》《九主》《明君》和

---

① 司马迁撰:《史记》,北京:中华书局,1998年版,第699页。
② 司马迁撰:《史记》,北京:中华书局,1998年版,第703页。
③ 班固撰:《汉书》,长沙:岳麓书社,1993年版,第499页。
④ 司马迁撰:《史记》,北京:中华书局,1998年版,第697页。
⑤ 班固撰:《汉书》,长沙:岳麓书社,1993年版,第497页。

《德圣》四篇。《五行》属于思孟学派的儒家著作。《德圣》为儒道融合之作,但从"为者手足不用""坐而忘退,聪明去知"看,道家的思想成分更浓厚,其中就云"知天道曰圣"之句。①《九主》和《明君》属于道家著作。魏启鹏先生认为,《九主》"畅论君人南面之正道与失误"②,《明君》讲攻战取胜而有天下之道,末尾讲攘暴除害以利天下。我们认为,后两篇显然是针对秦朝暴政而言,它们能与帛书《老子》甲本抄写在一起,都显示出了一种政治意图。这些道家著作,在亡秦斗争中应该是起了一定的思想推动作用的。

(三)《老子》"四大"汉简本顺序和帛书乙本顺序同时抄写于刘邦称帝期间原因推测

前面我们已经考察出,楚简《老子》"天大,地大,道大,王亦大"顺序是《老子》"四大"顺序的原貌,帛书甲本"道大,天大,地大,王亦大"顺序是改动《老子》"四大"顺序的原貌而来的,其改动的原因是为了坚定亡秦将领们的决心,为"伐无道,诛暴秦"的亡秦斗争寻找理论依据。可是,西汉建立初期,《老子》帛书乙本和汉简本虽然同时抄写于刘邦称帝期间,但在"四大"方面却有两种不同的顺序:帛书乙本是"道大,天大,地大,王亦大"顺序,同于帛书甲本;汉简本是"天大,地大,道大,王亦大"顺序,同于楚简本。这却是为何呢?我们认为,帛书乙本顺序的抄写和推广,是帛书甲本改动本目的的延续,不过稍有变化,即不再是为了亡秦斗争的需要,而是刘汉政权取代嬴秦政权寻求合法性理论的需要。汉简本顺序如此安排,则是为了树立西汉皇帝的权威性,以及有利于建立新的社会秩序。

---

① 国家文物局古文献研究室编:《马王堆汉墓帛书(壹)》,北京:文物出版社,1980年版,第39页。
② 魏启鹏著:《前黄老形名之学的珍贵佚篇》,陈鼓应主编:《道家文化研究》第3辑"马王堆帛书"专号,上海:上海古籍出版社,1993年版,第330～339页。

如前所言,秦朝末年,儒家受到严重打击后一时难以恢复,同时因受统治者打击的惯性的影响也不受人重视;法家因其苛刻严酷遭人唾弃;道家因其既站在王侯利益的立场上,又因其强调缓和的手段有益于人们,而逐步得到社会的垂青。袁昶在给魏源《老子本义》写跋时说"西汉开国风气,老诎儒"①,的确!汉初大臣,多是黄老学派或者是黄老思想的爱好者,如萧何、张良、陈平、曹参、召平等。刘邦不喜儒,但未必不喜道,而他生活在一批黄老道家大臣的包围之中,即使原本不喜道,也不能不因时间的推移而受影响。实际上,刘邦本人的行事极合道家思想,他之所以得天下,与他按照道家思想行事有极大关系。不难想象,如果刘邦不喜道家之术,汉初是不可能推行黄老政策的。实际上,刘邦及其属下大部分是来自淮河流域,自小受到道家文化的熏陶。甚至可以说,在亡秦斗争和楚汉之争中刘邦的胜利,就是黄老道家思想的胜利。

西汉建立以后,面临一个急需解决的问题,那就是刘汉政权取代嬴秦政权的合法性问题,这是汉初学界争论的一个中心议题。学者们多假借历史上汤、武伐桀、纣之事而论当时的政治变革,辕固生和黄生二人就汤、武对桀、纣是"受天命革命"还是"篡弑"争论于汉景帝前。辕固生继承孟子思想认为是"汤武受命"②,而黄生坚持"汤武非受命乃弑"论。黄生的观点反映了"天"及"君王"至上论是原始道家的思想,但是辕固生就以汉高祖取代嬴秦是否合法来反驳黄生,结果使得景帝十分尴尬。③ 可见汉初要在意识形态上取得政权的合法性,仍然要利用改造了的道家思想。为此目的,西汉政权多次抄写颁行改动了的道家著作《老子》。

《老子》汉简本和帛书乙本虽然都抄写于刘邦称帝期间,但是汉简本

---

① 袁昶著:《跋老子本义》,诸子集成第三册,上海:上海书店出版社,1986年版,第71页。
② 焦循撰:《孟子正义》,诸子集成第一册,上海:上海书店出版社,1986年版,第86页。
③ 司马迁撰:《史记》,北京:中华书局,1998年版,第1115页。

抄写可能稍晚于帛书乙本。汉简本"四大"顺序是"天大,地大,道大,王亦大",同于楚简本而异于帛书甲乙本。

与嬴政、项羽等皇帝、贵族相比,刘邦出身卑微。虽然樊哙、周勃、夏侯婴一干人等与刘邦一同起事,但是,刘邦初即皇帝位时,众将领不知礼仪,在朝廷宴会时,"群臣饮酒争功,醉或妄呼,拔剑击柱,高帝患之"①。这时,刘邦权威尚未完全确立。为了改变这种状况,叔孙通征诸鲁生及其弟子"共起朝仪"。通过一系列的仪式,叔孙通为刘邦树立起了作为皇帝的权威,以至于刘邦感慨:"吾乃今日知为皇帝之贵也。"②与儒家叔孙通制礼仪为刘邦树立权威相适应,黄老道家则在抄写汉简本《老子》时,继续秉承楚简本《老子》"四大"顺序,依然将其抄写为"天大,地大,道大,王亦大"。汉简本"天大,地大,道大,王亦大"的"四大"抄写顺序,与叔孙通的"制礼仪",都有助于西汉皇帝权威的树立和建立新的社会秩序。

那么,汉简本《老子》有可能是哪一个系统的本子?或者说它与哪一个西汉时期的本子相接近呢?我们认为,《老子》汉简本与刘安《淮南子·道应训》所据本是同一系统,二者较为接近。理由如下。

其一,《老子》汉简本与《淮南子·道应训》所据本都是西汉早期的《老子》版本,都出自楚地。我们在前面已经考定,汉简本《老子》抄写于刘邦称帝期间,是楚地的抄手抄写的。而《淮南子·道应训》所据本为刘安或其门客所有,《淮南子》作成后献给汉武帝时间在公元前139年,则其所据《老子》抄写时间应该远远早于公元前139年。刘安都城在寿春,属于楚地,其所据《老子》当亦出自楚地。《老子》汉简本与《淮南子·道应训》所据本二书都有楚地的特色。

其二,《老子》汉简本与《淮南子·道应训》所据本二书"天大,地大,道大,王亦大"顺序,与《淮南子·要略》所述"尊天而保真"的思想一致,则二

---

① 司马迁撰:《史记》,北京:中华书局,1998年版,第969页。
② 司马迁撰:《史记》,北京:中华书局,1998年版,第969页。

者或来源于同一系统。

其三,《老子》汉简本与《淮南子·道应训》所据本除开"天大,地大,道大,王亦大"文句一致外,还有以下文句一致:

《道应训》引云:"故老子曰:'天下皆知善之为善,斯不善也'。"①汉简本在《老子》第四十六章:"天下……皆知善之为善,斯不善矣。"相关内容对应王弼本《老子》第二章。

《道应训》引云:"故老子曰:'持而盈之,不如其已。揣而锐之,不可长葆也。'"②汉简本在《老子》第五十二章:"持而盈之,不如其已。梪而允之,不可长葆。"相关内容对应王弼本《老子》第九章。

《道应训》引云:"故老子曰:'明白四达,能无以知乎?'"③汉简本在《老子》第五十三章:"明白四达,能毋以知乎?"相关内容对应王弼本《老子》第十章。

《道应训》引云:"故老子曰:'道冲而用之,又弗盈也。'"④汉简本在《老子》第四十八章:"道冲而用之,有弗盈。"相关内容对应王弼本《老子》第四章。

等等,不一而足。

随着西汉政权的日益巩固,其合法性问题已经得到了解决,接着就需要宣传刘汉政权的神圣,以示不可觊觎。在这种情况下,不但改动了的道家思想不再适宜新的形势,就是原始的道家思想因其内部的矛盾性也不再适宜新的形势。于是汉武帝选择了儒家,董仲舒审时度势地在《贤良对策》中提出了"天者,群物之祖也……故圣人法天而立道……道之大原出

---

① 刘安等著,高诱注:《淮南子》,百子全书第三册,长沙:岳麓书社,1993年版,第2902页。
② 刘安等著,高诱注:《淮南子》,百子全书第三册,长沙:岳麓书社,1993年版,第2903页。
③ 刘安等著,高诱注:《淮南子》,百子全书第三册,长沙:岳麓书社,1993年版,第2903页。
④ 刘安等著,高诱注:《淮南子》,百子全书第三册,长沙:岳麓书社,1993年版,第2904页。

第四章　从汉简本看《老子》不同版本的异文所反映的历史文化现象　225

于天,天不变道亦不变"①的观点。董仲舒之说必有所本,他显然是针对西汉初期改动"天"的至上性而发的。这也说明帛书《老子》甲本顺序本是改动了的顺序本,《老子》楚简本顺序和汉简本顺序是原始本。

帛书《老子》甲乙本及其卷后卷前古佚书出自马王堆三号汉墓,该墓墓主是长沙王丞相轪侯利仓的儿子利豨。② 利豨为什么会有此帛书? 我们知道,先秦秦汉时期政府对子书控制得非常严格,如果不是政权的允许,一般来说,个人是不敢收藏子书的。或者说个人收藏的子书一般是中央颁行的。因此我认为,三号汉墓墓主之帛书是受自其父利仓的,而利仓是接受朝廷颁行的。利仓的身份比较复杂,他首先是长沙王相,历经长沙四王"吴芮、吴臣、吴回、吴右"和朝廷"高帝、惠帝、高后"时期;惠帝二年,利仓以长沙王相受封为轪侯。③

汉初推行休养生息政策,就是以黄老思想作为治理国家的指导方针,因此颁行黄老著作是汉政府的一大措施。中央任命地方丞相或侯王都可能颁行黄老之书,以利于统治方针的贯彻和休养生息政策的推行。利仓受命为长沙王相和受封为轪侯,这两次都有可能得到朝廷颁赐的书籍。那么利仓受此书当在何时呢? 我们认为在其受命为长沙王相时,为何? 第一,高帝时,诸侯王虽"掌治其国",但"丞相统众官"④,具体政策的执行都需通过丞相,郡国丞相对贯彻朝廷方针影响地方政策有不可估量的作用,西汉王朝不会认识不到这一点,颁赐书籍给利仓目的就在于此。第二,利仓死于高后二年,其继任者是醴陵侯越⑤,也就是说在利仓家族之

---

① 班固撰:《汉书》,长沙:岳麓书社,1993年版,第1103～1106页。
② 朱桂昌著:《"功比轪侯"解》,湖南省博物馆编:《马王堆汉墓研究》,长沙:湖南人民出版社,1979年版,第57页。
③ 马雍著:《轪侯和长沙国丞相》,湖南省博物馆编:《马王堆汉墓研究》,长沙:湖南人民出版社,1979年版,第13页。
④ 班固撰:《汉书》,长沙:岳麓书社,1993年版,第328页。
⑤ 马雍著:《轪侯和长沙国丞相》,湖南省博物馆编:《马王堆汉墓研究》,长沙:湖南人民出版社,1979年版,第13页。

中,只有利仓一人担任过长沙王相,但是其侯位还下传了至少四世。① 在任职或封爵时朝廷所颁赐之物,应该具有示徵或劝勉作用,也是一种特权的象征。如果该帛书是受封为轪侯所得,决不会在利仓儿子手里随墓下葬,至少应继续下传至四世才是;而若是受命为长沙王相时所得,利仓死,其后再无人为相,传给其儿子,后随儿子下葬则是有可能的。利仓就职长沙王相在刘邦称帝和惠帝二年之间,即公元前202年到公元前193年之间,则利仓所得帛书当在其时,而这一时间刚好与帛书《老子》乙本的抄写时间相合。

五、结论

经过上述考察,我们可以得出如下结论:

楚简《老子》"天大,地大,道大,王亦大"顺序是《老子》"四大"顺序原始本,东宫之师没有改动这一顺序。帛书《老子》甲本顺序是改动后的顺序,改动的原因是亡秦力量出于亡秦斗争的需要,为坚定亡秦将领们的亡秦决心,聚合义兵"伐无道诛暴秦"而改。倡议改动者大概是萧何。帛书《老子》乙本继承甲本顺序,但其目的稍有不同,不再是为了亡秦斗争的需要,而是为了寻求刘汉政权取代嬴秦政权合法性的理论依据。汉简本《老子》秉承楚简本顺序,其目的是树立西汉皇帝的权威,和建立新的社会秩序以防止他人对西汉政权的觊觎。

第二节　汉简本《老子》"夫礼忠信之浅而乱之首也"解

一、问题的由来

北京大学藏西汉竹书《老子》(以下简称汉简本《老子》)第一章云:

---

① 班固撰:《汉书》,长沙:岳麓书社,1993年版,第272页。

第四章 从汉简本看《老子》不同版本的异文所反映的历史文化现象

上德不德,是以有德;下德不失德,是以无德。上德无为而无以为,下德【为】之而无以为,上仁为之而无以为,上义为之而有以为,上礼为之而莫之应,则攘臂而乃之。故失道而后德,失德而后仁,失仁而后义,失义而后礼。夫礼,忠信之浅,而乱之首也。前识者,道之华,而愚之首也。是以大丈夫居其厚,不居其薄;居其实,不居其华。故去彼取此。①

该章有"夫礼,忠信之浅,而乱之首也",郭店楚简本《老子》无此句。马王堆帛书甲本此句文字多缺失,仅存后五字,作"……而乱之首也"。②帛书乙本此句文字保存完好,作"夫礼者,忠信之泊也,而乱之首也"。与此相应内容王弼注本《老子》在第三十八章,作"夫礼者,忠信之薄,而乱之首"。③河上公本相应文句与王弼注本同,而严遵本和傅奕本稍异。严遵本作"礼者,忠信之薄,而乱之首"。傅奕本作"夫礼者,忠信之薄,而乱之首也"。而韩非子《解老》所引却作"夫礼者,忠信之薄也,而乱之首乎"。④

以上不同版本的相应文句,其差异多在发语词和判断语气词上。严遵本既无发语词"夫",也无句尾判断语气词"也"。帛书乙本和韩非所引还有句中语气词"也",不过帛书乙本与韩非所引句尾语气词有别,前者作"也"字,后者为"乎"字。韩非所引的确很奇特,或许是地域性方言的体现。此外,还有一个音近通假或同义互换的问题,如传世各本和韩非所引皆用"薄"字,而出土的帛书乙本用"泊"字,帛书甲本相应文字缺失不见,北大汉简本则用"浅"字,"泊"与"薄"是音近通假,而"浅"与"薄"则为同义

---

① 北京大学出土文献研究所编:《北京大学藏西汉竹书(贰)》,上海:上海古籍出版社,2012年版,第123页。
② 下列所引《老子》不同版本的异文,均出自《北京大学藏西汉竹书(贰)》附录二《〈老子〉主要版本全文对照表》,见北京大学出土文献研究所编:《北京大学藏西汉竹书(贰)》,上海:上海古籍出版社,2012年版,第173~205页。
③ 王弼注,楼宇烈校释:《老子道德经注校释》,新编诸子集成,北京:中华书局,2008年版,第93页。
④ 韩非著,王先慎集解:《韩非子集解》,诸子集成第五册,上海:上海书店出版社,1986年版,第98页。

互换。不过,这些不同版本虽然文字有异,但文意无别。

《老子》"夫礼,忠信之浅,而乱之首也"该如何理解呢?对此,历代学者有不同的解释。

韩非子以普通的社会人情解之,《解老》篇云:

> 礼,为情貌者也;文,为质饰者也。夫君子取情而去貌,好质而恶饰。夫恃貌而论情者,其情恶也;须饰而论质者,其质衰也。何以论之?和氏之璧,不饰以五采;隋侯之珠,不饰以银黄。其质至美,物不足以饰之。夫物之待饰而后行者,其质不美也。是以父子之间,其礼朴而不明,故曰"礼薄也"。凡物不并盛,阴阳是也;理相夺予,威德是也;实厚者貌薄,父子之礼是也。由是观之,礼繁者,实心衰也。然则为礼者,事通人之朴心者也。众人之为礼也,人应则轻欢,不应则责怨。今为礼者事通人之朴心,而资之以相责之分,能毋争乎?有争则乱。故曰:"夫礼者,忠信之薄也,而乱之首乎!"①

韩非认为:依靠外在表现来阐明内在情感的,这种情感就是丑恶的;依靠外部修饰来阐明内部本质的,这种本质就是衰竭的。和氏璧玉,不必用五彩来修饰;隋侯珠宝,不必用金银来修饰。因为它们的本质就是极美的,别的东西不足以修饰它们。如果事物需要修饰后才能流行,那么它的本质就不美。父子之间的感情纯朴自然而深厚,但是他们之间是不拘礼节的,所以说,礼节是感情淡薄的表现。感情深厚的外表看起来却很淡薄,父子之间的礼就是这样。由此看来,繁琐的礼节实际上是内心真实感情衰竭的表现。圣人制礼作乐是为了沟通人与人之间的淳朴之心。每个人对他人行礼时,他人以礼相应我就高兴,他人不以礼相应我就责备和怨恨他。所以,现在行礼虽然是为了沟通人与人之间淳朴的心,但是却被人利用来作为责求他人的制度和原则(即要求他人能做什么、不能做什么),

---

① 韩非著,王先慎集解:《韩非子集解》,诸子集成第五册,上海:上海书店出版社,1986年版,第97~98页。

这样一来,能不发生争执吗?有了争执就会发生祸乱,所以《老子》说:"礼义是忠信淡薄的表现,是祸乱产生的开端。"

严君平云:

> 夫礼之为事也,中外相违,华盛而实毁,末隆而本衰。礼薄于忠,权轻于威,信不及义,得不逮仁。为治之末,为乱之元,诈伪所起,忿争所因。故制礼作乐,改正易服,进退威仪,动有常节,先识来事,以明得失,此道之华而德之末,一时之法,一隅之术也。非所以当无穷之世,通异方之俗者也。是故,祸乱之所由生,愚惑之所由作。①

严遵认为:人们虽依礼行事,但表里不一。因为礼义比忠信浅薄,权力比威严轻浮,信不如义,德不及仁;它们都是治理国家的小术、造成混乱的元魁、引起诈伪的起端、形成忿争的根由。所以,制定礼仪创作乐曲、更改历法变换服饰、进退讲究威仪、动止遵循规矩,这些都是道的外表和德的末节,一时的方策、局部的法术,不是永久的、融通各方习俗的策略。所以,祸乱将因礼而发生,愚惑将因礼而兴起。②

班固以儒家标准品评历史人物,他认为老子反对礼制,与儒家思想不合,故而列老子为中上,犹在孔子七十子之下。③ 边韶《老子铭序》云:

> 班固以老子绝圣弃知,礼为乱首,与仲尼道违,述《汉书·古今人表》,检以法度,抑而下之。④

王弼云:

> 夫礼也,所始首于忠信不笃,通简不阳,责备于表,机微争制。夫仁义发于内,为之犹伪,况乎外饰而可久乎!故夫礼者,忠信之薄而

---

① 严遵著,王德有译注:《老子指归译注》,北京:商务印书馆,2004年版,第20页。
② 严遵著,王德有译注:《老子指归译注》,北京:商务印书馆,2004年版,第21页。
③ 班固撰:《汉书》,长沙:岳麓书社,1993年版,第422页。
④ 洪适撰:《隶释·隶续》,北京:中华书局,1985年版,第36页。

乱之首也。①

王弼认为：礼的产生，开始于人与人之间忠信的不足。仁义之情发自内心，推行起来犹有诈伪，何况礼节之外在形式，怎么可以长久呢？所以说，礼是忠信浅薄的表现、祸乱纷争的开端。

清儒宋翔凤云：

> 老子著书以明黄帝自然之治，即《礼运》篇所谓"大道之行"，故先道德后而仁义。孔子定六经，明禹、汤、文、武、周公之道，即《礼运》所谓"大道既隐，天下为家"，故中明仁、义、礼、知，以救斯世。故黄、老之学与孔子之传，相为表里者也。又曰："夫礼者，忠信之薄，而乱之首也。"按此言世风之日漓也，道、德、仁、义递降，而以礼为治民。三千三百皆所以约束整齐其民，由忠信之既薄，而礼为治国之首。乱，治也。老子言礼，故孔子问礼。②

宋翔凤以《礼记·礼运》解《老子》，他认为：黄、老道家之学与孔子儒家之传是互为表里相辅相成的。老子之语，是说世风日下，道、德、仁、义递降，人们之间应有的忠信既然已经淡薄，那么礼就成为治国理民的首选。今验之以叔孙通制礼仪，则宋说似乎亦通。③

然朱谦之先生对宋说予以辨析："宋说辨矣，然未明学术源流，以'乱'训'治'。证之《经》文六十四章'治之于未乱'，则'治''乱'对文，此处不应独训'治'。老子盖知礼而反礼者也，故曰：'处其厚，不处其薄。'"④

---

① 王弼注，楼宇烈校释：《老子道德经注校释》，新编诸子集成，北京：中华书局，2008年版，第94页。
② 转引自朱谦之撰：《老子校释》，新编诸子集成，北京：中华书局，1984年版，第152～153页。
③ 《史记·刘敬叔孙通列传》载"群臣饮酒争功，醉或妄呼，拔剑击柱，高帝患之"，叔孙通知上益厌之也而为其制礼仪，后来达到了目的，以致高帝曰："吾乃今日知为皇帝之贵也。"《史记·礼书》载："仲尼坐树，孙通蕴野。"
④ 朱谦之撰：《老子校释》，新编诸子集成，北京：中华书局，1984年版，第153页。

高明则另有一说:"按德、仁、义三者,虽相递次,然皆发之于内,守忠而笃信。夫礼者,形之于外,饰非而行伪。故曰礼行德丧仁义失。则质残文贵,本废末兴,诈伪日盛,邪慝争生,因而谓为'乱之首'。"①

综上所引可知,到目前为止,学者们对"夫礼者,忠信之薄,而乱之首"有两种解释:一种是"礼是忠信浅薄的表现,祸乱产生的开端",韩非、严遵、王弼等持此观点;另一种是"礼是忠信浅薄的表现,治国理民的首选",宋翔凤持此观点。然则此两种观点孰是孰非?在"夫礼,忠信之浅,而乱之首也"之前有"上礼为之而莫之应,则攘臂而扔之",王弼注本《老子》相应文句在第三十八章,楼宇烈注云:"'攘臂',捋臂。'扔',拉引。此处形容气势汹汹,强迫人遵守礼节。"②既然以礼治国理民有人不愿意响应,而需要强迫人去遵守礼节,那么礼就不是治国理民之首选,而是祸乱产生之开端。可见,宋说勉强。

宋说固然不对,朱氏之辨亦未必尽然,虽其结论正确,然其论据有误。《老子》经文"治之于未乱","治""乱"对文,然在六十四章,岂能以六十四章之"乱"义证三十八章之"乱"必释为"混乱、祸乱"乎?

《老子》"夫礼,忠信之浅,而乱之首也"这一文句似乎是反礼的,而《礼记·曾子问》《史记·孔子世家》《孔子家语·观周》所载老子却是知礼守礼之人,一个知礼守礼之人,怎会说出反礼的言论?此二者明显存在巨大的反差。这样一种反差,对我们理解老子的思想,或者说考察老子是何时的人、老子是不是《老子》一书的作者等问题带来了很大的困惑。可以说,该文句成为后世部分学者认为孔子问礼之老子与《老子》一书的作者是两个不同的人(亦即有二位老子)的关键文句之一。

朱熹《朱子语类》卷一百二十五《老氏庄列附·老子·上德不德章第

---

① 高明撰:《帛书老子校注》,新编诸子集成,北京:中华书局,1996年版,第6页。
② 王弼注,楼宇烈校释:《老子道德经注校释》,新编诸子集成,北京:中华书局,2008年版,第101页。

三十八》载：

> 郭德元问："老子云：'夫礼，忠信之薄，而乱之首。'孔子又却问礼于他，不知何故？"曰："他晓得礼之曲折，只是他说这是个无紧要底物事，不将为事。某初间疑有两个老聃，横渠亦意其如此。今看来不是如此。他曾为柱下史，故礼自是理会得，所以与孔子说得如此好。只是他又说，这个物事不用得亦可，一似圣人用礼时，反若多事，所以如此说。《礼运》中'谋用是作而兵由此起'等语，便自有这个意思。"①

古棣、周英对此评价说："朱子是唯心主义者，但是对这个问题的看法并不唯心，也许他的辩证法起了作用吧。一个人知礼，行动上守礼，也可能同时或以后看到礼的弊端而发表反礼的言论，这没有什么奇怪。梁启超的问题，早在八百多年以前，朱熹就作了回答了。"②

叶适《习学记言》卷十五《老子》云：

> 教孔子者必非著书之老子，而为此书者必非礼家所谓老聃，妄人讹而合之尔。③

吴子良《荆溪林下偶谈》卷二云：

> 孔子适周，问礼于老子……夫孔子以礼问聃，则聃非不知礼者。而聃之言如此，亦岂非礼之意？然而独讳言礼，顾以为礼者，忠信之薄，而乱之首也。盖聃之于礼，尚其意不尚其文，然使文而可废，则意亦不能以独立矣。此老子鉴文之弊端，而矫枉过正之言也。或谓有二老子，绝灭礼乐之老子，与孔子问礼之老子不同。兼太史公《老子传》多疑词，既称莫知其所终，又称百六十余岁，或二百余岁；既称太

---

① 朱熹著，黎靖德编：《朱子语类》卷一百二十五，北京：中华书局，1986年版，第2997页。
② 古棣、周英著：《老子通下部·老子通论》，长春：吉林人民出版社，1991年版，第4～5页。
③ 叶适著：《习学记言序目》，北京：中华书局，1977年版，第209页。

史儋即老子,又称非也,世莫知其然否。意者有二老子,而太史公不能断邪?余谓老子所答问礼之言,即是道德五千言之旨,其论礼之意则是,其废礼之文则非耳。太史公虽不能断,然亦卒断之曰:"老子隐君子也。"既曰隐,则其年莫得详亦宜矣。且太史公去周近,尚不能断,后二千余年,将何所据而断耶?

朱熹(和张载)最初也认为有两个老子,后来改变了看法。朱熹一语中的地指出,老子说"夫礼者,忠信之薄,而乱之首"这句反礼的话的原因是"他晓得礼之曲折",并且朱熹用《礼记·礼运》"谋用是作而兵由此起"来进一步解释。

叶适则断言有二老子,其说有失深察而未免武断。

吴子良不同意有二老子之说,他认为老子所答孔子问礼之言与《道德经》五千言的宗旨一致,《老子》论礼之意是老子的思想,而主张废礼的言论并非老子真正的目的。吴氏发展了朱熹的观点,其说较为公允。

持二老子之说的学者实际上是误读《老子》,"夫礼,忠信之浅,而乱之首也"是《老子》中最易为学者所误读的文句之一。我们认为,老子只有一人,就是老聃,是《老子》一书的主要撰作者。①

朱谦之、古棣、周英等皆明言老子知礼而反礼,古、周二氏又进一步指出老子反礼的原因是"可能同时或以后看到礼的弊端而发表反礼的言论"。我们则认为,老子不但不反礼,而且是礼的忠实守护者。理由如下:

其一,在修身养性上,老子就是《礼记·曲礼上》所云"夫礼者,自卑而尊人"思想的践行者。不管是普通个人的修身,还是王侯的修身,甚至邦国之间的交往,《老子》一书都提出了"自卑而尊人"的思想,如:汉简本第五十二章"富贵而骄,自遗咎"(对应王弼本第九章作"富贵而骄,自遗其咎");汉简本第六十三章"不自见故明,不自视故章,不自发故有功,弗矜故长"(对应王弼本第二十二章"不自见故明,不自是故彰,不自伐故有功,

---

① 谭宝刚著:《老子及其遗著研究》,成都:巴蜀书社,2009年版,第53～58页。

不自矜故长");汉简本第二十四章"大国者下游也,天下之牝也。天下之交也,牝恒以静胜牡。以其静也,故为卜。故大国以卜小国,则取小国。小国以下大国,则取于大国。故或下以取,或下□□□□□□□□□□□□□□□□□□□□□□□□□□□□为下"(对应王弼本第六十一章"大国者下流。天下之交,天下之牝。牝常以静胜牡,以静为下。故大国以下小国,则取小国。小国以下大国,则取大国。故或下以取,或下而取。大国不过欲兼畜人。小国不过欲入事人。夫两者各得其所欲,大者宜为下")①;汉简本第二十六章"是以圣人终不为大,故能成大"(对应王弼本第六十三章"是以圣人终不为大,故能成其大");汉简本第三十章"江海之所以能为百谷王者,以其善下之也,故能为百谷王。是□□人之欲高民也,必以其言下之;其欲先民也,必以其身后之。是以居上□民弗重,居前而民弗害也。是以天下乐推而弗厌也。不以其无争邪?故天下莫能与之争"(对应王弼本第六十六章"江海所以能为百谷王者,以其善下之,故能为百谷王。是以欲上民必以言下之,欲先民必以身后之。是以圣人处上而民不重,处前而民不害。是以天下乐推而不厌,以其不争,故天下莫能与之争");汉简本第三十一章"我恒有三葆,侍而葆之:一曰慈,二曰俭,三曰不敢为天下先。慈故能勇,俭故能广,不敢为天下先,故能为成器长"(对应王弼本六十七章"我有三宝,持而保之:一曰慈,二曰俭,三曰不敢为天下先。慈故能勇,俭故能广,不敢为天下先,故能成器长");汉简本第三十二章"善用人者为之下"(对应王弼本第六十八章,二者文字完全相同)②。

其二,老子极力维护既有的社会秩序,反对自下而上的社会叛乱现象,斥责社会上为夺礼而发生的混乱行为。《老子》汉简本第六十六章:"天大、地大、道大、王亦大。域中有四大,而王居一焉。人法地,地法天,

---

① 《左传·昭公三十年》载郑国游吉语:"礼也者,小事大,大字小之谓。事大在共其时命,字小在恤其所无。"
② 《论语·八佾》载孔子语:"君使臣以礼,臣事君以忠。"

天法道,道法自然。"(对应王弼本第二十五章云:"故道大、天大、地大、王亦大。域中有四大,而王居其一焉。人法地,地法天,天法道,道法自然。")老子认为,人类社会应该效法自然规律,王是域中四大之一,王在社会中的地位至高无上而不可动摇,任何想要推翻既有秩序的行为都是不符合自然规律和社会法则的,都应该受到批判。"天大、地大、道大、王亦大。域中有四大,而王居一焉",推天道以明人事,极力维护既有礼之秩序,这就是老子的"尊王"思想。这一思想自伯夷、叔齐而老子而鹖冠子而韩非子而黄生①,皆一脉相承而主之。

其三,老子不但熟悉周礼,而且多次教育他人要守礼。《老子》第三十一章涉及军礼和丧礼,说明老子熟知周礼。老子还教育他人要守礼,如教导孔子,见于《史记·老子列传》《孔子世家》《礼记·曾子问》等。② 时人

---

① 《史记·伯夷列传》云:"西伯卒,武王载木主,号为文王,东伐纣。伯夷、叔齐叩马而谏曰:'父死不葬,爰及干戈,可谓孝乎? 以臣弑君,可谓仁乎?'"《老子》第二十五章云:"故道大、天大、地大、王亦大。域中有四大,而王居其一焉。人法地,地法天,天法道,道法自然。"《鹖冠子·备知》云:"汤武放弑利其子,好义者以为无道。"《韩非子·说疑》:"舜逼尧,禹逼舜,汤放桀,武王伐纣,此四王者,人臣弑其君者也。"《韩非子·忠孝》云:"皆以尧舜之道为是而法之,是以有弑君,有曲父。尧、舜、汤、武,或反君臣之义,乱后世之教者也。尧为人君而君其臣,舜为人臣而君其君,汤、武为人臣而弑其主,刑其尸,而天下誉之,此天下所以至今不治者也。"《史记·儒林列传》载:"清河王太傅辕固生者,齐人也。以治诗,孝景时为博士。与黄生争论景帝前。黄生曰:'汤武非受命,乃弑也。'辕固生曰:'不然。夫桀纣虐乱,天下之心皆归汤武,汤武与天下之心而诛桀纣,桀纣之民不为之使而归汤武,汤武不得已而立,非受命为何?'黄生曰:'冠虽敝,必加于首;履虽新,必关于足。何者,上下之分也。今桀纣虽失道,然君上也;汤武虽圣,臣下也。夫主有失行,臣下不能正言匡过以尊天子,反因过而诛之,代立践南面,非弑而何也?'辕固生曰:'必若所云,是高帝代秦即天子之位,非邪?'于是景帝曰:'食肉不食马肝,不为不知味;言学者无言汤武受命,不为愚。'遂罢。是后学者莫敢明受命放杀者。"
② 《史记·老子列传》载:"孔子适周,将问礼于老子。老子曰:'子所言者,其人与骨皆已朽矣,独其言在耳。且君子得其时则驾,不得其时则蓬累而行。吾闻之,良贾深藏若虚,君子盛德容貌若愚。去子之骄气与多欲,态色与淫志,是皆无益于子之身。吾所以告子,若是而已。'"《史记·孔子世家》载:"(孔子)适周问礼,盖见老子云。辞去,而老子送之曰:'吾闻富贵者送人以财,仁人者送人以言。吾不能富贵,窃仁人之号,送子以言,曰:聪明深察而近于死者,好议人者也。博辩广大危其身者,发人之恶者也。为人子者毋以有己,为人臣者毋以有己。'孔子自周反于鲁,弟子稍益(转下页)

或后人对老子知礼守礼亦多有论述。①

综上所述可知,老子不但不反礼,而且是礼的忠实守护者。既然如此,那老子为什么要说"夫礼,忠信之浅,而乱之首也"这句似乎反礼的话呢?朱熹一句"他晓得礼之曲折"为我们寻得老子"夫礼,忠信之浅,而乱之首也"的正确解释指明了方向,惜乎朱熹未予详细论述,今姑为论之。

然则"礼之曲折"如何呢?这就要从什么是礼,礼产生的原因,礼的积极和消极二重作用,以及当时礼被破坏的社会现象和思想家对礼崩乐坏现象的批判说起。

二、礼的本义及其起源

何为礼?《说文·示部》云:"礼,履也,所以事神致福也。"徐灏笺注云:"礼之言履,谓履而行之也。礼之名起于事神,引申为凡礼仪之称。"②《礼记·祭统》云:"凡治人之道,莫急于礼。礼有五经,莫重于祭。"这都说明"礼"起源于祭祀之事。

(接上页)进焉。"《礼记·曾子问》云:"孔子曰:……吾闻诸老聃曰:'天子崩,国君薨,则祝取群庙之主而藏诸祖庙,礼也。卒哭成事,而后主各反其庙。君去其国,大宰取群庙之主以从,礼也。袷祭于祖,则祝迎四庙之主。主出庙入庙必跸。'老聃云。""孔子曰:昔者,吾从老聃助葬于巷党,及堩,日有食之。老聃曰:'丘!止柩,就道右,止哭以听变。'既明,反而后行。曰:'礼也。'反葬,而丘问之曰:'夫柩不可以反者也,日有食之,不知其已之迟数,则岂如行哉?'老聃曰:'诸侯朝天子,见日而行,逮日而舍奠。大夫使,见日而行,逮日而舍。夫柩不蚤出,不暮宿。见星而行者,唯罪人与奔父母之丧者乎?日有食之,安知其不见星也?且君子行礼,不以人之亲患。'吾闻诸老聃云。""孔子曰:吾闻诸老聃曰:'昔者史佚有子而死,下殇也,墓远。召公谓之曰:何以不棺敛于宫中?史佚曰:吾敢乎哉?召公言于周公,周公曰:岂不可?史佚行之。下殇用棺,衣棺,自史佚始也。'""子夏问曰:'三年之丧卒哭,金革之事无辟也者,礼与?初有司与?'孔子曰:'夏后氏三年之丧,既殡而致事,殷人既葬而致事。《记》曰:君子不夺人之亲,亦不可夺亲也,此之谓乎?'子夏曰:'金革之事无辟也者,非与?'孔子曰:'吾闻诸老聃曰:昔者鲁公伯禽有为为之也。今以三年之丧,从其利者,吾弗知也!'"

① 《孔子家语·观周》载孔子曰:"吾闻老聃博古知今,通礼乐之原,明道德之归,则吾师也。"《文心雕龙·诸子》云:"及伯阳识礼,而仲尼访问,爰序道德,以冠百氏。"

② 汉语大字典编辑委员会编:《汉语大字典》,成都:四川辞书出版社,武汉:湖北辞书出版社,1988年版,第2409~2410页。

"礼"小篆写为"禮"。左边之"示"是汉字的一个部首,读为 qí;"二"是古文"上"字,三竖代表日月星;"示"甲骨文本作"T",象祭台形,故其义多与祭祀、礼仪有关;引申义为"让人看,显示"。右下边之"豆",为古代祭祀时盛食物之器,形似高足盘,"或有盖"。"曲"甲骨文写为"曲",似器曲受物之形,表示盛各种祭物的行礼之食器。据此可知"礼"字起源于原始人类祭神祈福的仪式、礼节。

《左传·成公十三年》:"国之大事,在祀与戎。"①祭祀天地、祖先或鬼神是上古时期国家的两大事件之一。在祭祀过程中,参加者都要按照一定的程序站在一定的位置上行跪拜仪式,不能有半点僭越。② 每个人加入仪式的先后和所处位置,都反映了该人在社会上的等级或地位的尊卑。这就是礼仪制度。

在上古时期,礼和乐总是联系在一起的,二者相辅相成,紧密相连,不可分割。不但如此,礼、乐还总是与刑、政联系在一起。《礼记·乐记》云:

> 故礼以道其志,乐以和其声,政以一其行,刑以防其奸。礼、乐、刑、政,其极一也,所以同民心而出治道也。……是故先王之制礼乐,人为之节,衰麻哭泣,所以节丧纪也;钟鼓干戚,所以和安乐也;昏姻冠笄,所以别男女也;射乡食飨,所以正交接也。礼节民心,乐和民声,政以行之,刑以防之。礼、乐、刑、政,四达而不悖,则王道备矣。③

《汉书·礼乐志》承其绪而又有发展,云:

> 礼节民心,乐和民声,政以行之,刑以防之。礼、乐、政、刑四达而不悖,则王道备矣。乐以治内而为同,礼以修外而为异;同则和亲,异

---

① 阮元校刻:《十三经注疏》,北京:中华书局,1980年版,第1911页。
② 《汉书·公孙弘传》载:"进退有度,尊卑有分,谓之礼。"
③ 阮元校刻:《十三经注疏》,北京:中华书局,1980年版,第1527~1529页。

则畏敬;和亲则无怨,畏敬则不争。揖让而天下治者,礼乐之谓也。二者并行,合为一体。畏敬之意难见,则著之于享献、辞受、登降、跪拜;和亲之说难形,则发之于诗歌、咏言、钟石、管弦。盖嘉其敬意而不及其财贿,美其欢心而不流其声音。故孔子曰:"礼云礼云,玉帛云乎哉? 乐云乐云,钟鼓云乎哉?"此礼乐之本也。①

以上所引,足见礼乐一体紧密相关而共同发挥其治国理民的作用。

上古时期,国家政权都是采取政教合一的宗法制形式。因此,祭祀上的礼仪制度也逐渐转变为我国奴隶社会、封建社会的等级制度以及与此相适应的行为准则和道德规范,这些都统称为"礼"。这种"礼"对于维护社会秩序有一定的积极作用。《论语·阳货》载:"子曰:礼云礼云,玉帛云乎哉? 乐云乐云,钟鼓云乎哉?"郑玄曰:"言礼非但崇此玉帛而已,所贵者乃贵其安上治民。"马融曰:"乐之所贵移风易俗,非钟鼓而已。"这就是说,祭祀天地、祖先之礼,不仅仅是对天地、祖先和鬼神表达敬意,更是要达到安定贵族治理民众的目的;祭祀行礼时奏钟鼓之乐,不仅仅是为了娱神娱人,更是为了达到移风易俗教化乡里的目的。这样,礼乐就逐渐由祭祀之事而转化为社会政治之事。

后来,随着社会的发展和需要,礼所包含的范围越来越广,这样,礼就有了广义和狭义之分。举凡政治制度、法律法规、行为准则、道德规范和婚丧嫁娶仪式等等都属于广义上的"礼"。《礼记·曲礼上》:"道德仁义,非礼不成;教训正俗,非礼不备;分争辩讼,非礼不决。"不过,在奴隶社会和封建社会,思想家们和政治家们所言之礼,更多的是指政治制度和法律法规。而狭义上的"礼"则与"刑"或"法"相对而言,故《礼记·曲礼上》云:"礼不下庶人,刑不上大夫。"《礼记·乐记》则"礼、乐、刑、政"四者并称,荀子有"隆礼重法"之说。广义上的"礼"则实际上包括了"礼、乐、刑、政"四者。《老子》此处所言礼,便应是广义上的礼。

---

① 班固撰:《汉书》,长沙:岳麓书社,1993年版,第477~478页。

三、制礼的原因

礼的起源很早。从现有可靠的典籍来看，自进入阶级社会就产生了礼。《论语·八佾》载孔子语："夏礼，吾能言之，杞不足征也；殷礼，吾能言之，宋不足征也。文献不足故也，足则吾能征之矣。"①《论语·为政》载孔子语："殷因于夏礼，所损益，可知也；周因于殷礼，所损益，可知也；其或继周者，虽百世可知也。"②孔子不但明言自己熟知夏殷之礼，而且明言夏殷周三代之礼存在着因革损益。这说明自夏以来礼就产生了，不过每朝每代对前代之礼既有继承，又有发展。③

先秦时期有关制礼作乐的佳话广为流传，儒家好道周公制礼作乐④，而道家、法家喜说黄帝作为礼乐法度⑤。

那么，上古时期为什么要制定"礼"呢？我们看先秦两汉时期相关典籍的不同记载。

---

① 刘宝楠著：《论语正义》，诸子集成第一册，上海：上海书店出版社，1986年版，第49页。

② 刘宝楠著：《论语正义》，诸子集成第一册，上海：上海书店出版社，1986年版，第39页。

③ 《汉书·礼乐志》载："王者必因前王之礼，顺时施宜，有所损益，即民之心，稍稍制作，至太平而大备。周监于二代，礼文尤具，事为之制，曲为之防，故称礼经三百，威仪三千。于是教化浃洽，民用和睦，灾害不生，祸乱不作，囹圄空虚，四十余年。孔子美之曰：'郁郁乎文哉！吾从周。'及其衰也，诸侯逾越法度，恶礼制之害己，去其篇籍。遭秦灭学，遂以乱亡。汉兴，拨乱反正，日不暇给，犹命叔孙通制礼仪，以正君臣之位。高祖说而叹曰：'吾乃今日知为天子之贵也！'以通为奉常，遂定仪法，未尽备而通终。"

④ 《左传·文公十八年》载："先君周公制周礼。"《尚书大传》载："周公摄政……六年，制礼作乐。"

⑤ 《史记·秦本纪》载由余使秦，说秦穆公云："夫自上圣黄帝作为礼乐法度，身以先之，仅以小治。及其后世，日以骄淫。阻法度之威，以责督于下，下罢极则以仁义怨望于上。上下交争怨而相篡杀，至于灭宗，皆以此类也。夫戎夷不然，上含淳德以遇其下，下怀忠信以事其上。一国之政，犹一身之治，不知所以治，此真圣人之治也。"察韩非《解老》云："然则为礼者，事通人之朴心者也。众人之为礼也，人应则轻欢，不应则责怨。今为礼者事通人之朴心，而资之以相责之分，能毋争乎？有争则乱。"与由余之说相合。又《商君书·画策》载："神农既没，以强胜弱，以众暴寡，故黄帝作为君臣上下之义，父子兄弟之礼，夫妇妃匹之合，内行刀锯，外用甲兵，故时变也。"

《礼记·礼运·大同》云：

今大道既隐，天下为家。各亲其亲，各子其子，货力为己。大人世及以为礼，城郭沟池以为固。（郑玄注云：乱贼繁多，为此以服之也。）礼义以为纪，以正君臣，以笃父子，以睦兄弟，以和夫妇，以设制度，以立田里，以贤勇知，以功为己。故谋用是作，而兵由此起。（郑玄注云：以其违大道敦朴之本也，教令之稠，其弊则然。《老子》曰："法令滋章，盗贼多有。"）①

如果我们将这段文字顺序作如下调整，那么就更容易理解其含义了。

今大道既隐，天下为家。各亲其亲，各子其子，货力为己。大人以礼义为纪，以正君臣，以笃父子，以睦兄弟，以和夫妇，以设制度，以立田里，以贤勇知，以功为己。以世及为礼，以城郭沟池为固。故谋用是作，而兵由此起。

这段话有四层意思：第一层，"今大道既隐……货力为己"，指出天子（圣人或王侯）制定礼义的背景是，大道消失不见，天下已被视为私家所有，人人私心膨胀；第二层，"以礼义为纪……以功为己"，指出天子（圣人或王侯）制定礼义是为了维护社会的正常秩序，但把摆正君臣之间的关系作为第一步，说明处理君臣上下之间的关系是制定礼的首要和主要的目的，实际上就是赋予君主至高无上的权力，并且保证这种权力是臣子不可觊觎和篡夺的，这也说明礼的制定更注重其社会政治性；第三层，"以世及为礼，以城郭沟池为固"，指出天子（圣人或王侯）制定礼义的最终目的是使其统治世世代代传承下去，为了确保这种传承，注重加强暴力机构的建设，以防止自己的统治被他人篡夺；第四层，"故谋用是作，而兵由此起"，由于人性的贪欲对无上政治权力和奢侈物质生活的追求，仍然有人铤而走险试图夺取制礼的权力，也就是最高统治

---

① 阮元校刻：《十三经注疏》，北京：中华书局，1980年版，第1414页。

权。于是，诈伪纷起，战乱发生。这都说明，天子（圣人或王侯）制定礼义是由于私心凸显，把天下作为私家所有，制定礼义的最终目的完全是为了维护自己的私利。

《商君书·画策》云：

> 神农既没，以强胜弱，以众暴寡。故黄帝作为君臣上下之义，父子兄弟之礼，夫妇妃匹之合，内行刀锯，外用甲兵，故时变也。①

商鞅认为，黄帝制定礼义是为了改变当时社会那种"以强胜弱，以众暴寡"的混乱状况，而重点是为了解决君臣上下关系、父子兄弟关系和夫妇妃匹关系，并且也离不开暴力的使用。

《荀子·礼论》云：

> 礼起于何也？曰：人生而有欲，欲而不得，则不能无求。求而无度量分界，则不能不争；争则乱，乱则穷。先王恶其乱也，故制礼义以分之，以养人之欲，给人之求，使欲必不穷乎物，物必不屈于欲，两者相持而长，是礼之所起也。故礼者，养也。……
>
> 君子既得其养，又好其别。曷谓别？曰：贵贱有等，长幼有差，贫富轻重皆有称者也。故天子大路越席，所以养体也；侧载睪芷，所以养鼻也；前有错衡，所以养目也；和鸾之声，步中武象，趋中韶护，所以养耳也；龙旗九斿，所以养信也；寝兕、持虎、蛟韅、丝末、弥龙，所以养威也；故大路之马必倍至，教顺然后乘之，所以养安也。
>
> 孰知夫出死要节之所以养生也！孰知夫出费用之所以养财也！孰知夫恭敬辞让之所以养安也！孰知夫礼义文理之所以养情也！故人苟生之为见，若者必死；苟利之为见，若者必害；苟怠惰偷懦之为安，若者必危；苟情说之为乐，若者必灭。故人一之于礼义，则两得之矣；一之于情性，则两丧之矣。故儒者将使人两得之者也，墨者将使

---

① 商鞅著，严可均校：《商君书》，诸子集成第五册，上海：上海书店出版社，1986年版，第31页。

人两丧之者也,是儒、墨之分也。①

荀子所论,其意如次:

第一层,从"礼起于何也"到"两者相持而长,是礼之所起也。故礼者养也"指出制定礼义的原因:人生来就有欲望;有欲望而得不到满足,就不能没有追求;如果一味追求而没有节制,就会影响他人利益而不能不发生争夺;发生争夺就会有祸乱,有祸乱社会就将陷入困境。古代圣王厌恶祸乱发生,于是制定礼义来限制人们过分的贪求,以此调节人们膨胀的欲望,满足人们合理的需求,使人们的欲望不会因为物资的有限而完全得不到满足,物资不会因为人们无限的贪欲而逐渐枯竭,而是要使物资的有限和欲望的无限这两者在互相制约中增长。这就是圣王制定礼义的原因。所以礼的产生,就是为了调节人们的欲望。

第二层,从"君子既得其养,又好其别"到"故大路之马必倍至,教顺然后乘之,所以养安也",指出统治者的欲望由于有礼的调节而得到了一定程度的满足,但是他们又追求要与他人有所区别。这种区别是什么呢?就是物质的享受要体现出高贵卑贱不同等级的区别,年长年幼不同层次的差别,贫穷者与富裕者、权轻势微者与权重势大者都各有礼所规定的与自己身份相配的物质享受,不能逾越。制礼作乐者也不能将这种礼随便给予他人。② 所以,天子衣食住行所用之物都非常豪华奢侈,这不但是为了保养身体,追求享受,而且是为了彰显其尊贵的身份,凸显其权力的

---

① 王先谦著:《荀子集解》,诸子集成第二册,上海:上海书店出版社,1986年版,第231~251页。

② 《左传·成公二年》载,新筑人仲叔于溪救孙桓子后,面对卫人赏赐,他辞邑而"请曲县、繁缨以朝",这是一种以功要礼的温和方式,"仲尼闻之曰:……唯器与名,不可以假人,君之所司也。名以出信,信以守器,器以藏礼,礼以行义,义以生利,利以平民,政之大节也。若以假人,与人政也。政亡,则国家从之,弗可止也已"。《左传·庄公十八年》载:"十八年春,虢公、晋侯朝王,王飨醴,命之宥,皆赐玉五珏,马三匹。非礼也。王命诸侯,名位不同,礼亦异数,不以礼假人。"不同的名分,享受不同的待遇,不得逾越。

威严。

　　谁懂得那献出生命坚守节操是为了追求更好的生活呢？谁懂得那花费很少钱财是为了获得更多利益呢？谁懂得那对他人恭敬谦让是为了保住自己更安逸的生活呢？谁懂得那举行的礼义仪式是为了陶冶人们的情操呢？所以如果人把生看得太重，那么他就更容易走近死地。《老子》汉简本第十三章云："而民姓生焉，动皆之死地之十有三。夫何故也？以其姓生也。"（对应王弼本第五十章："人之生，动之死地亦十有三。夫何故？以其生生之厚。"）汉简本第十八章云："益生曰详，心使气曰强。"（对应王弼本第五十五章："益生曰祥，心使气曰强。"）汉简本第三十九章云："民之轻死也，以其生之厚也，是以轻死。夫唯无以生为，是贤贵生也。"（对应王弼本第七十五章："民之轻死，以其上求生之厚，是以轻死。夫唯无以生为者，是贤于贵生。"）如果过分看重利益，那么他就更容易受到损失。汉简本第七章云："是故甚爱必大费，多藏必厚亡。"（对应王弼本第四十四章："甚爱必大费，多藏必厚亡。"）如果他一味懈怠懒惰苟且偷安，那么他就必将遇到危难；如果一味贪求享乐，那么他必将迅速灭亡。

《史记·礼书》云：

　　太史公曰：洋洋美德乎！宰制万物，役使群众，岂人力也哉？余至大行礼官，观三代损益，乃知缘人情而制礼，依人性而作仪，其所由来尚矣。[①]

《汉书·礼乐志》云：

　　六经之道同归，而《礼》《乐》之用为急。治身者斯须忘礼，则暴嫚入之矣；为国者一朝失礼，则荒乱及之矣。人函天、地、阴、阳之气，有喜、怒、哀、乐之情。天禀其性而不能节也，圣人能为之节而不能绝也，故象天、地而制礼、乐，所以通神明，立人伦，正情性，节万事者也。

---

① 司马迁撰：《史记》，北京：中华书局，1998年版，第405页。

人性有男女之情,妒忌之别,为制婚姻之礼;有交接长幼之序,为制乡饮之礼;有哀死思远之情,为制丧祭之礼;有尊尊敬上之心,为制朝觐之礼。哀有哭踊之节,乐有歌舞之容,正人足以副其诚,邪人足以防其失。故婚姻之礼废,则夫妇之道苦,而淫辟之罪多;乡饮之礼废,则长幼之序乱,而争斗之狱蕃;丧祭之礼废,则骨肉之恩薄,而背死忘先者众;朝聘之礼废,则君臣之位失,而侵陵之渐起。故孔子曰:"安上治民,莫善于礼;移风易俗,莫善于乐。"礼节民心,乐和民声,政以行之,刑以防之。礼、乐、政、刑四达而不悖,则王道备矣。

乐以治内而为同,礼以修外而为异;同则和亲,异则畏敬;和亲则无怨,畏敬则不争。揖让而天下治者,礼乐之谓也。二者并行,合为一体。畏敬之意难见,则著之于享献、辞受,登降、跪拜;和亲之说难形,则发之于诗歌、咏言、钟石、管弦。盖嘉其敬意而不及其财贿,美其欢心而不流其声音。故孔子曰:"礼云礼云,玉帛云乎哉?乐云乐云,钟鼓云乎哉?"此礼乐之本也。故曰:"知礼乐之情者能作,识礼乐之文者能述;作者之谓圣,述者之谓明。明圣者,述作之谓也。"①

司马迁认为,圣人制礼作乐,皆依人之情性。而班固则对司马迁"缘人情而制礼,依人性而作仪"思想进一步阐发,并且指出"安上治民"和"移风易俗"才是礼乐作用的根本所在。

四、礼的作用:积极的和消极的两方面

那么礼到底有什么作用呢?"制礼作乐"实际上是制定各种国家政治制度和社会规范,礼义制定以后的确能发挥其积极作用,如有利于摆正君臣之间的上下尊卑关系,使父子兄弟夫妇之间和睦融洽,等等,这是制定

---

① 班固撰:《汉书》,长沙:岳麓书社,1993年版,第477~478页。

礼义最主要的功能。

《左传·隐公十一年》："礼，经国家，定社稷，序民人，利后嗣者也。"①礼是治理国家的纲纪，有利于社会的发展。

《左传·庄公二十三年》："曹刿谏曰：夫礼，所以整民也。故会以训上下之则，制财用之节；朝以正班爵之义，帅长幼之序；征伐以讨其不然。诸侯有王，王有巡守，以大习之。非是，君不举矣。君举必书，书而不法，后嗣何观？"②

《左传·襄公二十一年》叔向语："礼，政之舆也。"③礼是一个国家或政权正常运行的工具。

《左传·襄公三十年》郑国子皮语："礼，国之干也。"④

《左传·昭公五年》："礼，所以守其国，行其政令，无失其民者也。"⑤

《左传·昭公二十五年》子产语："礼，天之经也，地之义也，民之行也。"⑥

《孝经》载："移风易俗，莫善于乐。安上治民，莫善于礼。"

《礼记·曲礼上》："夫礼者，所以定亲疏、决嫌疑、别异同、明是非也。"这都表明，礼对巩固国家政权、建立和谐而稳定的社会无疑具有积极的作用。

《礼记·曲礼上》又云："君臣、上下、父子、兄弟，非礼不定。"

《礼记·乐记》："礼义立则贵贱等。"

《礼记·仲尼燕居》："治国而无礼，譬犹瞽之无相与？"

以上都是礼在治理国家中的作用。

《左传·僖公元年》："邢迁于夷仪，诸侯城之，救患也。凡侯伯，救患、

---

① 阮元校刻：《十三经注疏》，北京：中华书局，1980 年版，第 1736 页。
② 阮元校刻：《十三经注疏》，北京：中华书局，1980 年版，第 1778～1779 页。
③ 阮元校刻：《十三经注疏》，北京：中华书局，1980 年版，第 1972 页。
④ 阮元校刻：《十三经注疏》，北京：中华书局，1980 年版，第 2013 页。
⑤ 阮元校刻：《十三经注疏》，北京：中华书局，1980 年版，第 2041 页。
⑥ 阮元校刻：《十三经注疏》，北京：中华书局，1980 年版，第 2107 页。

分灾、讨罪，礼也。"对于侯伯来说，救助患难、分担灾害、讨伐有罪，是礼赋予他们的权利和义务。

《左传·昭公三十年》："礼也者，小事大，大字小之谓，事大在共其时命，字小在恤其所无。"①汉简本《老子》第二十四章意义与此同。② 老子与鲁昭公同时而稍早。

这是礼赋予尊长的权利和义务。

礼崇尚政令出于一统而国家社会不乱，故孔子曰："天下有道，则礼乐征伐自天子出。天下无道，则礼乐征伐自诸侯出。"明人黄子澄亦云：

> 治道隆于一世，政柄统于一人。夫政之所在，治之所在也。礼乐征伐皆统于天子，非天下有道之世而何哉？昔圣人通论天下之势，首举其盛为言。若曰：天下大政，固非一端，天子至尊，实无二上。是故民安物阜，群黎乐四海之无虞；天开日明，万国仰一人之有庆。主圣而明，臣贤而良，朝廷有穆皇之美也；治隆于上，俗美于下，海宇皆熙皞之休也。非天下有道之时乎？当斯时也，语离明则一人所独居也，语乾纲则一人所独断也。若礼若乐，国之大柄，则以天子操之而掌于宗伯；若征若伐，国之大权，则以天子主之而掌于司马。一制度，一声容，议之者天子，不闻以诸侯而变之也；一生杀，一予夺，制之者天子，不闻以大夫而擅之也。皇灵丕振，而尧封之内咸懔圣主之威严；王纲独握，而禹甸之中皆仰一王之制度。信乎！非天下有道之盛世，孰能若此哉？

---

① 阮元校刻：《十三经注疏》，北京：中华书局，1980年版，第2125页。
② 《老子》汉简本第二十四章云："大国者下游也，天下之牝也。天下之交也，牝恒以静胜牡。以其静也，故为下。故大国以下小国，则取小国。小国以下大国，则取于大国。故或下以取，或下□□□□□□□□□□□□□□□□□□□□□□为下。"（对应王弼本第六十一章："大国者下流。天下之交，天下之牝。牝常以静胜牡，以静为下。故大国以下小国，则取小国。小国以下大国，则取大国。故或下以取，或下而取。大国不过欲兼畜人。小国不过欲入事人。夫两者各得其所欲，大者宜为下。"）

摆正君臣关系,维护社会秩序,是制礼的第一要义,故《论语·颜渊》载:"齐景公问政,子曰:'君君,臣臣,父父,子子。'"在这里孔子强调建立一种上下之分不可逾越的尊卑有序的礼制社会。①

但是,任何事物都有两面性,礼除开上面所说的积极性外,还有很大的消极的方面。《尹文子·大道下》:"礼者可以行恭谨,亦所以生惰慢……名者,所以正尊卑,亦所以生矜篡。"②

礼义的制定者必是国家或政权的最高统治者,他制定礼义的目的,一是为了维护社会秩序的正常运行,二是为了自己统治的长治久安,而后者更是统治者关心和注重的。嬴政统一六国后,议立帝号,自称始皇,实是求其统治以至万世。汉高祖刑白马,与秦王嬴政自称始皇一样,是为了保证刘氏独有天下。《礼记·礼运·大同》云:"大人世及以为礼,城郭沟池以为固。"③郑玄注云:"乱贼繁多,为此以服之也。"即指从下制上欲破坏既有礼制之逆贼太多,需采取强力措施以征服之。即便如此,也不能杜绝乱臣贼子的觊觎之心:"故谋用是作,而兵由此起。"郑玄注云:"以其违大道敦朴之本也,教令之稠,其弊则然。《老子》曰:'法令滋章,盗贼多有。'"④吕稚不顾大臣阻拦,强行分封诸吕为王,实是想打破刘氏之礼而制定吕氏之礼。⑤

最高统治者所制定的礼义无疑要赋予自己以无上尊崇的社会地位、至高无上的政治权力以及穷奢极欲的物质享受。同时,最高统治者制定的礼义无疑要对他人提出有利于自己的要求,甚至为了自己的利益而要

---

① 《三国志·吴书十二·虞陆张骆陆吾硃传第十二》裴注引《翻别传》曰:"又奏郑玄解《尚书》违失事目:臣闻周公制礼以辨上下,孔子曰:'有君臣然后有上下,有上下然后礼义有所错。'是故尊君卑臣,礼之大司也。"见陈寿撰,裴松之注:《三国志》,北京:团结出版社,1996年版,第816页。

② 尹文撰:《尹文子》,百子全书第三册,长沙:岳麓书社,1993年版,第2535页。

③ 阮元校刻:《十三经注疏》,北京:中华书局,1980年版,第1414页。

④ 阮元校刻:《十三经注疏》,北京:中华书局,1980年版,第1414页。

⑤ 《史记·吕太后本纪》载:"太后称制,议欲立诸吕为王,问右丞相王陵。王陵曰:'高帝刑白马,盟曰:非刘氏而王,天下共击之。'今王吕氏,非约也。"

求他人牺牲生命,如提出扭曲了的愚忠愚孝的原则,并强迫他人接受和遵守。汉简本《老子》第一章:"上礼为之而莫之应,则攘臂而扔之。"相同文句在王弼注本三十八章,楼宇烈注云:"'攘臂',捋臂。'扔',拉引。此处形容气势汹汹,强迫人遵守礼节。"①这对他人来说是一种压迫和桎梏,往往会遭到他人的反抗。压迫反抗相交织,社会就将发生纷争与战乱,如《韩非子·解老》篇云:"今为礼者事通人之朴心,而资之以相责之分,能毋争乎?有争则乱。"②

新旧政权交替之际,新政权往往会制定自己的礼义,一者以此宣布自己取得政权的合法性,二者借此巩固自己的统治地位,不管是历史上为后世赞美的周公制礼作乐,还是为后世诟病的叔孙通为刘邦制礼仪,莫不如此。

据上所述可知,礼是维护社会秩序的工具,制礼作乐象征着对国家权力的掌控③,因此礼或者说制礼作乐自然就引起了无数英雄豪杰(或乱臣贼子)的舍命追求。也就是说,英雄豪杰(或乱臣贼子)发起纷争和战乱,其目的就是为了追求制礼作乐的权力,而这些纷争和战乱,又都是从君臣之间忠信消失,臣下破坏旧礼并企图建立新礼开始的。

五、礼崩乐坏的社会现象及当时思想家们对这一乱象的批判

正因为礼会给最高统治者带来无上尊崇的社会地位、至高无上的政治权力以及穷奢极欲的物质享受,所以最高统治者的宝座引起无数人的

---

① 王弼注,楼宇烈校释:《老子道德经注校释》,新编诸子集成,北京:中华书局,2008年版,第101页。
② 韩非著,王先慎集解:《韩非子集解》,诸子集成第五册,上海:上海书店出版社,1986年版,第98页。
③ 《礼记·礼运》载:"是故礼者,君之大柄也,所以别嫌明微,傧鬼神。考制度,别仁义。"郑玄注:"柄,所操以治事。"谓礼为人君持以治国之本。后以"大柄"喻握以治事的大权。《孔子家语·礼运》作:"夫礼者君之柄,所以别嫌明微,傧鬼神,考制度,列仁义,立政教,安君臣上下也。故政不正则君位危,君位危则大臣倍小臣窃。"稍有异。

觊觎。秦始皇出游的威仪引起了项羽和刘邦的惊奇与羡慕①,后来,秦朝主要是在此二人率领的军队冲击之下崩溃的。这就是后世所谓礼崩乐坏、失礼夺礼的典型事件之一。

礼崩乐坏渊源有自,汤武放弑桀纣是较早的坏礼典型,周郑交恶首开春秋战国礼坏之端,此后类似事件不断发生。

春秋之时,周天子衰微,诸侯上僭,专行征伐。《史记·周本纪》载:"平王之时,周室衰微,诸侯强并弱,齐、楚、秦、晋始大,政由方伯。"②周郑交恶、桓王中箭、管氏三归,楚庄问鼎,鲁三桓执政而昭公奔齐,季桓子失势而为阳虎所囚,等等,礼崩乐坏的现象在春秋时期频繁发生。《史记·太史公自序》云:"春秋之中,弑君三十六,亡国五十二,诸侯奔走不得保其社稷者不可胜数。察其所以,皆失其本已。故《易》曰'失之豪厘,差以千里'。故曰'臣弑君,子弑父,非一旦一夕之故也,其渐久矣'。"③《淮南子·主术训》:"春秋二百四十二年,亡国五十二,弑君三十六,采善鉏丑,以成王道。论亦博矣!"④而至战国时期尤为严重。明末清初学者顾炎武《日知录》"周末风俗"条评论说:

> 如春秋时,犹尊礼重信,而七国则绝不言礼与信矣;春秋时,犹尊周王,而七国则绝不言王矣;春秋时,犹言祭祀,重聘享,而七国则无其事矣;春秋时,犹论宗姓氏族,而七国则无一言及之矣;春秋时,犹宴会赋诗,而七国则不闻矣;春秋时,犹有赴告策书,而七国则无有矣;邦无定交,士无定主,此皆变于一百三十三年之间。

---

① 《史记·项羽本纪》载:"秦始皇帝游会稽,渡浙江,梁与籍俱观。籍曰:'彼可取而代也。'梁掩其口,曰:'毋妄言,族矣!'"《史记·汉高祖本纪》载:"高祖常繇咸阳,纵观,观秦皇帝,喟然太息曰:'嗟乎,大丈夫当如此也!'"
② 司马迁撰:《史记》,北京:中华书局,1998年版,第71页。
③ 司马迁撰:《史记》,北京:中华书局,1998年版,第1180页。
④ 刘安等著,高诱注:《淮南子》,百子全书第三册,长沙:岳麓书社,1993年版,第2880页。

据此可知,则老子"夫礼,忠信之浅,而乱之首也"应该是反映春秋战国之交的社会现实情况,三家分晋、鲁三桓执政和田氏代齐等是最具代表性的礼崩乐坏的历史性事件。

晁福林先生说得好,春秋时期,"人们对于礼的重要性有了明确的认识。在贵族中,无论哪个层次……都把礼作为巩固自己的地位或图谋发展的重要工具"。① 其实,难道只有春秋时期是这样吗?在中国整个奴隶社会和封建社会,莫不如此。

英雄豪杰(或乱臣贼子)觊觎着制礼作乐的权力,他们打着维护礼的旗号而毁坏礼,如齐桓公"尊王攘夷"、王莽改制、曹操"挟天子以令诸侯"等,其目的都是为了夺取制礼作乐的权力而破坏既有之礼,也就是说,社会动荡政权更迭之发生是为破坏旧礼而建新礼,其乱象自僭越礼乐开始。

面对礼崩乐坏的社会混乱现象,当时的思想家们都进行了猛烈的抨击。

《论语·八佾》记载孔子四次痛斥僭越礼乐之事。

> 孔子谓季氏:"八佾舞于庭,是可忍也,孰不可忍也?"②

> 三家者以《雍》彻。子曰:"'相维辟公,天子穆穆',奚取于三家之堂?"③

> 季氏旅于泰山。子谓冉有曰:"女弗能救与?"对曰:"不能。"子曰:"呜呼!曾谓泰山不如林放乎?"④

---

① 晁福林著:《春秋时期礼的发展与社会观点的变迁》,《北京师范大学学报(社会科学版)》,1994年第5期,第47~57页。
② 刘宝楠著:《论语正义》,诸子集成第一册,上海:上海书店出版社,1986年版,第41页。
③ 刘宝楠著:《论语正义》,诸子集成第一册,上海:上海书店出版社,1986年版,第43页。
④ 刘宝楠著:《论语正义》,诸子集成第一册,上海:上海书店出版社,1986年版,第46页。

第四章 从汉简本看《老子》不同版本的异文所反映的历史文化现象

> 子曰:"管仲之器小哉!"或曰:"管仲俭乎?"曰:"管氏有三归,官事不摄,焉得俭?""然则管仲知礼乎?"曰:"邦君树塞门,管氏亦树塞门;邦君为两君之好,有反坫,管氏亦有反坫。管氏而知礼,孰不知礼?"①

然而孔子对此类乱象的发生只能发出无奈的感慨,《论语·季氏》载:

> 天下有道,则礼乐征伐自天子出;天下无道,则礼乐征伐自诸侯出。自诸侯出,盖十世希不失矣;自大夫出,五世希不失矣;陪臣执国命,三世希不失矣。②

作为史官的老子对当时礼被破坏的社会现象亦进行了批判,汉简本《老子》第二十章云:

> 夫天多忌讳而民弥贫,民多利器而固家兹昏,人多智而苛物兹起。法物兹彰而盗贼多有。③

汉简本《老子》第六十章又云:

> 故大道废,安有仁义;智慧出,安有大伪;六亲不和,安有孝兹;国家昏乱,安有贞臣。绝圣弃智,民利百倍;绝仁弃义,民复孝兹;绝巧弃利,盗贼无有。此三言以为文未足,故令之有所属。见素抱朴,少私寡欲。④

墨子对当时社会混乱的现象也进行了猛烈的抨击,《墨子·尚同中》云:

---

① 刘宝楠著:《论语正义》,诸子集成第一册,上海:上海书店出版社,1986年版,第66~69页。
② 刘宝楠著:《论语正义》,诸子集成第一册,上海:上海书店出版社,1986年版,第354页。
③ 北京大学出土文献研究所编:《北京大学藏西汉竹书(贰)》,上海:上海古籍出版社,2012年版,第132页。
④ 北京大学出土文献研究所编:《北京大学藏西汉竹书(贰)》,上海:上海古籍出版社,2012年版,第152页。

> 子墨子曰：方今之时，复古之民始生，未有正长之时，盖其语曰，天下之人异义，是以一人一义，十人十义，百人百义。其人数兹众，其所谓义者亦兹众。是以人是其义，而非人之义，故相交非也。内之父子兄弟作怨雠，皆有离散之心，不能相和合。至乎舍余力，不以相劳；隐匿良道，不以相教；腐朽余财，不以相分。天下之乱也，至如禽兽然。无君臣上下长幼之节、父子兄弟之礼，是以天下乱焉。①

《墨子·兼爱上》又云：

> 圣人以治天下为事者也，不可不察乱之所自起。当察乱何自起？起不相爱。臣子之不孝君父，所谓乱也。子自爱，不爱父，故亏父而自利；弟自爱，不爱兄，故亏兄而自利；臣自爱，不爱君，故亏君而自利，此所谓乱也。虽父之不慈子，兄之不慈弟，君之不慈臣，此亦天下之所谓乱也。父自爱也，不爱子，故亏子而自利；兄自爱也，不爱弟，故亏弟而自利；君自爱也，不爱臣，故亏臣而自利。是何也？皆起不相爱。②

从以上两段材料来看可知，墨子认为，天下之乱"皆起不相爱"，人与人之间丧失了仁爱，臣子不孝君父，君父不慈臣子，皆亏人而自利，这样就出现了"无君臣上下长幼之节、父子兄弟之礼"的混乱情况。

自称不好辩的孟子亦不得不对此进行了批判。《孟子·梁惠王上》载：

> 孟子见梁惠王。王曰："叟不远千里而来，亦将有以利吾国乎？"
> 孟子对曰："王何必曰利？亦有仁义而已矣。王曰'何以利吾国'？大夫曰'何以利吾家'？士庶人曰'何以利吾身'？上下交征利而国危矣。万乘之国弑其君者，必千乘之家；千乘之国弑其君者，必

---

① 墨翟撰，毕沅校注：《墨子》，百子全书第三册，长沙：岳麓书社，1993年版，第2384页。

② 墨翟撰，毕沅校注：《墨子》，百子全书第三册，长沙：岳麓书社，1993年版，第2391页。

百乘之家。万取千焉,千取百焉,不为不多矣。苟为后义而先利,不夺不厌。未有仁而遗其亲者也,未有义而后其君者也。王亦曰仁义而已矣,何必曰利?"①

《孟子·滕文公章句下》又载:

孟子云:"世衰道微,邪说暴行有作,臣弑其君者有之,子弑其父者有之。孔子惧,作《春秋》。《春秋》,天子之事也。是故孔子曰:'知我者其惟《春秋》乎!罪我者其惟《春秋》乎!'……孔子成《春秋》,而乱臣贼子惧。"②

孟子盛赞孔子作《春秋》的社会作用,他认为,"礼"的破坏是人们之间"上下交征利"而忘仁义的结果。在这点上,孟子与墨子有相通之处。

春秋时期乱臣贼子的出现说明礼被破坏。何为贼?《说文解字》云:"贼,败也。从戈,则声。"③《左传·文公十八年》载太史克引周公《誓命》云:"毁则为贼。"杜预注:"毁则,坏法也。"④《诗·大雅·抑》云:"不僭不贼,鲜不为则。"朱熹注云:"贼,害。则,法也。"⑤以上说法,皆为"贼"之本义。那么,乱臣是如何坏法的呢?或者说,是如何毁礼的呢?《史记·李斯列传》载赵高语:"从下制上谓之贼。"⑥详细而言,则如上所引《孟子》之语。可见,卑下者破坏社会法则侵犯尊上者的行为即为"贼"。"贼"破坏

---

① 焦循撰:《孟子正义》,诸子集成第一册,上海:上海书店出版社,1986年版,第21~26页。
② 焦循撰:《孟子正义》,诸子集成第一册,上海:上海书店出版社,1986年版,第266~271页。
③ 许慎撰,徐铉校定:《说文解字》,南京:江苏古籍出版社,2002年版,第266页。
④ 阮元校刻:《十三经注疏》,北京:中华书局,1980年版,第1861页。
⑤ 朱熹注:《诗集传》,北京:中华书局,2007年版,第241页。
⑥ 司马迁撰:《史记》,北京:中华书局,1998年版,第902页。赵高生活在战国末期至秦朝末年,时间上早于许慎和杜预。他虽为奸邪之臣,但与当时丞相李斯、太史令胡毋敬同为秦朝第一流文字学家,李斯、赵高、胡毋敬分别著有《仓颉》《爰历》《博学》篇。

维护社会秩序的制度、法则,故又称之为逆乱者。"毁则""害法""从下制上",皆是破坏礼制的行为。

对于当时社会上破坏礼的现象,庄子学派的批判就更为激烈,《庄子·胠箧》云:

> 昔者齐国,邻邑相望,鸡狗之音相闻,罔罟之所布,耒耨之所刺,方二千余里。阖四竟之内,所以立宗庙社稷,治邑屋州闾乡曲者,曷尝不法圣人哉?然而田成子一旦杀齐君而盗其国,所盗者岂独其国邪?并与其圣知之法而盗之。故田成子有乎盗贼之名,而身处尧舜之安,小国不敢非,大国不敢诛,十二世有齐国。则是不乃窃齐国并与其圣知之法,以守其盗贼之身乎?尝试论之,世俗之所谓至知者,有不为大盗积者乎?……圣人已死,则大盗不起,天下平而无故矣!圣人不死,大盗不止。虽重圣人而治天下,则是重利盗跖也。为之斗斛以量之,则并与斗斛而窃之;为之权衡以称之,则并与权衡而窃之;为之符玺以信之,则并与符玺而窃之;为之仁义以矫之,则并与仁义而窃之。何以知其然邪?彼窃钩者诛,窃国者为诸侯。诸侯之门而仁义存焉。则是非窃仁义圣知邪?故逐于大盗、揭诸侯、窃仁义并斗斛权衡符玺之利者,虽有轩冕之赏弗能劝,斧钺之威弗能禁。此重利盗跖而使不可禁者,是乃圣人之过也。故曰:"鱼不可脱于渊,国之利器不可以示人。"彼圣人者,天下之利器也,非所以明天下也。故绝圣弃知,大盗乃止;擿玉毁珠,小盗不起;焚符破玺,而民朴鄙;掊斗折衡,而民不争;殚残天下之圣法,而民始可与论议。擢乱六律,铄绝竽瑟,塞瞽旷之耳,而天下始人含其聪矣;灭文章,散五采,胶离朱之目,而天下始人含其明矣。毁绝钩绳而弃规矩,攦工倕之指,而天下始人含其巧矣。故曰:大巧若拙。削曾史之行,钳杨墨之口,攘弃仁义,而天下之德始玄同矣。①

---

① 庄周撰:《庄子南华真经》,百子全书第五册,长沙:岳麓书社,1993年版,第4549~4550页。

老子说:"鱼不可脱于渊,国之利器不可以示人。""国之利器"是什么呢? 就是"圣知"。《胠箧》云:"彼圣人者,天下之利器也,非所以明天下也。故绝圣弃知,大盗乃止。"明杨慎《庄子阙误》指出:"'圣人',张本俱作'圣智'。"①即上引《胠箧》文应作"彼圣智者,天下之利器也,非所以明天下也。故绝圣弃知,大盗乃止。"

那么"圣知"又是什么呢? 就是"礼乐"。《汉书·礼乐志》云:"知礼乐之情者能作,识礼乐之文者能述;作者之谓圣,述者之谓明。明圣者,述作之谓也。"此处"明圣"当作"圣明",明者知也,"圣明"即"圣知"。这是说,"知礼乐之情"和"识礼乐之文"就是"圣知",就是说懂得"礼乐"对治理国家的重要性,"礼乐"是治理国家的关键,是"国之利器"。这一"利器"是不可轻易授予他人的。正如《左传·成公二年》所载孔子之语:"唯器与名,不可以假人,君之所司也。名以出信,信以守器,器以藏礼,礼以行义,义以生利,利以平民,政之大节也。若以假人,与人政也。政亡,则国家从之,弗可止也已。"②

庄子认为,出于对权力和物质享受的无限欲求,也就是出于对礼的追逐或者对制礼作乐权力的追逐,春秋战国之时,诸侯、卿、大夫、士等都使尽了诈谋与诡计,圣人或王侯即使施以高官厚禄也不能劝阻他们,即使施以严刑拷打、杀头甚至株连九族的惩罚也不能禁止他们,这都是圣人最初制定礼义而犯下的过错。"虽有轩冕之赏弗能劝,斧钺之威弗能禁。此重利盗跖而使不可禁者,是乃圣人之过也。"

六、结论

综上所述,我们可以作出如下结论:

老子不但不反对礼,而且是礼的忠实守护者,他熟知礼,深知礼的重

---

① 杨慎著:《庄子阙误》,百子全书第五册,长沙:岳麓书社,1993年版,第4624页。
② 阮元校刻:《十三经注疏》,北京:中华书局,1980年版,第1894页。

要作用,同时他也对当时社会上破坏礼的现象有深刻的认识:礼不仅是人们之间忠信浅薄的表现和产物,更是乱臣贼子觊觎的目标和发动战乱的开始。"夫礼,忠信之浅,而乱之首也"与"法物滋彰,而盗贼多有"一样,不是反对礼本身,而是对当时社会上破坏礼的现象的批判和痛斥,这是老子维护礼的重要表现。故黄震云:"《老子》之书,必隐士嫉乱世而思无事者为之。异端之士私相推尊,过为诬诞。""夫礼,忠信之浅,而乱之首也"不是吴子良所说"此老子鉴文之弊端,而矫枉过正之言也",而是老子鉴事之弊端矫枉过正之言。

这就是朱熹所云"礼之曲折"。

附录　汉代老学者补考

1924年，杨树达先生作《汉代老学者考》，"据以司马、班、范、荀、袁五家之书为主"，"考得传记明载习《老子》或称好其术，凡得五十余人；其非毁老子者，凡二人"。① 愚不揣浅陋，今据传世典籍，结合出土文献，依杨氏所创体例，作《汉代老学者补考》。愚所谓老学者，或好《老子》书，如河间献王刘德；或注《老子》文，如《淮南子·道应训》作者、《理惑论》作者牟子；或尊老子之人，或蹈老子之行，如王充、法真；或思老氏玄虚之学，如仲长统；甚而至于有以《老子》书殉葬者，如汉简本《老子》收藏者、项羽妾、利豨等；兼而有之者，则更不必赘言。依此，在杨树达先生所考人物之外，愚考得汉代（含由汉末而入三国）老学者二十七人，非毁老子者五人。余才疏学浅，遗漏错讹在所难免，亦俟后之君子补正焉。

安期生

安期生实有其人，其行事多在战国后期和嬴秦，然至汉初犹存。盖因

---

① 杨树达撰：《周易古义·老子古义》，上海：上海古籍出版社，2007年版，第104～112页。杨树达先生考得汉代老学者有盖公、曹参、陈平、田叔、河上公、汉文帝、司马季主、窦太后、汉景帝、窦氏子弟、直不疑、王生、汲黯、郑当时、黄子、司马谈、司马迁、杨王孙、刘德（宗正、阳城侯）、邓章、严遵、邻氏、傅氏、徐氏、刘向、蔡勋、安丘望之、耿况、王伋、班嗣、杜房、甄宇、冯衍、向长、高恢、任光、任隗、范升、淳于恭、楚王英、郑钧、樊融、樊瑞、翟酺、马融、杨厚、周勰、矫慎、汉桓帝、张角、向栩、折像、刘先、冯颢；非毁老子者有辕固生、刘陶。

得老子养生之理而长寿,以致齐之方术之士神化其为仙者。

安期生,事见《史记·乐毅列传》《田儋列传》和《孝武本纪》。

《史记·乐毅列传》载:"乐氏之族有乐瑕公、乐臣公(一作巨公),赵且为秦所灭,亡之齐高密。乐臣公善修黄帝、老子之言,显闻于齐,称贤师。太史公曰:始齐之蒯通及主父偃读乐毅之报燕王书,未尝不废书而泣也。乐臣公学黄帝、老子,其本师号曰河上丈人,不知其所出。河上丈人教安期生,安期生教毛翕公,毛翕公教乐瑕公,乐瑕公教乐臣公,乐臣公教盖公。盖公教于齐高密、胶西,为曹相国师。"①

《史记·田儋列传》载:"太史公曰:甚矣蒯通之谋,乱齐骄淮阴,其卒亡此两人!蒯通者,善为长短说,论战国之权变,为八十一首。通善齐人安期生,安期生尝干项羽,项羽不能用其策。已而项羽欲封此两人,两人终不肯受,亡去。"②

《史记·孝武本纪》载:"少君言于上曰:'臣尝游海上,见安期生,食巨枣,大如瓜。安期生仙者,通蓬莱中,合则见人,不合则隐。'于是天子始亲祠灶,而遣方士入海求蓬莱安期生之属,而事化丹沙诸药齐为黄金矣。居久之,李少君病死。天子以为化去不死也,而使黄锤史宽舒受其方。求蓬莱安期生,莫能得,而海上燕齐怪迂之方士多相效,更言神事矣。"③

皇甫谧《高士传·卷中》云:"安期生者,琅琊人也,受学河上丈人,卖药海边,老而不仕,时人谓之千岁公。秦始皇东游,请与语三日三夜,赐金璧直数千万。出置阜乡亭而去,留赤玉舄为报,留书与始皇曰:后数十年,求我于蓬莱山下。及秦败,安期生与其友蒯通交往,项羽欲封之,卒不肯受。"④

---

① 司马迁撰:《史记》,北京:中华书局,1998年版,第859页。
② 司马迁撰:《史记》,北京:中华书局,1998年版,第940~941页。
③ 司马迁撰:《史记》,北京:中华书局,1998年版,第178页。
④ 皇甫谧撰:《高士传》,四部备要第四十六册,北京:中华书局,1989年版,第13页。

李少君之言虚妄而不可信,盖托之安期生以自重。皇甫谧之说盖来自《史记》欤？然蒯通与安期生交好并尝干项羽,其人其事不虚矣。

汉简本《老子》收藏者

2009年初,北京大学接受捐赠,获得了一批从海外回归的西汉竹简。这批竹简全部属于古代书籍,其中包括了篇章结构最为完整的出土《老子》古本,以及《汉书·艺文志》"诸子略"曾经著录且久已失传的道家著作《周驯(训)》。①

汉简本《老子》是劫后收藏,故其具体出土于何处墓葬无法考定。而其抄手所属地有楚人说。②

汉简本《老子》抄写时间,有汉武帝时期说③,有惠帝和文帝之前说④,还有西汉晚期说⑤。

此君好《老子》,有如项羽妾、利豨等。

利豨

马王堆汉墓墓主,一号辛追,二号利仓(惠帝二年即公元前193年下葬),三号利豨(汉文帝十二年即公元前168年下葬)⑥。

---

① 北京大学出土文献研究所编:《北京大学藏西汉竹书(贰)》,上海:上海古籍出版社,2012年版,前言第1~2页。
② 廖名春著:《〈老子〉首章新释》,《哲学研究》,2011年第9期,第35~42、127页。
③ 韩巍著:《北京大学藏西汉竹书本〈老子〉的文献学价值》,《中国哲学史》,2010年第4期,第16~22页。
④ 王中江著:《北大藏汉简〈老子〉的某些特征》,《哲学研究》,2013年第5期,第33~40、72页。
⑤ [日]池田知久著:《〈老子〉的形而上学与"自然"思想——以北大简为中心》,《文史哲》,2014年第3期,第94~103页。
⑥ 傅举有著:《关于长沙马王堆三号汉墓的墓主问题》,《考古》,1983年第2期,第165~172页。又见陈松长著:《马王堆三号墓主的再认识》,《文物》,2003年第8期,第56~59、66页。

利氏家族事迹见《史记·惠景间侯者年表》①和《汉书·高惠高后文功臣表》②。马王堆三号汉墓出土的帛书有道家典籍《黄帝四经》、《老子》甲乙本等。③

以两个不同版本《老子》殉葬，古来好《老子》者，无过如此！

按三号墓出土众多典籍，可知利豨无疑是当时的学术大家。惜乎典籍不载其著作传世，幸赖出土文献而使后人得知其人。

利豨之父利仓是否好《老子》？史料阙而无证。若是，则为父子世家学老子者，黄老学为其家学耳。

项羽妾

董思靖《太上老子道德经集解·序说》云："傅奕考核众本，勘数其字云：'项羽妾本，齐武平五年彭城人开妾冢得之；安丘望之本，魏太和中道士寇谦之得之；河上丈人本，齐处士仇岳传之。'"④

生前珍藏，死后陪葬。以《老子》殉葬，是好《老子》者也。

刘德（河间献王）

昔杨树达先生所考好《老子》之刘德，为楚元王刘交之后、宗正阳城侯刘德；而今愚所考刘德，为汉高祖刘邦之后、汉景帝与栗姬之子、河间献王刘德。

《汉书·景十三王传》："孝景皇帝十四男。王皇后生孝武皇帝……栗

---

① 司马迁撰：《史记》，北京：中华书局，1998年版，第335页。
② 班固撰：《汉书》，长沙：岳麓书社，1993年版，第272页。
③ 国家文物局古文献研究室编：《马王堆汉墓帛书（壹）》，北京：文物出版社，1980年版。
④ 董思靖撰：《太上老子道德经集解·序说》，董思靖撰，陆心源校：《太上老子道德经集解》，吴兴：光绪三年孟秋吴兴陆氏十万卷楼依元椠本重雕，第4页。又见〔日〕岛田翰撰，杜泽逊、王晓娟点校：《古文旧书考》，上海：上海古籍出版社，2017年版，第98～99页。

姬生临江闵王荣、河间献王德、临江哀王阏……河间献王德以孝景前二年立，修学好古，实事求是。从民得善书，必为好写与之，留其真，加金帛赐以招之。繇是四方道术之人不远千里，或有先祖旧书，多奉以奏献王者，故得书多，与汉朝等。是时，淮南王安亦好书，所招致率多浮辩。献王所得书皆古文先秦旧书，《周官》《尚书》《礼》《礼记》《孟子》《老子》之属，皆经传说记，七十子之徒所论。其学举六艺，立《毛氏诗》《左氏春秋》博士。修礼乐，被服儒术，造次必于儒者。山东诸儒多从而游。武帝时，献王来朝，献雅乐，对三雍宫及诏策所问三十余事。其对推道术而言，得事之中，文约指明。"①

《金楼子·说藩》云："昔藩屏之盛德者，则刘德字君道，造次儒服，卓尔不群，好古文。每就人间求善书，必为好写与之，留其真，加以金帛。士有不远千里而至者，多献其先祖旧书《周官》《尚书》《礼》《礼记》《孟子》《老子》，献王好之。"②

河间献王刘德，经古文学家，儒道并好而重儒。

《淮南子·道应训》作者

刘安之门客，或为淮楚之人。

《淮南子·道应训》为《老子》古注之一，涉及《老子》者共五十余条③，非喜好和精通《老子》者不能作此文。魏源《老子本义·论老子》云："韩非最古，而所引恒逊于《淮南》。"

《淮南子·要略》云："《道应》者，揽掇遂事之踪，追观往古之迹，察祸福利害之反，考验乎老、庄之术，而以合得失之势者也。"④

---

① 班固撰：《汉书》，长沙：岳麓书社，1993年版，第1055页。
② 萧绎著：《金楼子》，百子全书第四册，长沙：岳麓书社，1993年版，第3034页。
③ 刘安著：《淮南子》，百子全书第三册，长沙：岳麓书社，1993年版，第2902～2914页。
④ 刘安等著，高诱注：《淮南子》，百子全书第三册，长沙：岳麓书社，1993年版，第3000页。

扬雄

蜀之老学大家严遵之高足。

《汉书·扬雄传上》云:"雄少而好学,不为章句,训诂通而已,博览无所不见……清静亡为,少耆欲,不汲汲于富贵,不戚戚于贫贱,不修廉隅以徼名当世。"①

扬雄"清静亡为,少耆欲",盖经严遵而得老子之道。

《汉书·扬雄传下》载其《解难》云:"孔子作《春秋》,几君子之前睹也。老聃有遗言,贵知我者希,此非其操与?……老子之言道德,吾有取焉耳,及其槌仁义,绝灭礼学,吾无取焉耳。"②

扬雄是孔老兼习而取其善者,故能成一代之大儒。

刘强

汉光武帝曾立其为太子,后废以为东海恭王。

《后汉书·光武帝纪》云:"每旦视朝,日仄乃罢。数引公卿、郎、将讲论经理,夜分乃寐。皇太子见帝勤劳不怠,承间谏曰:'陛下有禹、汤之明,而失黄、老养性之福,愿颐爱精神,优游自宁。'帝曰:'我自乐此,不为疲也。'"③

熊铁基等先生认为,这皇太子可能是原来的太子刘强,而非后来的明帝。④

由刘强谏光武言,知其好黄、老,重养生。

王充

《论衡·自然》云:"贤之纯者,黄、老是也。黄者,黄帝也;老者,老子

---

① 班固撰:《汉书》,长沙:岳麓书社,1993年版,第1531页。
② 班固撰:《汉书》,长沙:岳麓书社,1993年版,第1549页。
③ 范晔、司马彪撰:《后汉书》,长沙:岳麓书社,1994年版,第33~34页。
④ 熊铁基、马良怀、刘韶军著:《中国老学史》,福州:福建人民出版社,1995年版,第150页。

也。黄、老之操,身中恬澹,其治无为。正身共己,而阴阳自和;无心于为,而物自化;无意于生,而物自成。……以孔子为君,颜渊为臣,尚不能谴告,况以老子为君,文子为臣乎?老子、文子,似天地者也。……虽违儒家之说,合黄老之义也。"①

王充虽师事班固之父班彪,然其旨趣与班固迥异。察王充之言,知其甚好黄、老;而班固则尊圣人而抑老子。②

燕济

《太平御览》卷第六百六十六《道部八·道士》引《道学传》曰:"燕济字仲微,汉明帝时人也。少好《道德》。不仕,周游名山。"③

燕济他书不载,不知《太平御览》所引之《道学传》又所据何书?然信其必有来历。

张道陵(圣师)　张衡(嗣师)　张鲁(系师)

唐玄宗《道德真经疏·外传》与杜光庭《道德真经广圣义·序》均录有《想尔注》二卷,并均注云:"三天法师张道陵所注。"④

张衡⑤开创道教与道家理论相结合之先河。

《三国志·魏书八·二公孙陶四张传第八》裴松之注云:"《典略》曰:'熹平中,妖贼大起,三辅有骆曜。光和中,东方有张角,汉中有张修。骆曜教民缅匿法,角为太平道,修为五斗米道。……修法略与角同……又使人为奸令祭酒,祭酒主以《老子》五千文,使都习,号为奸令。……'臣松之谓张修应是张衡,非《典略》之失,则传写之误。"⑥

---

① 王充著:《论衡》,长沙:岳麓书社,1991年版,第284、285、287页。
② 见后附非毁老子者"班固"条。
③ 李昉等撰:《太平御览》,北京:中华书局,1960年版,第2972~2973页。
④ 杜光庭撰:《道德真经广圣义》,南京:凤凰出版社,2017年版,第2页。
⑤ 按裴松之注,《典略》所载张修应为张衡。
⑥ 陈寿撰,裴松之注:《三国志》,北京:团结出版社,1996年版,第165~166页。

张衡欲使徒众学《老子》，不好《老子》者何？

陆德明《经典释义叙录》著录有《老子》"想余注二卷"，并注云："不详何人。一云张鲁，或云刘表。鲁字公旗，沛国丰人，汉镇南将军，关内侯。"①

又有《张镇南古本道德经》二篇，佚，东晋杨羲书。

元刘大彬《茅山志》卷之九《道山册》"道德经五千文"引《登真隐诀》隐居云："老子《道德经》有玄师杨真人手书张镇南古本。镇南即汉天师第三代系师鲁，魏武表为镇南将军者也。其所谓《五千文》者，有五千字也。数系师内经有四千九百九十九字，由来阙一。是作三十辐应作卅辐，盖从省易文耳，非正体也。宗门真迹不存。今传《五千文》为正本，上下二篇，不分章。"②

张镇南即张鲁，东汉末年以传五斗米道割据汉中。后曹操出征汉中，张鲁降曹，曹表奏其为镇南将军。③

《张镇南古本道德经》或即《老子想尔注》所据本欤？

敦煌遗书《老子》末尾题曰"老子道经上想尔"，故称《老子想尔注》。残缺过半，若依《河上公章句》分章，《道经》部分缺第一、二章和第三章首句；《德经》部分全佚。

饶宗颐先生考证认为，《想尔注》成于系师张鲁之手，托始于张陵。④

法真

《后汉书·逸民传第七十三》云："法真字高卿，扶风郿人，南郡太守雄

---

① 陆德明撰，吴承仕疏证：《经典释文序录疏证》，北京：中华书局，2008年版，第140页。

② 转引自戴美芝著：《老子学考》，台北：花木兰文化出版社，2006年版，第43页。

③ 陈寿撰，裴松之注：《三国志》，北京：团结出版社，1996年版，第1050页。

④ 饶宗颐校证：《老子想尔注校证》，上海：上海古籍出版社，1991年版，第131页。

之子也。好学而无常家,博通内外图典,为关西大儒。……性恬静寡欲,不交人间事。……辟公府,举贤良,皆不就。同郡田弱荐真曰:'处士法真,体兼四业,学穷典奥,幽居恬泊,乐以忘忧。将蹈老氏之高踪,不为玄纁屈也。臣愿圣朝就加衮职,必能唱《清庙》之歌,致来仪之凤矣。'会顺帝西巡,弱又荐之。帝虚心欲致,前后四征。真曰:'吾既不能遁形远世,岂饮洗耳之水哉?'遂深自隐绝,终不降屈。友人郭正称之曰:'法真名可得闻,身难得而见,逃名而名我随,避名而名我追,可谓百世之师者矣!'乃共刊石颂之,号曰玄德先生。年八十九,中平五年,以寿终。"①

皇甫谧《高士传》亦载法真之事迹,而田弱作田羽。②

边韶

《后汉书·文苑列传第七十上》云:"边韶字孝先,陈留浚仪人也。以文章知名,教授数百人。……桓帝时,为临颍侯相,征拜太中大夫,著作东观。再迁北地太守,入拜尚书令。后为陈相,卒官。著诗、颂、碑、铭、书、策,凡十五篇。"③

边韶《老子铭序》云:"班固以老子绝圣弃知,礼为乱首,与仲尼道违,述《汉书·古今人表》,检以法度,抑而下之。老子(缺)与楚子西同科,材不及孙卿、孟轲。二者之论殊矣,所谓道不同不相为谋也。延熹八年八月甲子,皇上尚德弘道,含闳光大,存神养性,意在凌云,是以潜心黄轩,同符高宗,梦见老子,尊而祀之。于时陈相边韶,典国之礼,材薄思浅,不能测度至人,辩是与非。案据书籍,以为老子生于周之末世,玄虚守静,乐无名,守不德,危高官,安下位,遗孔子以仁言,辟世而隐居,变易姓名,唯恐见知。夫日以幽明为节,月以亏盈自成。损益盛衰之原,倚伏祸福之门。

---

① 范晔、司马彪撰:《后汉书》,长沙:岳麓书社,1994年版,第1212~1213页。
② 皇甫谧撰:《高士传》,四部备要第四六册,北京:中华书局,1989年版,第21页。
③ 范晔、司马彪撰:《后汉书》,长沙:岳麓书社,1994年版,第1142页。

人道恶盈而好谦,盖老子劳不定国,功不加民,所以见隆崇于今,为时人所享祀。乃昔日逃禄处微,损之又损之之余胙也。显虚无之清家,云先天地而生,乃守真养寿,获五福之所致也。敢演而铭之。"①

边韶作《老子铭》,批判班固贬抑老子,欲还老子应有之地位,其崇敬老子之情跃然纸上。边韶《老子铭》论老子极为的当,非对老子其人其书有研究者不能作此文。

陈愍王刘宠　陈国相魏愔

《后汉书·孝明八王列传第四十》云:"承薨,子愍王宠嗣。熹平二年,国相师迁追奏前相魏愔与宠共祭天神,希幸非冀,罪至不道。有司奏遣使者案验。……愔辞与王共祭黄老君,求长生福而已,无他冀幸。"②

钱穆先生注"黄老君"云:"当作黄帝、老君。"③老君即老子,后世亦谓太上老君,太上老君之名首出于《老子想尔注》。④

牟子

《理惑论》作者旧题牟融,非是;应为东汉后期汉灵帝、献帝时期之隐士姓牟氏者。后世学者不加详考,误以为牟融。

《后汉书·伏侯宋蔡冯赵牟韦列传第十六》云:"牟融字子优,北海安丘人也。少博学,以《大夏侯尚书》教授,门徒数百人,名称州里。以司徒茂才为丰令,视事三年,县无狱讼,为州郡最。"⑤

《理惑论·序言》:"牟子既修经传诸子,书无大小,靡不好之。虽不乐兵法,然犹读焉。虽读神仙不死之书,抑而不信,以为虚诞。是时灵帝崩

---

① 洪适著:《隶释·隶续》,北京:中华书局,1985年版,第36页。
② 范晔、司马彪撰:《后汉书》,长沙:岳麓书社,1994年版,第716页。
③ 钱穆著:《国史大纲》,北京:商务印书馆,2010年版,第357页。
④ 饶宗颐校证:《老子想尔注校证》,上海:上海古籍出版社,1991年版,第12页。
⑤ 范晔、司马彪撰:《后汉书》,长沙:岳麓书社,1994年版,第398页。

后,天下扰乱,独交州差安。北方异人,咸来在焉,多为神仙辟谷长生之术。时人多有学者,牟子常以五经难之。道家术士莫敢对焉,比之于孟轲距杨朱、墨翟。先是时,牟子将母避世交趾。年二十六归苍梧娶妻。……乃叹曰:'老子绝圣弃智,修身保真,万物不干其志,天下不易其乐。天子不得臣,诸侯不得友。故可贵也。'于是锐志于佛道,兼研《老子》五千文,含玄妙为酒浆,玩五经为琴簧。世俗之徒多非之者,以为背五经而向异道。"①

牟融,东汉早期人,历仕汉明帝、汉章帝朝。而牟子为汉灵帝、汉献帝时人。在籍贯上,牟融为北海安丘人,牟子为苍梧人。二者非同一人已明。

管宁

管宁,由汉末而入三国,儒道兼习之大儒。

《三国志·魏书十一·袁张凉国田王邴管传第十一》云:"正始二年,太仆陶丘一、永宁卫尉孟观、侍中孙邕、中书侍郎王基荐宁曰:'臣闻龙凤隐耀,应德而臻,明哲潜遁,俟时而动。是以鸾鷟鸣岐,周道隆兴;四皓为佐,汉帝用康。伏见太中大夫管宁,应二仪之中和,总九德之纯懿,含章素质,冰洁渊清,玄虚澹泊,与道逍遥;娱心黄老,游志六艺,升堂入室,究其阃奥,韬古今于胸怀,包道德之机要。'"②

仲长统

《后汉书·王充王符仲长统列传》云:"统性俶傥,敢直言,不矜小节,默语无常,时人或谓之狂生。每州郡命召,辄称疾不就。常以为凡游帝王者,欲以立身扬名耳,而名不常存,人生易灭,优游偃仰,可以自娱,欲卜居

---

① 牟子著:《理惑论》(百子全书第四册),长沙:岳麓书社,1993年版,第3651页。
② 陈寿撰,裴松之注:《三国志》,北京:团结出版社,1996年版,第226页。

清旷,以乐其志,论之曰:'……安神闺房,思老氏之玄虚;呼吸精和,求至人之仿佛。与达者数子,论道讲书,俯仰二仪,错综人物。弹《南风》之雅操,发清商之妙曲。消摇一世之上,睥睨天地之间。不受当时之责,永保性命之期。如是,则可以陵霄汉,出宇宙之外矣。岂羡夫入帝王之门哉!'"①

仲长统,有如法真者。

虞翻

虞翻,由汉末而入三国。

《三国志·吴书十二·虞陆张骆陆吾朱传第十二》云:"翻与少府孔融书,并示以所著《易注》。融答书曰:'闻延陵之理乐,睹吾子之治易,乃知东南之美者,非徒会稽之竹箭也。又观象云物,察应寒温,原其祸福,与神合契,可谓探赜穷通者也。'……翻性疏直……又为《老子》《论语》《国语》训注,皆传于世。"②

《经典释文叙录》有《老子》"虞翻注二卷"③。

《隋书·经籍志》载:"虞翻注《老子》二卷,亡。"④

葛玄

葛玄,由汉末而入三国。

《晋书·葛洪传》载:"葛洪字稚川,丹阳句容人也。……从祖玄,吴时学道得仙,号曰葛仙公。"⑤

《隋书·经籍志》载:"《老子序决》一卷,葛仙公撰。"⑥

---

① 范晔、司马彪撰:《后汉书》,长沙:岳麓书社,1994年版,第705页。
② 陈寿撰,裴松之注:《三国志》,北京:团结出版社,1996年版,第815页。
③ 陆德明撰:《经典释文》,北京:中华书局,1983年版,第16页。
④ 魏征等撰:《隋书》,北京:中华书局,1973年版,第1000页。
⑤ 房玄龄等撰:《晋书》,北京:中华书局,2000年版,第1269页。
⑥ 魏征等撰:《隋书》,北京:中华书局,1973年版,第1000页。

石寒贫

石寒贫,由汉末而入三国。

《三国志·魏书十一·袁张凉国田王邴管传第十一》裴注云:"《魏略》又载扈累及寒贫者。累字伯重,京兆人也。……寒贫者,本姓石,字德林,安定人也。建安初,客三辅。是时长安有宿儒栾文博者,门徒数千,德林亦就学,始精《诗》《书》。后好内事,于众辈中最玄默。至十六年,关中乱,南入汉中。初不治产业,不畜妻孥,常读《老子》五千文及诸内书,昼夜吟咏。"①

董遇

董遇,由汉末而入三国,曾为汉献帝侍讲。

《三国志·魏书十三·钟繇华歆王朗传第十三》裴注引《魏略》曰:"遇字季直,性质讷而好学。兴平中,关中扰乱,与兄季中依将军段煨……及建安初,王纲小设,郡举孝廉,稍迁黄门侍郎。是时,汉帝委政太祖,遇旦夕侍讲,为天子所爱信。……初,遇善治《老子》,为《老子》作训注。又善《左氏传》,更为作《朱墨别异》。人有从学者,遇不肯教,而云'必当先读百遍'。言'读书百遍而义自见'。"②

王肃

王肃,由汉末而入三国。《三国志卷十三·魏书十三·钟繇华歆王朗传第十三》有传。③

《新唐书·艺文志》载:"王肃《玄言新记道德》二卷。"④

---

① 陈寿撰,裴松之注:《三国志》,北京:团结出版社,1996年版,第230页。
② 陈寿撰,裴松之注:《三国志》,北京:团结出版社,1996年版,第265页。
③ 陈寿撰,裴松之注:《三国志》,北京:团结出版社,1996年版,第261页。
④ 欧阳修、宋祁撰:《新唐书》,北京:中华书局,1975年版,第1515页。

王肃，儒学大家，然亦注《老子》，有如马融。

钟会母

钟会母，由汉末而入三国。

《三国志·魏书二十八·王毌丘诸葛邓钟传第二十八》裴注云："会时遭所生母丧。其母传曰：夫人性矜严，明于教训。……谓会曰：'学猥则倦，倦则意怠；吾惧汝之意怠，故以渐训汝，今可以独学矣。'雅好书籍，涉历众书，特好《易》《老子》，每读《易》孔子说鸣鹤在阴、劳谦君子、籍用白茅、不出户庭之义，每使会反覆读之，曰：'《易》三百余爻，仲尼特说此者，以谦恭慎密，枢机之发，行己至要，荣身所由故也，顺斯术已往，足为君子矣。'"①

范望州

范望州，由汉末而入三国。

《经典释文》有《老子》"《范望州注训》二卷"，自注："字叔文，会稽人，吴尚书郎。"②

附：非毁老子者五人
魏其侯窦婴　武安侯田蚡　赵绾　王臧

《史记·魏其武安侯列传》云："太后好黄老之言，而魏其、武安、赵绾、王臧等务隆推儒术，贬道家言，是以窦太后滋不说魏其等。"③

《史记·儒林列传》云："及窦太后崩，武安侯田蚡为丞相，绌黄老、刑名百家之言，延文学儒者数百人。"④

---

① 陈寿撰，裴松之注：《三国志》，北京：团结出版社，1996年版，第488页。
② 陆德明撰：《经典释文》，北京：中华书局，1983年版，第16页。
③ 司马迁撰：《史记》，北京：中华书局，1998年版，第1014页。
④ 司马迁撰：《史记》，北京：中华书局，1998年版，第1114页。

《汉书·儒林传》云:"及窦太后崩,武安君田蚡为丞相,黜黄老、刑名百家之言。"①

贬道家言,绌黄老之言,则必非毁《老子》。

班固

班固在《汉书·司马迁传赞》指责司马迁云:"是非颇谬于圣人,论大道则先黄老而后六经,序游侠则退处士而进奸雄,述货殖则崇势利而羞贱贫,此其所蔽也。"②

又,边韶《老子铭序》云:"班固以老子绝圣弃知,礼为乱首,与仲尼道违,述《汉书·古今人表》,检以法度,抑而下之。老子(缺)与楚子西同科,材不及孙卿、孟轲。二者之论殊矣,所谓道不同不相为谋也。"③

唐陆希声《道德真经传序》曰:"班固作《古今人表》,乃诎老氏于第三品。虽其名可诎,而道可贬乎哉?"④

---

① 班固撰:《汉书》,长沙:岳麓书社,1993年版,第1554页。
② 班固撰:《汉书》,长沙:岳麓书社,1993年版,第1183页。
③ 洪适著:《隶释·隶续》,北京:中华书局,1985年版,第36页。
④ 陆希声撰:《道德真经传序》,《道藏》本第12册,上海:上海书店出版社,1988年版,第115页。

参 考 文 献

出土文献元典

B

北京大学出土文献研究所编：《北京大学藏西汉竹书（贰）》，上海：上海古籍出版社，2012年版。

G

国家文物局古文献研究室编：《马王堆汉墓帛书（壹）》，北京：文物出版社，1980年版。

国家文物局古文献研究室编：《马王堆汉墓帛书（叁）》，北京：文物出版社，1983年版。

国家文物局古文献研究室编：《马王堆汉墓帛书（肆）》，北京：文物出版社，1985年版。

H

河北省文物研究所定州汉简整理小组释文：《定州西汉中山怀王墓竹简〈文子〉释文》，《文物》，1997年第12期。

J

荆门市博物馆整理：《郭店楚墓竹简》，北京：文物出版社，1998年版。

M

马承源主编:《上海博物馆藏战国楚竹书(一)》,上海:上海古籍出版社,2001年版。

马承源主编:《上海博物馆藏战国楚竹书(二)》,上海:上海古籍出版社,2002年版。

马承源主编:《上海博物馆藏战国楚竹书(三)》,上海:上海古籍出版社,2003年版。

马承源主编:《上海博物馆藏战国楚竹书(四)》,上海:上海古籍出版社,2004年版。

马承源主编:《上海博物馆藏战国楚竹书(五)》,上海:上海古籍出版社,2005年版。

马王堆汉墓帛书整理小组整理:《战国纵横家书》,北京:文物出版社,1976年版。

Q

裘锡圭主编,湖南省博物馆、复旦大学出土文献与古文字研究中心编纂:《长沙马王堆汉墓简帛集成》,北京:中华书局,2014年版。

出土文献校读专著

C

陈伟著:《郭店竹书别释》,武汉:湖北教育出版社,2003年版。

G

高明撰:《帛书老子校注》,北京:中华书局,2004年版。

L

李零著:《郭店楚简校读记(增订本)》,北京:北京大学出版社,2002年版。

廖名春著:《郭店楚简老子校释》,北京:清华大学出版社,2003年版。

刘钊著:《郭店楚简校释》,福州:福建人民出版社,2005年版。

P

彭浩著:《郭店楚简〈老子〉校读》,武汉:湖北人民出版社,2000年版。

W

魏启鹏著:《马王堆汉墓帛书〈黄帝书〉笺证》,北京:中华书局,2004年版。

魏启鹏著:《简帛〈五行〉笺释》,台北:万卷楼,2000年版。

传世儒家典籍注解专著

C

程树德撰:《论语集释》,北京:中华书局,1990年版。

H

洪亮吉撰:《春秋左传诂》,北京:中华书局,1987年版。

J

焦循撰:《孟子正义》,北京:中华书局,1987年版。

L

刘宝楠撰:《论语正义》,北京:中华书局,1990年版。

陆德明撰:《经典释文》,北京:中华书局,1983年版。

R

阮元校刻:《十三经注疏》,北京:中华书局,2008年版。

S

孙希旦集解:《礼记集解》,北京:中华书局,1989年版。

孙星衍撰:《尚书今古文注疏》,北京:中华书局,1986年版。

孙诒让撰:《周礼正义》,北京:中华书局,1987年版。

W

王聘珍撰:《大戴礼记解诂》,北京:中华书局,1983年版。

Y

杨伯峻注:《春秋左传注》,北京:中华书局,1990年版。

杨伯峻译注:《论语译注》,北京:中华书局,1979年版。

Z

朱熹集注:《四书章句集注》,北京:中华书局,1983年版。

传世诸子专著及其注解专著

G

郭庆藩集释:《庄子集释》,北京:中华书局,2004年版。

H

黄晖校释:《论衡校释》,北京:中华书局,1990年版。

K

《孔丛子》,百子全书本,长沙:岳麓书社,1993年版。

《孔子集语》,百子全书本,长沙:岳麓书社,1993年版。

《孔子家语》,百子全书本,长沙:岳麓书社,1993年版。

L

李定生、徐慧君校释:《文子校释》,上海:上海古籍出版社,2004年版。

黎翔凤校注:《管子校注》,北京:中华书局,2004年版。

刘文典集解:《淮南鸿烈集解》,北京:中华书局,1989年版。

M

马叙伦著:《老子校诂》,北京:古籍出版社,1956年版。

S

孙诒让撰:《墨子间诂》,北京:中华书局,2001年版。

T

谭戒甫著:《墨辩发微》,北京:中华书局,1964年版。

W

王弼注：《老子道德经》，诸子集成本，上海：上海书店出版社，1996年版。

王卡点校：《老子道德经河上公章句》，北京：中华书局，2006年版。

王先谦集解：《荀子集解》，北京：中华书局，1988年版。

王先慎集解：《韩非子集解》，北京：中华书局，1998年版。

Y

杨伯峻集释：《列子集释》，北京：中华书局，1979年版。

Z

朱谦之校释：《老子校释》，北京：中华书局，2006年版。

传世史学专著

B

班固撰：《汉书》，长沙：岳麓书社，1993年版。

C

陈寿撰，裴松之注：《三国志》，北京：团结出版社，1996年版。

F

范晔、司马彪撰：《后汉书》，长沙：岳麓书社，1994年版。

M

马骕撰：《绎史》，北京：中华书局，2002年版。

S

司马迁撰：《史记》，北京：中华书局，1998年版。

W

王国维辑校：《古本竹书纪年辑校》，辽宁教育出版社，1997年版。

魏征等撰：《隋书》，北京：中华书局，1973年版。

X

徐元诰集解:《国语集解》,北京:中华书局,2002年版。

古今学术研究专著

B

北京大学出土文献研究所编,韩巍执行主编:《古简新知——西汉竹书〈老子〉与道家思想研究》,上海:上海古籍出版社,2017年版。

C

晁公武撰:《衢本郡斋读书志》,宛委别藏本,南京:江苏古籍出版社,1988年版。

陈鼓应主编:《道家文化研究》第12辑,北京:三联书店,1998年版。

陈鼓应主编:《道家文化研究》第17辑"郭店楚简"专号,北京:三联书店,1999年版。

陈鼓应主编:《道家文化研究》第18辑,北京:三联书店,2000年版。

陈鼓应著:《易传与道家思想》,北京:生活·读书·新知三联书店,1997年版。

陈鼓应、白奚著:《老子评传》,南京:南京大学出版社,2001年版。

陈广忠著:《中国道家新论》,合肥:黄山书社,2001年版。

陈来著:《古代宗教与伦理——儒家思想的根源(增订本)》,北京:北京大学出版社,2017年版。

陈来著:《古代思想文化的世界》,北京:三联书店,2002年版。

陈来著:《中国近世思想史研究》,北京:商务印书馆,2003年版。

陈梦家著:《汉简缀述》,北京:中华书局,1980年版。

陈梦家著:《西周年代考·六国纪年》,北京:中华书局,1980年版。

陈明著:《儒学的历史文化功能》,北京:中国社会科学出版社,2005年版。

陈桐生著:《〈孔子诗论〉研究》,北京:中华书局,2004年版。

陈振孙撰：《直斋书录解题》，丛书集成初编本，上海：商务印书馆，1936年版。

程颢、程颐撰，王孝鱼点校：《二程集》，北京：中华书局，2004年版。

崔述撰：《崔东壁遗书》，上海：上海古籍出版社，1983年版。

D

丁四新著：《郭店楚墓竹简思想研究》，北京：东方出版社，2000年版。

G

葛兆光著：《中国思想史》，上海：复旦大学出版社，2001年版。

郭沫若著：《青铜时代》，北京：中国人民大学出版社，2005年版。

郭沂著：《郭店竹简与先秦学术思想》，上海：上海教育出版社，2001年版。

顾颉刚著：《古史辨自序》，石家庄：河北教育出版社，2003年版。

H

何成轩著：《儒学南传史》，北京：北京大学出版社，2000年版。

洪适撰：《隶释·隶续》，北京：中华书局，2003年版。

侯外庐主编：《中国思想通史》，北京：人民出版社，1957年版。

胡平生、马月华著：《简牍检署考校注》，上海：上海古籍出版社，2004年版。

胡适著：《中国哲学史大纲》，北京：东方出版社，2003年版。

黄怀信著：《上海博物馆藏战国楚竹书〈诗论〉解义》，北京：社会科学文献出版社，2004年版。

黄开国、唐赤蓉著：《诸子百家兴起的前奏》，成都：巴蜀书社，2004年版。

J

江瑔著：《读子卮言》，上海：商务印书馆，1917年版。

姜广辉主编：《中国哲学》第20辑"郭店楚简研究"，沈阳：辽宁教育出版社，1999年版。

姜广辉主编：《中国哲学》第21辑"郭店简与儒学研究"，沈阳：辽宁教育出版社，2000年版。

焦竑撰：《老子翼》，丛书集成初编本，上海：商务印书馆，1936年版。

金春峰著：《〈周易〉经传梳理与郭店楚简思想研究》，台北：台湾古籍出版有限公司，2003年版。

L

郎擎霄著：《老子学案》，上海：上海大东书局，1928年版。

李景明著：《中国儒学史（秦汉卷）》，广州：广东教育出版社，1998年版。

李零著：《上博楚简三篇校读记》，台北：万卷楼，2002年版。

李零著：《简帛古书与学术源流》，北京：三联书店，2004年版。

李学勤著：《简帛佚籍与学术史》，南昌：江西教育出版社，2001年版。

李学勤著：《重写学术史》，石家庄：河北教育出版社，2002年版。

李学勤著：《中国古代文明研究》，上海：华东师范大学出版社，2005年版。

李振宏著：《圣人箴言录——〈论语〉与中国文化》，开封：河南大学出版社，1995年版。

李振宏著：《历史学的理论与方法》，开封：河南大学出版社，1999年版。

李振宏著：《居延汉简与汉代社会》，北京：中华书局，2003年版。

李振宏、孙英民著：《居延汉简人名编年》，北京：中国社会科学出版社，1997年版。

廖名春著：《新出楚简试论》，台北：台湾古籍出版有限公司，2001年版。

刘大均著：《今、帛、竹书〈周易〉综考》，上海：上海古籍出版社，2005

年版。

刘文英主编：《中国哲学史（上卷）》，天津：南开大学出版社，2000年版。

刘笑敢著：《庄子哲学及其演变》，北京：中国社会科学出版社，1988年版。

刘笑敢著：《老子古今》，北京：中国社会科学出版社，2006年版。

陆玉林著：《中国学术通史（先秦卷）》，北京：人民出版社，2004年版。

罗根泽著：《诸子考索》，北京：人民出版社，1958年版。

罗根泽编著：《古史辨（四）》，上海：上海古籍出版社，1982年版。

罗根泽编著：《古史辨（六）》，上海：上海古籍出版社，1982年版。

吕思勉著：《先秦学术概论》，上海：上海书店出版社，1992年版。

N

聂中庆著：《郭店楚简〈老子〉研究》，北京：中华书局，2004年版。

宁镇疆著：《〈老子〉早期传本结构及其流变研究》，上海：学林出版社，2006年版。

P

庞朴著：《古墓新知》，台北：台湾古籍出版有限公司，2002年版。

庞朴等著：《郭店儒简与早期儒学》，台北：台湾古籍出版有限公司，2002年版。

庞朴著：《文化一隅》，郑州：中州古籍出版社，2005年版。

皮锡瑞著：《经学历史》，北京：中华书局，2004年版。

Q

钱穆著：《两汉经学今古文平议》，北京：商务印书馆，2001年版。

钱穆著：《先秦诸子系年》，北京：商务印书馆，2002年版。

裘锡圭著：《中国出土古文献十讲》，上海：复旦大学出版社，2004年版。

R

任继愈著:《中国哲学史》,北京:人民出版社,1996年版。

S

沈颂金著:《二十世纪简帛学研究》,北京:学苑出版社,2003年版。

孙以楷著:《道家与中国哲学(先秦卷)》,北京:人民出版社,2004年版。

孙以楷著:《老子通论》,合肥:安徽大学出版社,2004年版。

孙以楷、陈广忠等著:《道家文化寻根》,合肥:安徽人民出版社,2001年版。

T

谭宝刚著:《老子及其遗著研究》,成都:巴蜀书社,2009年版。

汤余惠著:《战国文字编》,福州:福建人民出版社,2001年版。

W

王博著:《简帛思想文献论集》,台北:台湾古籍出版有限公司,2001年版。

王充著:《论衡》,长沙:岳麓书社,1991年版。

王重民著:《老子考》,中国图书馆协会,1927年版。

王德有著:《老子指归译注》,北京:商务印书馆,2004年版。

王范之著:《吕氏春秋研究》,呼和浩特:内蒙古大学出版社,1993年版。

王国维著:《观堂集林》,北京:中华书局,1959年版。

王焕镳著:《墨子校释》,杭州:浙江古籍出版社,1988年版。

王晖著:《商周文化比较研究》,北京:人民出版社,2000年版。

王钧林著:《中国儒学史(先秦卷)》,广州:广东教育出版社,1998年版。

王蘧常著:《诸子学派要诠》,北京:中华书局,1987年版。

王三峡著:《文子探索》,武汉:湖北人民出版社,2003年版。

王十朋撰：《梅溪集》，四库全书本，上海：上海古籍出版社，1987年版。

王应麟撰：《玉海》，清康熙乾隆年间重刊明刻本，河南大学古籍室藏。

王中江著：《道家形而上学》，上海：上海文化出版社，2001年版。

魏源撰：《老子本义》，诸子集成本，上海：上海书店出版社，1996年版。

吴少珉、赵金昭著：《二十世纪疑古思潮》，北京：学苑出版社，2003年版。

吴辛丑著：《简帛典籍异文研究》，广州：中山大学出版社，2002年版。

武汉大学中国文化研究院编：《郭店楚简国际学术研讨会论文集》，武汉：湖北人民出版社，2000年版。

武内义雄著：《老子原始》，见江侠庵编译：《先秦经籍考（中册）》，北京：商务印书馆，1929年版。

X

谢祥皓、刘宗贤著：《中国儒学》，成都：四川人民出版社，1998年版。

熊十力著：《熊十力别集·原儒》，北京：中国人民大学出版社，2006年版。

熊铁基、刘韶军、刘筱红、吴琦、刘固盛著：《二十世纪中国老学》，福州：福建人民出版社，2003年版。

熊铁基、马良怀、刘韶军著：《中国老学史》，福州：福建人民出版社，2005年版。

徐复观著：《两汉思想史》，上海：华东师范大学出版社，2001年版。

徐复观著：《中国人性论史》，上海：上海三联书店，2001年版。

徐文武著：《楚国宗教概论》，武汉：武汉出版社，2002年版。

徐文武著：《楚国思想史》，武汉：湖北人民出版社，2002年版。

Y

杨宽著：《战国史》，上海：上海人民出版社，2003年版。

杨慎著：《庄子阙误》，百子全书第五册，长沙：岳麓书社，1994年版。

杨树达著：《汉书管窥》，上海：上海古籍出版社，1984年版。

杨向奎著：《中国古代社会与古代思想研究》，上海：上海人民出版社，1962年版。

尹振环著：《楚简〈老子〉辨析》，北京：中华书局，2002年版。

永瑢等撰：《四库全书总目》，北京：中华书局，1983年版。

余英时著：《文史传统与文化重建》，北京：三联书店，2004年版。

余英时著：《士与中国文化》，上海：上海人民出版社，2003年版。

Z

詹剑峰著：《老子其人其书及其道论》，武汉：湖北人民出版社，1982年版。

张丰乾著：《竹简〈文子〉探微》，博士学位论文，中国社会科学院研究生院，2002年。

张松辉著：《老子研究》，北京：人民出版社，2006年版。

张智彦著：《老子与中国文化》，贵阳：贵州人民出版社，1996年版。

赵吉惠著：《中国儒学史》，郑州：中州古籍出版社，1987年版。

郑良树著：《诸子著作年代考》，北京：北京图书馆出版社，2001年版。

朱熹撰，黎靖德编：《朱子语类》，北京：中华书局，1986年版。

朱渊清主编：《上博藏馆战国楚竹书研究》，上海：上海书店出版社，2002年版。

朱渊清主编：《上博藏馆战国楚竹书研究续编》，上海：上海书店出版社，2004年版。

朱渊清著：《再现的文明：中国出土文献与传统学术》，上海：华东师范大学出版社，2001年版。

文字语音学专著

D

段玉裁注:《说文解字注》,上海:上海古籍出版社,1981年版。

G

郭若愚编著:《战国楚简文字编》,上海:上海书画出版社,1994年版。

郭锡良编著:《汉字古音手册》,北京:北京大学出版社,1986年版。

T

滕壬生著:《楚系简帛文字编》,武汉:湖北教育出版社,1995年版。

W

王念孙撰:《广雅疏证》,北京:中华书局,1983年版。

X

许慎著:《说文解字》,北京:中华书局,1963年版。

Y

扬雄撰,郭璞注:《方言》,百子全书本,长沙:岳麓书社,1994年版。

Z

张守中撰集:《包山楚简文字编》,北京:文物出版社,1996年版。

朱骏声撰:《说文通训定声》,北京:中华书局,1984年版。

学术论文

B

白奚著:《西汉竹简本〈老子〉首章"下德为之二无以为"释义》,北京大学出土文献研究所编,韩巍执行主编:《古简新知——西汉竹书〈老子〉与道家思想研究》,上海:上海古籍出版社,2017年版。

C

曹峰著:《"玄之又玄之"和"损之又损之"》,北京大学出土文献研究所编,韩巍执行主编:《古简新知——西汉竹书〈老子〉与道家思想研究》,

上海：上海古籍出版社，2017年版。

曹峰著：《谈〈恒先〉的编联与分章》，《清华大学学报》，2005年第3期。

曹峰著：《从"自生"到"自为"——〈恒先〉政治哲学探析》，简帛研究网，2005年1月4日。

曹峰著：《楚简〈恒先〉"祥义利巧采物出于作"解》，简帛研究网，2004年12月26日。

晁福林著：《论老子思想的历史发展》，《孔子研究》，2002年第1期。

陈剑著：《汉简帛〈老子〉异文零札（四则）》，北京大学出土文献研究所编，韩巍执行主编：《古简新知——西汉竹书〈老子〉与道家思想研究》，上海：上海古籍出版社，2017年版。

陈丽桂著：《"道"的异称及其义涵衍化——一与亘》，北京大学出土文献研究所编，韩巍执行主编：《古简新知——西汉竹书〈老子〉与道家思想研究》，上海：上海古籍出版社，2017年版。

陈伟著：《〈太一生水〉考释》，《古文字与古文献》试刊号，台北：楚文化研究会，1999年版。

程一凡著：《以思想史读上博"楚"竹书》，简帛网，2006年6月27日。

池田知久著：《〈老子〉的形而上学与自然思想——以北大简为中心》，北京大学出土文献研究所编，韩巍执行主编：《古简新知——西汉竹书〈老子〉与道家思想研究》，上海：上海古籍出版社，2017年版。

池田知久著：《尚处于形成阶段的〈老子〉最古文本》，见陈鼓应主编：《道家文化研究》第17辑"郭店楚简"专号，北京：生活·读书·新知三联书店，1999年版。

崔仁义著：《荆门楚墓出土的〈老子〉初探》，《荆门社会科学》，1997年第5期。

D

丁四新著：《从出土简帛本看早期〈老子〉篇章的演变及其成型与定

型》，北京大学出土文献研究所编，韩巍执行主编：《古简新知——西汉竹书〈老子〉与道家思想研究》，上海：上海古籍出版社，2017年版。

丁四新著：《楚简〈恒先〉章句释义》，简帛研究网，2004年7月25日。

董珊著：《楚简〈恒先〉"详宜利巧"解释》，简帛研究网，2004年11月9日。

董珊著：《楚简〈恒先〉初探》，简帛研究网，2004年5月12日。

F

福田哲之著：《简帛〈老子〉诸本的系谱学考察》，北京大学出土文献研究所编，韩巍执行主编：《古简新知——西汉竹书〈老子〉与道家思想研究》，上海：上海古籍出版社，2017年版。

G

谷中信一著：《〈老子〉经典化过程的研究——从郭店〈老子〉道北大〈老子〉》，北京大学出土文献研究所编，韩巍执行主编：《古简新知——西汉竹书〈老子〉与道家思想研究》，上海：上海古籍出版社，2017年版。

高亨、池曦朝著：《试谈马王堆汉墓中的帛书（老子）》，《文物》，1974年第11期。

郭齐勇著：《〈恒先〉——道法家形名思想的佚篇》，《江汉论坛》，2004年第8期。

郭梨华著：《从简帛〈老子〉概述战国道家佚籍之"道—法"论》，北京大学出土文献研究所编，韩巍执行主编：《古简新知——西汉竹书〈老子〉与道家思想研究》，上海：上海古籍出版社，2017年版。

郭沂著：《楚简〈老子〉与老子公案》，见姜广辉主编：《中国哲学》第20辑"郭店楚简研究"，沈阳：辽宁教育出版社，1999年版。

顾史考著：《上博竹书〈恒先〉简序调整一则》，简帛研究网，2004年5月8日。

H

黄钊著：《竹简〈老子〉应为稷下道家传本的摘抄本》，《中州学刊》，

2000 年第 1 期。

韩东育著:《郭店楚墓竹简〈太一生水〉与〈老子〉的几个问题》,《社会科学》,1999 年第 2 期。

何晋著:《读北大汉简〈老子〉札记一则》,北京大学出土文献研究所编,韩巍执行主编:《古简新知——西汉竹书〈老子〉与道家思想研究》,上海:上海古籍出版社,2017 年版。

J

金安平著:《衡量改编者的角色:〈老子〉两章的解读》,北京大学出土文献研究所编,韩巍执行主编:《古简新知——西汉竹书〈老子〉与道家思想研究》,上海:上海古籍出版社,2017 年版。

季旭升著:《上博三〈恒先〉"意出于生,言出于意"说》,简帛研究网,2004 年 6 月 22 日。

井上亘著:《占毕考——北大汉简〈老子〉与古代讲学》,北京大学出土文献研究所编,韩巍执行主编:《古简新知——西汉竹书〈老子〉与道家思想研究》,上海:上海古籍出版社,2017 年版。

K

柯鹤立著:《"母"与"道"的具象》,北京大学出土文献研究所编,韩巍执行主编:《古简新知——西汉竹书〈老子〉与道家思想研究》,上海:上海古籍出版社,2017 年版。

L

李学勤著:《荆门郭店楚简所见关尹遗说》,《中国文物报》,1998 年 4 月 29 日。

李学勤著:《楚简〈恒先〉首章释义》,《中国哲学史》,2004 年第 3 期。

李学勤著:《孔孟之间和老庄之间》,孔子 2000 网,2005 年 8 月 1 日。

李泽厚著:《初读郭店竹简印象纪要》,见陈鼓应主编:《道家文化研究》第 17 辑"郭店楚简"专号,北京:生活·读书·新知三联书店,1999 年版。

李零校定：《恒先》，见马承源主编：《上海博物馆藏战国楚竹书（二）》，上海：上海古籍出版社，2003年版。

李零著：《"太一"崇拜的考古研究》，见北京大学编：《北京大学百年国学文粹（语言文献卷）》，北京：北京大学出版社，1998年版。

李零著：《"三一"考》，1998年5月美国达慕思大学"郭店老子国际学术讨论会"，会议论文。

廖名春著：《上博藏楚竹书〈恒先〉新释》，《中国哲学史》，2004年第3期。

李若晖、庄景晴著：《老子"功遂身退"辨正》，北京大学出土文献研究所编，韩巍执行主编：《古简新知——西汉竹书〈老子〉与道家思想研究》，上海：上海古籍出版社，2017年版。

李锐著：《由出土简帛本〈老子〉谈〈老子〉的成书》，北京大学出土文献研究所编，韩巍执行主编：《古简新知——西汉竹书〈老子〉与道家思想研究》，上海：上海古籍出版社，2017年版。

李锐著：《〈恒先〉浅释》，孔子2000网，2004年4月17日。

李锐著：《气是自生：〈恒先〉独特的宇宙论》，《中国哲学史》，2004年第3期。

李锐著：《由竹书〈恒先〉看汉晋学术》，《湖南大学学报》，2005年第5期。

刘笑敢著：《简帛本〈老子〉的思想与学术价值》，北京大学出土文献研究所编，韩巍执行主编：《古简新知——西汉竹书〈老子〉与道家思想研究》，上海：上海古籍出版社，2017年版。

刘贻群著：《〈恒先〉三题》，《文史哲》，2005年第1期。

刘信芳著：《上博藏竹书〈恒先〉试解》，简帛研究网，2004年5月16日。

P

庞朴著：《一种有机的宇宙生成图式——介绍楚简〈大一生水〉》，见陈鼓应主编：《道家文化研究》第17辑"郭店楚简"专号，北京：生活·读书·新知三联书店，1999年版。

庞朴著：《"太一生水"说》，见姜广辉主编：《中国哲学》第21辑"郭店简与儒学研究"，沈阳：辽宁教育出版社，2000年版。

庞朴著：《〈恒先〉试读》，简帛研究网2004年4月26日。

Q

裘锡圭著：《郭店〈老子〉简初探》，见陈鼓应主编：《道家文化研究》第17辑"郭店楚简"专号，北京：生活·读书·新知三联书店，1999年版。

裘锡圭著：《〈太一生水〉"名字"章解释——兼论〈太一生水〉的分章问题》，《古文字研究》第22辑，北京：中华书局，2000年版。

浅野裕一著：《上博楚简〈恒先〉的道家特色》，《清华大学学报》，2005年第3期。

R

饶宗颐著：《图诗与辞赋——马王堆新出太一将行图私见》，见《湖南省博物馆四十周年纪念文集》，长沙：湖南教育出版社，1996年版。

饶宗颐著：《帛书〈系辞传〉"大恒"说》，见陈鼓应主编：《道家文化研究》第3辑"马王堆帛书"专号，上海：上海古籍出版社，1993年版。

T

汤浅邦弘著：《北大简〈老子〉的性质》，北京大学出土文献研究所编，韩巍执行主编：《古简新知——西汉竹书〈老子〉与道家思想研究》，上海：上海古籍出版社，2017年版。

陶磊著：《〈恒先〉思想探微》，周易研究中心网，2005年9月30日。

W

魏启鹏著：《〈太一生水〉札记》，《中国哲学史》，2000年第1期。

王博著：《老子与夏族文化》，《哲学研究》，1989年第1期。

王中江著：《汉简〈老子〉中的"异文"和"义旨"示例及考辨》，北京大学出土文献研究所编，韩巍执行主编：《古简新知——西汉竹书〈老子〉与道家思想研究》，上海：上海古籍出版社，2017年版。

X

许抗生著：《读西汉竹简〈老子〉札记》，北京大学出土文献研究所编，韩巍执行主编：《古简新知——西汉竹书〈老子〉与道家思想研究》，上海：上海古籍出版社，2017年版。

许抗生著：《初读郭店竹简〈老子〉》，见姜广辉主编：《中国哲学》第20辑"郭店楚简研究"，沈阳：辽宁教育出版社，1999年版。

萧汉明著：《〈大一生水〉的宇宙论与学派属性》，《学术月刊》，2001年第12期。

熊铁基著：《论"汉老子"》，《哲学研究》，2004年第4期。

邢文著：《论郭店〈老子〉与今本〈老子〉不属一系——楚简〈太一生水〉及其意义》，见姜广辉主编：《中国哲学》第20辑"郭店楚简研究"，沈阳：辽宁教育出版社，1999年版。

萧兵著：《"太一生水"的神话学研究》，《华中师范大学学报（人文社会科学版）》，2003年第6期。

徐文武著：《楚简〈老子〉"绝智弃辩"章解读》，《江汉论坛》，2004年第4期。

Y

尹振环著：《重写老子其人，重释〈老子〉其书》，《中州学刊》，2000年第2期。

尹振环著：《楚简〈老子〉"绝智弃辩"思想及其发展演变》，《中国文化研究》，1999年冬之卷。

颜世安著：《从〈太一生水〉看先秦自然道论的分流》，《江苏社会科学》，2001年第6期。

Z

朱伯崑著：《帛书本〈系辞〉文读后》，见陈鼓应主编：《道家文化研究》第3辑"马王堆帛书"专号，上海：上海古籍出版社，1993年版。

周一良著:《牟子〈理惑论〉时代考》,见周一良:《魏晋南北朝史论集》,北京,中华书局,1963年版。

周凤五著:《郭店竹简的形式特征及其分类意义》,见武汉大学中国文化研究院编:《郭店楚简国际学术研讨会论文集》,武汉:湖北人民出版社,2000年版。

郑万耕著:《楚竹书〈恒先〉简说》,《齐鲁学刊》,2005年第1期。

郑开著:《试论〈老子〉中"无"的性质与特点》,北京大学出土文献研究所编,韩巍执行主编:《古简新知——西汉竹书〈老子〉与道家思想研究》,上海:上海古籍出版社,2017年版。

赵建功著:《〈恒先〉意解》,《华中科技大学学报(哲社版)》,2006年第2期。

赵建伟著:《郭店楚墓竹简〈太一生水〉疏证》,见陈鼓应主编:《道家文化研究》第17辑"郭店楚简"专号,北京:生活·读书·新知三联书店,1999年版。

竹田建二著:《划线小考——以北京简〈老子〉与清华简〈系年〉为中心》,北京大学出土文献研究所编,韩巍执行主编:《古简新知——西汉竹书〈老子〉与道家思想研究》,上海:上海古籍出版社,2017年版。